Feb 2006

Kurzes Leben – langes Sterben

Bohnenwerder
Büdnerei Nr. 17
Carwitz bei Feldberg in Mecklenburg

Tom Crepon

Kurzes Leben – langes Sterben

Hans Fallada in Mecklenburg

HINSTORFF

Bildnachweis:
Tom Crepon: S. 2 und S. 264

Die Deutsche Bibliothek – CIP-Einheitsaufnahme
Crepon, Tom:
Kurzes Leben – langes Sterben : Hans Fallada in
Mecklenburg / Tom Crepon. – 1. Aufl. –
Rostock : Hinstorff, 1998
ISBN 3-356-00797-1

1. Auflage 1998
Druck und Bindung:
Wiener Verlag GmbH Nachf. KG
Printed in Austria
ISBN 3-356-00797-1

INHALT

Neubau statt Rekonstruktion

Als der Wunsch entstand, die erste in der DDR erschienene Fallada-Monographie *Leben und Tode des Hans Fallada* unverändert neu herauszugeben, war ihr Autor nicht von der Notwendigkeit überzeugt: Der Zahn der Zeit hatte an dem Bauwerk genagt. Andererseits freute ihn das anhaltende Interesse am Werk. Er wollte wenigstens die notwendigen Reparaturen vornehmen, ein paar Schäden beseitigen, neue Balken einsetzen, aber keine tragenden Teile auswechseln. Das mehr als zwanzig Jahre alte Gebäude hat manchen Sturm erlebt. Hinz-Kunz und Müller-Meier hatten versucht, es einzureißen. Es bestand in Kämpfen, die gelegentlich in Kriege ausarteten und hat sich dabei – alles in allem gut gehalten.

Das verdankt es in erster Linie seinem festen, unerschütterlichen Fundament: In langen Sitzungen hat 1976 die damals 75jährige Anna Ditzen das Manuskript geprüft. Es wurde ihr Satz für Satz vorgelesen, – ein lohnender, doch mühevoller Vorgang, da pro Seite mehrmals – dreimal, fünfmal, zehnmal – das Stop zu hören war, mit dem sie den Vortrag unterbrach, korrigierte, ergänzte. Oder nur auf Wiederholung bestand. Das Tonband lief unterdessen mit.

Die meisten ihrer Vorschläge, Anmerkungen, Korrekturen haben ihren Niederschlag in der dritten Fassung gefunden, die 1977 dem *Mitteldeutschen Verlag Halle-Leipzig* zuging. Die Mühe hat sich gelohnt. Bereits der Vorabdruck in der *Wochenpost* löste viele, überwiegend zustimmende Reaktionen aus, mehr als 120 Leserbriefe halfen dem Autor bei der Buchfassung. Eine Viertel Million Exemplare der Biographie erschienen seitdem in Ost und West.

Beim Wiederlesen und Niederschreiben 1998 wurde schnell klar. Man steigt nicht zweimal in denselben Fluß. So wenig sich zwar das abgelaufene Leben Falladas verändern konnte, so stark haben sich Umfeld und Zeitgeist gewandelt. Man kennt heute Rudolf Ditzen, der sich in seinen Büchern Hans Fallada nannte, gut.

Das Interesse an sachlicher Darstellung ist wohl befriedigt. Eine zehnte Biographie, die von den übrigen neun abgeschrieben wird, braucht es nicht. Und vielleicht nicht wieder die erste. Aber mit der veränderten Landschaft haben sich neue Bau-Lücken aufgetan. Das gewandelte Leseverhalten ist eine Herausforderung für den Schreiber.

So steht der Leser heute vor einem Neubau; die Sanierung des alten erschien nicht zweckmäßig. Allenfalls einzelne Stücke wurden dem alten Werk entnommen und ins neue eingefügt. Über dem Eingangsportal steht nun: *Hans Fallada in Mecklenburg,* – die konfliktreichen, spannenden Jahre von 1933 bis 1945 in Carwitz und Feldberg.

Lübeck, Mai 1998 Tom Crepon

1. Kapitel
Einzug ins Paradies

»Wir leben alle auf solcher Insel und jeder kann jedem Leides tun – ganz unverbrannt kommen wir alle nicht durch.«

Der Mann im Knickebocker-Anzug geht auf dem Bahnhofsvorplatz hin und her. Mehrmals war er an der Straßenkreuzung, schaute hinüber nach den Rosenbergen in Richtung Carwitz. Wo nur der Wagen bleibt? Er hatte Utnehmer so sehr ans Herz gelegt, pünktlich zu sein. Nun ist er schon seit mehr als einer Stunde überfällig.

Eine Güterlok bewegt sich vorsichtig aufs Gleisende zu, dann setzt sie zurück und koppelt einen Waggon an. Der Mann schaut gedankenlos hinterher. Er zündet eine neue Zigarette an. Wenn wenigstens die Bahnhofsgaststätte geöffnet hätte. Er könnte etwas essen und trinken.

An der Abzweigung der beiden Straßen hat das kleine mecklenburgische Städtchen Feldberg seinen Eisenbahnanschluß an die Welt erhalten und – wenige Meter neben der Landstraße – endet er auch unvermittelt an einem Prellbock. Wie oft wird man hier noch stehen und auf den Zug nach Strelitz warten? Dieser Schienenstrang wird – solange kein Auto da ist – die einzige, dünne Nabelschnur zur Welt bleiben; zu den Eltern in Leipzig, zu den Freunden und Partnern, die fast alle in Berlin leben.

Der Bahnvorsteher ist aus dem Dienstraum getreten und beobachtet den Mann. Er bemerkt seine Unrast, geht zu ihm und sucht ihn zu beruhigen: „Se können ruhig inne Stadt gehen, Herr Dietzen. Hier kommt nix wech, und von der Post aus können Se telefonieren. Wir haben bloß ’ne Dienstleitung. Wenn Utnehmer kümmt, halt ich ihm fest, Herr Dietzen.“

„Ditzen“, sagt Ditzen und korrigiert nun schon zum dritten Mal seinen Namen, wohl ahnend, daß dies zwecklos ist. Er ist mit dem Kopf eigentlich auch längst woanders, bei der Frau, die er anrufen und beruhigen muß; bei dem dreijährigen Uli, den er mit der Kinderfrau Marie in Berlin zurückgelassen hat, bei der Verabredung mit dem Bauleiter am Nachmittag.

Er verwünscht in Gedanken Utnehmer, der einen so vertrauensvollen Eindruck auf ihn gemacht hatte und der nun mit seiner Verspätung den ganzen Tagesplan durcheinander bringt. Wenn er etwas von Herzen haßt, dann ist es die Unpünktlichkeit anderer Leute, Unordnung im Zeitplan. Man fühlt sich so klein, macht sich abhängig von unwichtigen Leuten, die dadurch eine unerlaubte Macht über einen erlangen.

Der Bahnvorsteher hat recht: Hier kann er nichts tun. Die erste Partie der Sachen, die als Fracht aus Fürstenwalde angekommen ist, steht sicher im Schuppen des Güterbahnhofs, getrennt nach Dingen, die ins Hotel und anderen, die nach Carwitz sollen. Nur den Koffer mit den Manuskripten hat er bei sich, hat ihn stets im Auge behalten und sich nicht weit von ihm entfernt.

Als er damit losgehen will, ruft ihm der Mann hinterher: „Den können Se dorlotten, Herr Dietzen, hier kümmt nix nich wech …“

„Schon gut“, sagt Ditzen und geht, ohne sich noch einmal umzusehen, die Straße zur Stadt hinunter. Wohin zuerst, was als nächstes tun, was danach und wie weiter? Erst den Koffer im *Deutschen Haus* abgeben, wo die Zimmer bestellt sind? Oder gleich nach Carwitz, um Utnehmer Beine zu machen und das Auf- und Abladen der Sachen zu überwachen? Vielleicht doch erst die Frau in der Klinik anrufen, also zum Postamt?

Wie meistens, wenn mehrere praktische Probleme gleichzeitig auf ihn einstürmen, die sich nicht auf dem Papier beherrschen lassen, hat er Schwierigkeiten, sie zu koordinieren und eins nach dem anderen zu lösen. Den Anfang vom Knäuel muß man erwischen.

Dennoch geht er weiter; mit jedem zurückgelegten Schritt fällt das Gehen schwerer, der Koffer zieht ihn zur Seite. Er sieht hinter den Fenstern der kleinen Häuser vereinzelt Gesichter, die neugierig nach dem Fremden schauen. Meist gewahren sie ihn schon von weitem. Ist er auf Höhe des Hauses, so stehen sie da und gaffen ihn an.

Es dauert eine Weile, bis er eine Erklärung dafür findet: runde Spiegel vor den Fenstern, die an einer kurzen Stange so angebracht sind, daß man links und rechts die Straße einsehen kann. *Spione* nennt man die Dinger. Er kennt sie aus Greifswald, hat sie dann aber weder in Berlin noch in Leipzig gesehen. Oder nicht darauf geachtet.

Die Feldberger betreiben das Spionieren offenbar besonders ausgiebig. Und sie sorgen nicht einmal dafür, daß ihre Spione verborgen bleiben. Neben zahlreichen einfachen Spiegeln fallen ihm ein paar prächtige Exemplare beim Weitergehen auf: leicht gewölbte, mit Zierat an den gußeisernen Rahmen und am Gestänge. Manche in anderer Farbe als die Fensterrahmen, so daß sie extra ins Auge fallen.

In einem vermeintlich toten Winkel zwischen mehreren Spionen setzt er den Koffer für einen Moment ab und schaut sich um. Er steht vor zwei Straßenschildern, die an derselben Hauswand hängen: Hier endet die *Bahnhofstraße*, die von oben kommt, und es beginnt stadtabwärts die *Fürstenberger Straße*. Scheinbar grundlos wird die lange durchgehende Straße unterteilt.

Und wenn man es genau nimmt, gehört das Haus hinter den Schildern zu beiden Straßen; vielleicht mit dem Schlafzimmer zur einen, mit der Wohnzimmerseite zur anderen? Oder steht in der Mitte des Raumes ein Tisch? Dann sitzt der Mann vielleicht in der Bahnhofstraße, die Frau aber ihm gegenüber am Tisch in einer anderen Straße.

Ob das niemand merkt? Vermutlich stößt er allein sich daran, und wieder einmal findet er Grund zu der Annahme, daß sein Kopf mit allen Sinnen etwas anders arbeitet, seine Lebensuhr aufgeregter und sensibler tickt als die der meisten Menschen.

Auf der anderen Straßenseite fällt ihm ein großes Ladenschild *Friedrich Hagemann – Fahrrad-Reparatur* auf. Es erscheint ihm wie ein rettender Hafen, den er – schwere Schlagseite – gerade noch erreichen kann. Er öffnet die Ladentür, die Glocke schlägt an.

Niemand ist zu sehen, aber im Raum dahinter brennt Licht, und das Geräusch einer Luftpumpe ist zu hören. Er geht weiter und sieht einen großen, hageren Mann über ein umgedrehtes Fahrrad gebeugt.

Der Mann, den Ditzen in Gedanken sogleich *Hagermann* tauft, hat die Glocke wohl überhört, erschrickt aber nicht, als er fertig ist und den Fremden an der Tür bemerkt: „Jo, wat sall't sien?", fragt er, richtet sich mühsam auf und wischt die Hände an einem Lappen ab.

„Verleihen Sie auch Fahrräder?"

Hagemann scheint unerschütterlich, denn er fragt sogleich zurück: „Woväl wull'n Sei denn woll hemm?"

„Eines nur, für mich. Ich muß nach Carwitz."

Hagemann schielt auf den Koffer und fragt: „Mit dat oll Ding?" Als Ditzen zögert, scheint der Hagermann gründlich zu überlegen, ob er einem seiner Fahrräder eine derartige Last überhaupt zumuten kann. Daher überrascht Ditzen die Frage: „Sünd Sei de Minsch, de dat Hus von den narschen Staatsrat ut Berlin köfft hett?"

Ditzen ist erstaunt, wie schnell die Nachricht, sich in Carwitz anzusiedeln, die Runde gemacht hat. Daß der Verkäufer nicht der Regierungsrat Wehrle in Berlin, sondern dessen glückloser Sohn ist, scheint für die Leute keinen Unterschied zu machen. Er bestätigt Hagemann den Ankauf und wartet, wie sich dies auf den Fahrradverleih auswirkt.

„Dat harr ick öwwer, wenn ick Sei wesst wier, nich dahn", sagt Hagemann und dreht das Fahrrad um.

„Kennen Sie denn den jungen Herrn Wehrle?", fragt Ditzen.

„Woll", sagt Hagemann, „un ook dat Hus." Und dann, als er Ditzens ratloses Gesicht sieht, meint er wohl, ihn beruhigen zu müssen: „Na, dat möt jeden einen sülben weiten. Sei können dit Rad glieks nämen."

Er wischt einmal mit dem Lappen darüber und sucht auf dem Regal einen Ledergurt für den Koffer. Dann schiebt er das Rad durch die Werkstatt auf den Hof. Ditzen folgt ihm, hilft beim Festzurren des Koffers auf dem Gepäckträger.

„Wenn dat man gaud gahn deiht", sagt Hagemann und wackelt ein paarmal am Rad, das ganz bedrohlich hin- und herschwankt. „Sei könn' den Wech an'n Luzin führ'n, denn bruken Sei nich de oll Strat lang. Is ook väl neeger."

Ditzen bedankt sich. Zuerst wird er ins Hotel fahren und den Koffer dort abgeben. Als er nach dem Preis für das Fahrrad fragt und wissen will, wann er es zurückbringen soll, winkt Hagemann ab. Ditzen wird das Gefühl nicht los, daß dies bedeutet: Wer das Haus von Wehrle kauft, dem muß man helfen, weil ihm sonst nicht zu helfen ist.

Während er das Rad besteigt, denkt er daran, daß er auch bei seinen ersten Besuchen in Carwitz schon solchen Zweiflern wie dem Hagermann begegnet war. Die haben auch leicht reden, sitzen hinter ihren Spionen in ihren schönen Häuschen in himmlischer Ruhe, herrlichem Seeblick, und stören sich nicht einmal daran, an zwei Straßen gleichzeitig zu wohnen.

Das unruhige, betriebsame Stadtleben kennen sie vermutlich von gelegentlichen Besuchen bei Verwandten und Bekannten oder gar nur vom Hörensagen ihrer Sommergäste. Ganz abgesehen von den vielen Gefahren, die in einer Großstadt lauern und denen er in letzter Zeit nicht sonderlich gut widerstanden hatte.

Und was wissen die Hagermänner und Spione davon, was gerade jetzt in der großen Stadt Berlin vor sich geht? Parteiengeschrei, Aufmärsche, Prügeleien, Pressehetze, Denunziationen, Verhaftungen. Er könnte ihnen ein eigenes Lied davon singen. Fraglich ist nur, ob sie es hören wollen hinter ihren Fensterlöchern.

Er hat, als er schwitzend und gehetzt seinen Weg durch die Kleinstadt fortsetzt, seine Rechnung mit ihren Bewohnern bereits gemacht. Und es wird sich am Betrag mit den Jahren wenig ändern. Basta.

Er verscheucht die trüben Gedanken. Es war *sein* Entschluß, sich hier niederzulassen, und er mag nicht glauben, daß der falsch war. Sicher hatte er, als er mit Peter Zingler Haus und Grundstück besichtigte, keinen klaren Kopf gehabt und war nicht im Vollbesitz seiner Kräfte gewesen. Gegen Kopfschmerzen und tagelangen Schluckauf hatte der Arzt kalte Getränke mit einem winzigen Schluck Kognak verordnet.

Weil er dann – auf der Autofahrt von Berlin nach Mecklenburg – die Wassermenge immer mehr verringerte und die Kognakdosis erhöhte, da der störende Schlucken partout nicht weggehen wollte, hatte sich sein Wahrnehmungsvermögen leicht eingeschränkt, aber der nüchterne Freund Zingler hatte sich für ihn gründlich umgesehen und klug verhandelt.

Als Ditzen das Haus, *sein* neues Anwesen zum ersten Mal ohne Schluckauf und bei vollem Bewußtsein sah, fand er zwar am Zustand der Gebäude einiges auszusetzen, aber die Größe des Grundstücks, die idyllische Lage direkt am See ließen die Zweifel schnell vergessen.

Er hat es der Frau nun mal versprochen, daß er *Schlag vierzig* ein anderer Mensch werden und lästige Gewohnheiten wie einen verschlissenen Anzug ablegen wird. So konnte es nur ein gutes Omen sein, daß sie beide – Zingler und er – rechtzeitig am Vorabend seines vierzigsten Geburtstags die Büdnerei am Carwitzer Dorfende fanden und mit Eberhard Wehrle handelseinig geworden waren.

Und nun, da ihm die Frau nicht beistehen kann, will er alles richtig machen. Er hat Anna, die er – seit sie sich kennen – nur *Suse* nennt, in der letzten Zeit so viele Sorgen aufgebürdet, und sie ist nach der Geburt der Zwillinge immer noch krank. Nicht nur die Frau, auch ihn hat das alles sehr mitgenommen, daß eines der beiden Mädchen tot zur Welt kam und Lore allein am Leben blieb. Wer hätte an seiner Stelle in dieser Situation nicht das Versprechen abgegeben, sich Mühe zu geben und alte Fehler nicht zu wiederholen?!

Es fällt ihm nicht schwer, sich in der kleinen Stadt zu orientieren und den Weg zum Hotel zu finden. Von allen Seiten kann man die Kirche auf dem Hügel sehen mit ihrem fürs Strelitzsche typischen neugotischen Turm. Rings herum liegt das Städtchen am Haussee. Und in diesem kleinen Häuserhaufen befindet sich das *Deutsche Haus*, das renommierteste Hotel der Stadt.

Als er dort ankommt, fegt die Wirtin gerade den Bürgersteig und stellt die Arbeit ein, als sie den Mann mit dem Fahrrad erkennt: „Nanu, Herr Dietzen, wir haben Sie erst abends erwartet ...“

„Ditzen“, will Ditzen sagen, aber dann berichtet er von dem Pech mit Utnehmer, und Frau Wendel merkt, wie konfus ihr Gast ist: „Nun kommen Sie man erst mal ins Haus und essen Sie was. Dann rufen wir Ihre Frau an. Und das mit Utnehmer klärt sich auch. Die Sachen auf dem Bahnhof laufen Ihnen nicht weg. Und was hierher ins Hotel soll, kann unser Hausdiener heute nachmittag mit der Karre abholen. Dann sparen Sie eine Fuhre.“

„Wie einfach doch alles ist, wenn man einen Moment lang andersherum denkt“, sagt sich nun auch Ditzen, „es ist ein Unterschied wie Vorwärts- und Rückwärtsfahren.“

Er trägt den Koffer ins Haus, und Frau Wendel bereitet ein Bauernfrühstück vor. Inzwischen geht Ditzen ein paar Häuser weiter zur Post, um Suse in der Klinik anzurufen. Er muß auf die Verbindung warten, nimmt einige Ansichtskarten aus dem Ständer und schreibt an Schwester Elisabeth und an die Eltern in Leipzig: Inmitten dieser herrlichen Gegend wird er mit seiner Familie künftig leben, und wenn alles in Carwitz in Ordnung ist, müssen sie ihn unbedingt besuchen. Sie mögen die Daumen drücken, daß Suse bald gesund wird. Sie fehlt ihm sehr.

Ständig kommen und gehen Leute ins Postamt und mustern den Fremden am Schreibpult. Wenn es auch nicht ungewöhnlich ist, daß um diese Jahreszeit viele Urlauber und Sommerbürger in Feldberg sind, so kann man sie meistens irgendwelchen Einheimischen zuordnen: *Der* hat das Wochenendhaus auf den Klinckecken von Küter Westphal; *der* hat sich im Anbau beim Fischer eingemietet; *die* gehört zu dem Pärchen, das bei Adomeits wohnt … Wohin gehört *der hier* mit seinem ungewöhnlichen Aufzug? Noch kennt man ihn nicht. Das wird sich bald ändern.

„Anschluß Berlin auf Apparat zwei", sagt der Postbeamte und nickt ihm zu. Er geht in die Telefonzelle und hebt ab. Natürlich ist nicht Suse, sondern eine Schwester am anderen Ende der Leitung, und natürlich paßt es gar nicht, daß sie die Patientin ans Telefon holen soll. Es ist gerade Essensausgabe. Aber Ditzen bittet so sehr, seine Frau heranzuholen, daß die Schwester ein Einsehen hat. Endlich hört er Suses Stimme: „Was ist denn, Junge, ist was nicht in Ordnung? Du wolltest doch erst abends anrufen."

Ditzen beruhigt die Frau, fragt nach Lore und vor allem, wie es Suse selbst geht. Das Kind ist gesund und nimmt schon zu, die Mutter ist noch schwach, die Thrombose heilt ab, sie fühlt sich schon besser.

„Und wie ist es bei Dir", will Suse wissen. Alles in Ordnung, die Sachen für Carwitz und Feldberg sind wohlbehalten angekommen, ab morgen kann er also arbeiten. Das ist auch dringend nötig, wenn er den Abgabetermin halten will.

„Übernimm dich nicht, Junge", sagt Suse, dann bricht die Verbindung ab. Kein Wort hat er der Frau gesagt von dem Gerede über das Wehrle-Haus und von der Panne mit Utnehmer. Das muß er nun allein durchstehen.

Nach dem Essen widersteht Ditzen der Versuchung, sich hinzulegen und eine Stunde zu schlafen. Er macht sich mit dem Fahrrad auf den Weg nach Carwitz. Wiederum die *Fürstenberger Straße* hinauf, beim Hagermann vorbei und vorüber an den Spionen und dem Haus, das auf zwei Straßen steht.

Dort biegt er von der Straße ab auf den Weg, den Hagemann ihm beschrieben hat. In einer Senke liegt das Schotterwerk. Das dumpfe Rütteln der Siebe und das Malmen der Steinmühlen sind zu hören. Dann aber wird es ringsum still; er ist mit der herben Landschaft allein und kann bereits den Luzinsee sehen. Der Weg fällt zum Ufer hin ab, und das Rad fährt nun von allein. Als die Sonne hinter den Wolken hervortritt, scheint sich eine andere Welt geöffnet zu haben. Der See ist lang und schmal, er liegt zwischen alten Wäldern, die sich auf beiden Seiten ausdehnen.

Wenn Ditzen auch ziemlich unvorbereitet in sein Mecklenburg-Abenteuer hineingeraten ist und nicht allzu viel über Land und Leute weiß, soviel immerhin hat er darüber gelesen, daß Feldberg und Carwitz inmitten einer eiszeitlichen Endmoränenlandschaft liegen.

Hier haben die Gletscher während der jüngsten Eiszeit tiefe Rinnen geschürft. Sie haben Felsbrocken und Eisblökke zurückgelassen, die nach dem Abtauen die Toteis-Seen bildeten. So entstand auf engstem Raum eine abwechslungsreiche Landschaftsform im ohnehin hügel-, wald- und seenreichen Norden.

Man entdeckt die Seen oft erst, wenn man knapp davorsteht. Sie sind von riesigen Buchen eingeschlossen, die die Sicht aufs Wasser verdecken. Manche der tiefen Rinnenseen haben weder einen Zu- noch Abfluß, andere sind miteinander verbunden, aber gerade nur so, daß man vor neumodischen motorbesessenen Wasserwanderern sicher ist. Ein herrlicher Fleck Erde.

Und das lebende Inventar dieser Landschaft, die Menschen? Mit ihnen wird er in Zukunft nicht viel zu tun haben. Wenn man etwas auf Abstand hält, wird man schon gut miteinander auskommen. Schließlich ist er ein Vorpommer und versteht ihr Plattdeutsch, wenn er es auch selbst nicht spricht.

Wie zum Gegenbeweis fällt ihm, als das Rad immer schneller dem See entgegenfliegt, ein Satz aus John Brinckmans *Sledenfohrt* ein, die Vater Ditzen den Kindern gern vorlas und bei der zwei Jungen mit großem Fischerschlitten den Berg runtersausen und der eine zum anderen sagt: „Ah, fein gahn dohn deiht dat, nich?“ und der andere antwortet: „Jo, fein gahn dohn deit dat!“

„Jo, Hagermann, fein gahn dohn deit dat", sagt auch er sich jetzt.

Dann erinnert er sich gerade rechtzeitig an das unselige Ende der Schlittenfahrt, um sein eigenes Gefährt stark abzubremsen. Knapp vor dem Seeufer kommt er zum Stehen. Er läßt das Rad zur Seite sinken und geht an die Uferböschung. Steil fällt das Ufer ab ins klare Wasser. Man kann ein paar Meter weit bis auf den Grund sehen. Zwischen Wasserpest und Schleierkraut bewegen sich Schwärme kleiner Fische. Feldsteine türmen sich am Ufer auf und liegen auch im Wasser. Daneben aber liegt eine steinfreie, flache Badestelle mit weißem Sand.

Dies scheint die schmalste Stelle des langen Sees zu sein, der sich zwischen Feldberg und Carwitz wie ein Fluß erstreckt. Bis zum gegenüberliegenden Ufer sind es kaum fünfzig Meter. Dann macht der *Luzinsee* einen Bogen, und ganz hinten am Horizont ist die Windmühle von Carwitz zu erkennen. Ein Katzensprung also, wenn man nach Feldberg will oder später die Kinder in die Stadtschule müssen.

Ditzen setzt die Fahrt fort. Sie ist, obwohl es nun eben bleibt, unbequemer als erwartet. Der Uferweg ist eng, steinig, stellenweise morastig, auch die Baumwurzeln machen flottes Fahren unmöglich. Und so braucht er wohl eine gute Stunde für den fünf Kilometer langen Seeweg. Ein letzter großer Linksbogen. Auf dem sanft ansteigenden Hang blühen Buschrosen und Ginster. Der gesamte Hügel steht in voller Blüte.

Ditzen schiebt das Rad den Hang hinauf, dann hat er das Fischerdorf erreicht, dessen Neubürger er nun ist. Carwitz ist auf beiden Seiten von Wasser eingeschlossen, ein Weg geht ins Dorf hinein und auf der anderen Seite hinaus. Am Dorfeingang nach Neuhof zu liegt eine alte Windmühle. Sonderlich schön ist sie nicht mit ihrem hohen, schwarz geteerten Steinsockel. Aber sie ist das weithin sichtbare Wahrzeichen des Dorfes.

Die Kopfsteinstraße mit dem Sommerweg an der Seite führt am alten Friedhof vorbei, an einer Gaststätte mit dem schnurrigen Namen *Hier is een Kroog*, und an der kleinen, aber feinen Fachwerkkirche auf dem Hügel. Die beiden Glocken stehen frei auf dem Kirchplatz unter einem kleinen Schutzdach nahe der Straße. Dann geht es bergab ins Unterdorf, und man ist dort auch fast schon aus dem Dorf hinaus; ein Sandweg führt um den Luzinsee und durch den Hullerbusch zurück nach Feldberg.

Wo die Welt zu Ende zu sein scheint, beginnt das Paradies aber erst: der Carwitzer See mit seinen Inseln und Halbinseln, die hier *Werder* heißen.

Und sozusagen am Eingang zum Paradies steht das Haus, das Ditzen mit Zinglers Hilfe nach langem Suchen gefunden hat: die Büdnerei Nr. 17, ein altes Steinhaus mit Stall und Scheunenteil, Obstgarten, einigen Morgen Land und einer Seeflucht von mehreren hundert Metern.

Von weitem sieht Ditzen, daß am Haus gearbeitet wird. Zwei Maurer bessern die Fassade aus und verputzen sie neu. Eigentlich müßten es mit dem Polier vier sein, denkt Ditzen, aber er ist froh, daß es überhaupt vorangeht mit dem Renovieren.

Auf dem Hof steht das Fuhrwerk mit den Sachen vom Bahnhof. Ditzen ist erleichtert und ärgerlich zugleich. Die Sachen sind da, auch hat der Kerl den richtigen Stapel, nicht den fürs Hotel erwischt. Aber wie unordentlich ist alles verstaut und überhaupt, wo ist der Mann jetzt? Die Pferde sind auf einer Seite abgeschirrt und mampfen vorgelegtes Heu.

Ditzen ärgert sich, daß der Hund, ein harmloser Mischlingsköter, seinen neuen Herrn nicht erkennt und ihn anbellt. Er hat den „scharfen Hofhund" von Wehrle als eines der vielen *Extras* erhalten und bezahlt, die Wehrle nach dem eigentlich perfekten Kauf aus dem Hut zauberte.

Utnehmer hat sich hinter dem Haus auf einem Gartenstuhl niedergelassen, schmaucht eine Pfeife und sieht den Maurern bei der Arbeit zu. Er hat nicht das geringste Unrechtsbewußtsein, als Ditzen ihn nach dem Grund für die

Verspätung fragt. Utnehmer antwortet langsam und bedächtig, nach einem tiefen Zug aus der Pfeife: „Ick wüsst nich miehr, ob Sei viertel oder dreiviertel elven sächt hemm".

„Was heißt hier viertel, dreiviertel elf? Neun Uhr war der Zug da, und eine viertel Stunde später sollten Sie am Bahnhof sein", sagt Ditzen laut und vorwurfsvoll.

„Sühst woll", sagt Utnehmer und erhebt sich, „irgendwatt mit viertel wier't doch. Na, denn wull'n wir mol."

Er erhebt sich, klopft die Pfeife aus, geht zum Wagen, macht den Strick los. Fast schon ist Ditzen versucht zu lachen über das, was ihm wie Unverfrorenheit erscheint, wohl aber die Wesensart des Mannes ist.

Utnehmer hat mittlerweile den Strick gelöst und will die oberste Truhe abladen. Nun geht es Ditzen beinahe zu schnell. Er muß erst den Polier finden, der den Schlüssel für den einzigen abschließbaren Raum im Obergeschoß hat, der als Abstellraum benutzt werden kann.

Der Schlüssel findet sich bei einem der Maurer; der Meister „ist gerade mal woanders", und die Sachen – ein Bettgestell, Schrank, Stühle, einige Truhen und Regale – sind bald abgeladen und verstaut. Sogleich fühlt sich Ditzen besser. Dies wird zwar nicht die Atmosphäre ergeben, die er beim Schreiben braucht, aber er kann nun ab und an draußen bleiben, um die Renovierung zu überwachen. Und vielleicht wird auch die eine oder andere Seite vom *Blechnapf* entstehen.

Er schließt den Raum ab und zahlt Utnehmer aus. Der nimmt zum Abschied die Schiebermütze vom Kopf: „Wenn Sie wieder eins was brauchen tun …" Er wartet und erhält keine Antwort, schirrt die Pferde an und wendet den Wagen mühsam im Hof.

„Das könnte ihm so passen", denkt Ditzen. Wozu braucht er künftig Pferd und Wagen von Fremden? Er nimmt mit den Händen das liegengebliebene Heu zusammen und geht in den Stall hinüber. Dort steht – neben der Kuh und zwei Schweinen – der kleine Apfelschimmel, den er samt Wagen und Zaumzeug von Wehrle gekauft hat. Wie alles in Hof und Haus sind auch die Tiere ein wenig marode und ungepflegt. Aber man sieht es ja an der Sache mit Utnehmer, wie wichtig es auf dem Lande ist, unabhängig zu sein, eigenes Vieh, Fahrzeug und Gerät zu haben.

Überhaupt wird sich vieles ändern, sagt sich Ditzen, während er auf den Hof und in den Garten geht. Er wird saison- oder tageweise Leute beschäftigen, die das Land kultivieren, Kartoffeln und Gemüse anbauen, die Obstbäume pflegen und ergänzen. Von Aussaat und Anbau über Kunstdüngung und Pflege bis zur Reife und Ernte, alles nach neuesten Erkenntnissen. Schließlich hat er die Landwirtschaft in jungen Jahren von der Pike auf gelernt.

Ditzen schaut auf die Uhr, bricht den Rundgang ab. Er hat noch gut zwei Stunden Zeit bis zum Gespräch mit dem Bauleiter Grimm aus Altstrelitz. Er will die nähere Umgebung erkunden. Zingler hatte Wehrle beim ersten Besuch gefragt, wohin der Weg gleich neben dem Haus führe.

„Der führt ins Nichts", hatte Wehrle geantwortet, „ein paar Handtuchstreifen, die von den Dörflern beackert werden, mit Korn und Gemüse, dann, hinter dem Durchstich, eine Schafweide. Sackgasse, Weltende …"

Das hat Ditzen neugierig gemacht, es ist genau das, was er sucht und braucht, und so geht er den schmalen Sandweg hinauf zum Hügel. Gleich hinterm Dorf sind zwei Ziegen angepflockt, eine Schar Gänse mit ihren Gösseln grast in einem eingefriedeten Gelände. Die Gänse machen einen fürchterlichen Lärm, als sie ihn gewahren, und beruhigen sich erst, als er ein ganzes Stück weitergegangen ist.

Zu beiden Seiten des Weges liegen die schmalen Felder der Carwitzer Büdner, die in Feldberg oder Strelitz arbeiten und nur abends und an den Wochenenden Zeit haben, ihre Felder zu bestellen. Drüben sind die die Netzstände und Schuppen der Fischer zu sehen.

In der Senke befindet sich eine Landenge, die an der schmalsten Stelle durch einen Graben unterbrochen wird. Zu beiden Seiten sieht man den See; eine wacklige Brükke, zwei Bretter mit Geländer, führt über den Durchstich.

Dann ein Gattertor, das unverschlossen ist und hinter ihm zufällt. Durch das Geräusch werden ein paar Schafe gestört und springen zur Seite. Ein sanfter Anstieg, so daß man oben wohl hundert Meter über dem Meeresspiegel ist.

Als er auf dem Hügel ankommt, ist Ditzen außer Atem. Er setzt sich auf einen Feldstein und schaut in die Runde. Was er sieht, kann er später der Frau und den Freunden nur unzureichend beschreiben. Da nutzt alle Wortgewalt nichts, das muß man gesehen haben. Man hat einen Rundblick über den ganzen See. Nun erkennt er auch, daß der Bohnenwerder beinahe eine kreisrunde Halbinsel ist, umgeben von niedrigen Ellernbüschen. An einigen Uferstellen schimmert Sand im seichten, klaren Wasser, – wohl die dörflichen Badegelegenheiten. Über dem See kreist lautlos ein großer Greifvogel. Es könnte sogar ein Adler sein.

Ditzen hat sich neben dem Stein niedergelassen und schaut in den Himmel. Er atmet tief durch. Dies ist eine Welt für sich, eine andere als die da draußen. Und wenn man hier auch nicht bauen darf, so soll es der äußerste Fluchtpunkt werden. Hier kann man sich ausruhen und Kräfte sammeln, Ideen ausbrüten oder sich auch – wenn erforderlich – verstecken, einigeln, eingraben, – für Feinde und falsche Freunde unerreichbar. Sackgasse, Weltende ...

»Wenn ein Flieger über diesen Teil des Mecklenburger Landes fliegt, so sieht er Wälder und Seen, Seen und Wälder. Kaum ein Feld, kaum eine Wiese, kaum ein Haus. Toteneinsamkeit. Das Ende der Welt«*, denkt er.

Ein Fluchtpunkt ist ja kein Totpunkt. Er ist ein Ort zum Einhalt, Innewerden und – da kein Weg weiter führt – zur Umkehr. Ditzen erlebt den seltsamen Umstand, daß er ausgerechnet am äußersten Ende der Welt, in der Einsamkeit der Insel plötzlich den Wunsch nach Nähe hat, Sehnsucht nach einem *Freitag* spürt, durch den Robinson sich selbst erfährt, dem er sich mitteilen kann.

* Authentische Zitate stehen in »Anführungszeichen«

Wenn erst Uli ein wenig größer und verständiger ist, wird er in ihm diesen dankbaren Gefährten haben, dem er all die schönen kleinen Dinge des Lebens zeigen kann. Er wird ihm die Seggen, Simsen, all die anderen Gräser und Kräuter erklären. Er wird ihn lehren, eine Bach- von einer Schafstelze zu unterscheiden, eine Biene von einer Wespe oder den Distelfalter an der Flügelzeichnung, den Bussard am Flug und die Nachtigall am Gesang zu erkennen.

Was nutzt das ganze angehäufte Wissen, wenn man es zwischen zwei Buchdeckel preßt? So erhebend das für den Moment des Erfindens auch immer ist, es braucht ja Wochen und Monate, ehe die Botschaft beim Leser ist und vielleicht ein Echo darauf kommt. Man ist dann bereits mit gänzlich anderem beschäftigt, das Echo verhallt ungehört.

Wie Ditzen so auf dem Hügel liegt und in den Himmel starrt, ist er mit den Gedanken bei jenem Mann, dessen Schicksal ihn zur Zeit wie das keines anderen Menschen beschäftigt: beim Strafgefangenen Kufalt. So wie für den die Gefängniszelle ein Platz wird, an dem er sich frei und sicher fühlt, kommt seinem Schöpfer dieses Eiland vor wie die kleinste erstrebenswerte Lebenszelle.

Und wie Kufalt durch die Fensterblende seiner Zelle, so sieht auch er ein Stück vom Himmel. Genug, um sich den Rest vorstellen und mit dem wenigen zufrieden zu sein, das man überschauen kann. Reiselust und Fernweh waren ihm immer fremd. „Fischkopp bleibt Fischkopp“, hatte Tante Ada gesagt, wenn sie von ihren Reisen nach Frankreich und Italien erzählt und er bald das Interesse daran verloren hatte.

Es gehört so wenig Raum dazu, innere Ruhe, seelisches Gleichgewicht zu finden, das er in den großen Städten oft vergeblich gesucht hatte. Jeder Platz, jeder Raum kann gut dafür sein. Und kein Ort ist so gut, keiner abgeschlossen genug, um allein und unbehelligt zu leben. »Wir leben alle auf solcher Insel und jeder kann jedem Leides tun – ganz unverbrannt kommen wir alle nicht durch.« Das sind seine eigenen Worte aus der Funkstunde vor einem halben Jahr.

Es war ein erstes Fazit eigener Erlebnisse, die nun Willi Kufalt, dieses Produkt aus Erfahrung und Erfindung, noch einmal für ihn und mit ihm durchlebt. Kufalt wird durch Umstände, die er nicht beherrscht, straffällig und kommt in den Knast.

Als Ditzen mit 31 Jahren zum ersten Mal dieses Schicksal widerfuhr, waren Haft und Gefängnis für ihn noch eine Abwechslung, fast ein Abenteuer gewesen. Er war zu dieser Zeit noch ungebunden und hatte einen Denkzettel, eine kleine Strafe wohl verdient.

Fünf Jahre später, als Wiederholungstäter und Rückfälliger, hatte er Zeit gehabt, darüber nachzugrübeln, ob es tatsächlich so etwas wie eine Bestimmung gäbe, der man wehrlos ausgeliefert sei. Wer einmal aus dem Blechnapf fressen mußte, frißt immer wieder daraus. Wieso also sich auflehnen? Es kommt alles, wie es kommen muß. Doch die beiden langen Haftjahre hatten ausgereicht, den Lebensplan gründlich zu ändern, dem Schicksal die Stirn zu bieten und den weiteren Weg nicht irgendwelchen fremden Mächten zu überlassen.

Oder war es kein Zufall gewesen, daß er aus dem weltoffenen Hamburg in jene Kleinstadt zurückgekehrt war, wo er im Gefängnis gesessen hatte? Daß er ausgerechnet hier sein Glück machte? War es wirklich nicht mehr als ein Zufall gewesen, der ihn mit seinem Verleger Ernst Rowohlt wieder zusammengeführt hatte? War es Bestimmung, daß sie sich auf einer Insel, fernab der Zivilisation wiedersahen? Was wäre geschehen, wie sein Leben verlaufen, wenn sie sich dort nicht getroffen hätten?

Er fand Arbeit bei der kleinen Zeitung, eine Wohnung, und vor allem fand er Anna. Und mit ihr eine Familie und endlich auch den Erfolg als Bücherschreiber. Es war ein paar Jahre gut gegangen.

Dann hatte wie ein Blitz aus heiterem Himmel, völlig unvorbereitet – mitten in der Arbeit am Gefängnisroman – das Schicksal abermals zugeschlagen. Ein viertel Jahr ist es jetzt her, daß ein uniformierter SA-Trupp, ausgerechnet am

Ostersamstag, in die Berkenbrücker Wohnung einfiel und alles durchwühlte. Sie drängten die hochschwangere Frau zur Seite und nahmen ihn mit. „Verhängung der Schutzhaft wegen des Verdachts einer Verschwörung“, lautete im umständlichen Amtsdeutsch die haltlose Anschuldigung.

Er war mit Rowohlts Hilfe bald freigekommen. Seltsamerweise hatte er, von seiner Unschuld überzeugt, die zehn Hafttage ohne Aufregung und ohne größeren Schaden überstanden, weil man ihm erlaubt hatte, an seinem Gefängnisroman weiterzuschreiben. Nicht, daß er sich über die neuen Herren, die nach Gutdünken Schutzhaft verhängten – und hoffentlich bald aufhoben – Illusionen machte. Hinter den dicken Knastmauern glaubte er sich erst einmal sicher. Er konnte den Faden dort aufnehmen, wo man ihn gewaltsam durchtrennt hatte, vielleicht ihn sogar besser und haltbarer weiterspinnen als zuvor. Obwohl man nicht im Gefängnis sitzen mußte, um ein Gefängnis zu beschreiben. So einfach lagen die Dinge nie. Es geschieht auf dem Papier oft das Gegenteil von dem, was einem selbst widerfährt.

„Ich kam in den Knast und Willi Kufalt wurde daraus entlassen“, denkt Rudolf Ditzen. Und da der Büchermann hilflos und gefangen war, mußte der Exhäftling Kufalt statt seiner in der Welt draußen bestehen.

Kufalt sitzt auf einer Bank an der Hamburger Außenalster und denkt: »Seltsam: In den letzten belemmerten Wochen ist die Erinnerung an das Zentralgefängnis in jener kleinen Stadt wie eine selige Insel aus dem graunebligen Meer seines Lebens aufgetaucht. War es nicht eine herrliche, ruhige Zeit, als er dort in seiner Zelle lebte und nichts wußte von Geld, Kohldampf, Arbeit, Bleibe … eine selige Insel also, wie gesagt.«

Willi Kufalt kommt mit der gewonnenen Freiheit nicht zurecht. »Wir kehren alle wieder heim zu uns. In uns sitzt es, in uns bleibt es.«

Hat er das wirklich geschrieben, vor einem viertel Jahr, hinter den dicken Knastmauern von Fürstenwalde? Wie lange zurück und wie weit weg liegt das alles an diesem, seinem ersten richtigen Carwitz-Tag! Nun muß er Willi Kufalt aber bei der Hand nehmen und ihm einen Ausweg zeigen. Das Leben hat auch seine guten Seiten und die Welt ihre freundlichen Flecken.

Er wird Kufalt eine kleine Chance geben, eine bescheidene Aufgabe zuweisen, wie er sie selbst nach der langen Haftzeit vor fünf Jahren gefunden hatte, vielleicht bei einer kleinen Zeitung. Und er wird ihm eine Frau geben, etwas Solides, eine Handwerkerstochter.

Und damit es im Roman etwas schneller als im wirklichen Leben geht, wird sie ein voreheliches Kind haben, so daß gleich eine komplette Familie da ist. Arbeit, Bleibe, Familie, – alle Voraussetzungen, um ein ehrliches, bescheidenes Leben weit weg von Anstalts- und Gefängnismauern zu führen.

Und doch wird Kufalt wohl wieder ins Gefängnis müssen. Kufalt weiß es, und Ditzen ahnt es. Wie das geschieht, was er ausbaldowern, ausfressen wird, ahnt weder er noch sein Erfinder. Soviel ist sicher: Er wird in den Sog der Vergangenheit geraten, falsche Freunde finden, alle Ratschläge, alle guten Wünsche und jede Hilfe in den Wind schlagen. Das Buch, das Ditzen nun endlich beenden will, um ein freundliches schreiben zu können, heißt ja nun: *Wer einmal aus dem Blechnapf frißt.*

Die Sache mit der Schicksalhaftigkeit von Schuld und Sühne wird er nicht überziehen. Was heißt überhaupt Schicksal? Es sind doch die allgemeinen Verhältnisse in Deutschland, die den Rückfall in die Straffälligkeit nicht allein bewirken, sie verursachen ihn geradezu: Ohne Arbeit keine Wohnung, ohne Wohnung kein Zuzug und keine Arbeitserlaubnis. Unzureichend die Vorbereitung des Häftlings auf die Freiheit, zu gering die Chance auf Arbeit, keine Aussicht auf eines der wenigen Zimmer in Übergangsheimen; nur im Zuchthaus sind noch Plätze frei. Einmal in diesen Kreislauf hineingeraten, ist man im wahrsten Wortsinn darin gefangen.

Nein, das hat mit Schicksal nichts zu tun, obwohl er inzwischen nicht ganz sicher ist, daß es nicht eine Art von Vorbestimmung gibt. Aber das ist ein anderes Thema für ein anderes Buch über den spökenkiekerischen Landmann Johannes Gäntschow, der viel von Johannes Kagelmacher hat, dem Freund aus jungen Jahren, der in Gudderitz auf Rügen einen Hof hatte. Diese Geschichte drängt sich immer mehr nach vorn, muß aufgeschrieben werden.

Er hat es niemandem, nicht einmal Kagelmacher, versprochen, daß er ein solches Buch schreibt, aber er ist es sich selber schuldig. Und auch dem Leser, der nach dem kleinen Mann Pinneberg auf eine große, starke Geschichte gewartet hat. Nach dem trostlosen Gefängnisbuch muß er etwas Kräftiges, Bodenständiges hervorbringen. Und jetzt hat er auch den Nagel, an dem er die ganze Gäntschow-Geschichte zu fassen kriegt und aufhängen kann: den Tod seines eigenen Zwillingskindes.

Kufalt, Gäntschow, – die literarischen Figuren lassen ihn selbst in dieser Einöde auf dem Bohnenwerder nicht zur Ruhe kommen. Er will sich endlich von ihnen befreien; sein eigener Herr sein. Und das wird er nur, wenn er sich so intensiv mit ihnen beschäftigt, daß sie ihn zur Ruhe kommen lassen. Wenn sie auf Manuskriptseiten ihr Leben beginnen und beenden, hat er sie aus dem Kopf. Dazu braucht es geordnete Verhältnisse, eine angenehme Umgebung und vor allem Zeit.

Er wird die Pflichten dieses Tages hinter sich bringen, um morgen, gleich morgen früh bereit zu sein für ein neues Schreibabenteuer. Feste Ordnung und gewohnte Atmosphäre bedeuten ja nicht Luxus. Wenn es sein muß, kann er im Hotelzimmer – oder in einer Zelle – schreiben. Denn soviel weiß er längst: Überall, an jedem beliebigen Platz kann man sich unter eine Glocke aus Selbstbetrug und Täuschung setzen und schreiben, also leben. Wenn man nur eine gute Geschichte im Kopf hat.

Auf halbem Weg zurück zum Dorf begegnet ihm ein Junge mit einem Eimer in der Hand. Er grüßt freundlich, und Ditzen fragt ihn, ob er etwa angeln wolle. „Nö“, sagt der Junge und schüttelt den Kopf mit dem verzottelten blonden Haar. Er ist stehengeblieben und hat die Hand aus der Tasche genommen. Zu den Schafen will er, nachsehen, ob sie genug Wasser haben. „Dat sind verwöhnte Biester“, sagt der Junge, „aus'm See saufen se nich.“

„Aber es ist doch gutes, klares Wasser“, sagt Ditzen, vielleicht, um das Gespräch mit dem sympathischen Burschen etwas zu dehnen. Er zündet sich eine Zigarette an.

„Wenn auch“, sagt der Junge, „da sind die Biester eigen.“

„Und woher holst du das Wasser?“

„Na, aus'm See“, sagt der Junge und grinst, „aber so, daß se das nich sehen tun. Noch vor'm Durchstich schöpf ich's und bring's ihnen. Sie müssen mich bloß mit dem Eimer ankommen sehen. Schlaue Biester, aber nich schlau genug. Und Sie?“, fragt der Junge.

Ditzen, der wohl versteht, daß der Junge wissen möchte, was er hier macht, antwortet: „Ich? Ich trink auch nicht gern Wasser aus dem See.“ Er lächelt, streicht dem Jungen über den wirren Schopf und geht. „Und betrügen laß ich mich auch nicht mehr“, denkt er, „aber wer ahnt schon vorher, daß man ihn übers Ohr hauen will? Meistens merkt man erst hinterher, daß man eines der vielen betrogenen Schafe ist, die auf der Welt rumlaufen.“

Ein schönes Bild denkt er, und die Episode mit dem aufgeweckten Dorfjungen muß er in dem unergründlichen *Aktenschrank* zwischen Hals und Haar ablegen, um sie gelegentlich dort abzurufen.

Kein Schaf sein, – er wird die Augen und Ohren offenhalten; den Bauleiter darauf festlegen, daß die Umbauarbeiten zügig weitergehen, damit er mit Frau und Kindern einziehen kann. Freund Peter Suhrkamp hat ihm den Rat gegeben, einen Pauschalpreis mit den Handwerkern zu vereinbaren, der zu zwei Dritteln nach Abschluß der Arbeiten fällig wird. Den wird er heute durchboxen. Sonst halten die Bauleute sich den ganzen Winter über an der Arbeit fest. Und mit den Wendels wird er noch einmal über einen Rabatt für die Hotelmiete reden müssen. Zusammen mit einem alten Professor aus Berlin ist er der einzige Gast im Haus, und wenn die Wendels auch reizende Leute sind, die alte Wendelsche prima kocht und ihn bemuttert, so muß er jetzt darauf sehen, daß das Geld nach den sinnlosen Ausgaben in Berlin und den elftausend Mark für den Hauskauf beisammen bleibt.

Niemand steigt zweimal in denselben Fluß, heißt eine Redewendung. Und so kommt auch Ditzen an diesem Tag im Juli 1933 ein wenig anders vom Bohnenwerder zurück, als er hinaufstieg, ohne zu wissen, was ihn dort erwartete.

Die Spannung ist von ihm abgefallen und sicherer Entschlossenheit gewichen. Aus Erfahrung weiß er, daß dieser Zustand vielleicht nicht lange anhält. Er hofft, es möge für einige Zeit so bleiben.

„Nur das Notwendigste, vorerst!“ Diesen Satz hat Ditzen so oder ähnlich schon einige Male gesagt, beim Rundgang mit dem Bauleiter Grimm durch das Haus und auch jetzt, da sie den Raumplan auf einem Gartentisch ausgebreitet haben und die Nutzung der einzelnen Räume durchgehen. Sie haben den Tisch auf den Hof gestellt; die Maurer arbeiten nun alle vier fleißig an der Giebelseite.

Es ist so viel zu machen an den Gebäuden, und der Bauleiter ist jung und voller Ideen. Das *Haus Wehrle*, wie er es immer noch nennt, ist sein erster Auftrag. Wegner, Meister und Inhaber des Betriebs, ist alt und hat ihm die Arbeit übertragen: „Soll ein Künstler sein, der das Haus jekauft hat. Verrückt muß er sein. Abjerissen jehört ett.“

Natürlich ist von Abreißen keine Rede zwischen Grimm und Ditzen. So viel Arbeit hat ja der Betrieb *Wegner & Co* nicht, daß er sehr wählerisch sein kann. Der Kunde ist König. Rudolf Ditzen, der sich hier ausbauen und mit seiner Familie als Landwirt niederlassen will, ist der bekannte Schriftsteller Hans Fallada.

Grimm hat von dem Roman über den Holsteiner Bauernaufstand gehört. Gelesen hat er ihn nicht, dafür aber gerade erst – sozusagen als Vorbereitung auf den Auftrag – den *Kleinen Mann*. Und der gefällt ihm. Er fühlt sich nicht viel anders als der Verkäufer Johannes Pinneberg, obwohl er Unternehmer ist. Ewald Grimm ist bei *Wegner & Co* das namenlose *Co*. Er ist studierter Architekt, muß aber ausführen, was der Alte sagt. Der wollte ein paarmal hinschmeißen und dem Sohn alles übertragen. Aber der Sohn ist faul, würde Grimm auszahlen und das übrige Geld verjuchzen. Und was wird dann aus ihm?

Ja, der Pinneberg ist ein Mensch mitten aus dem Leben, einer wie er, Architekt Grimm aus Altstrelitz, und darum achtet er den Mann, der solche Geschichten erfindet.

Ditzen spürt es. Er hat zu dem Mann trotz dessen Jugend Vertrauen, findet sympathisch, daß der zu wissen scheint, wen er vor sich hat, ihn aber nicht damit traktiert, daß er sein großer Leser sei und alle seine Bücher kenne und am Ende nur ein gewidmetes Buch schnorren will, das er nie lesen, aber überall rumzeigen wird.

Ditzen hat bereits einige Male darauf hingewiesen, daß er so bald wie möglich mit seiner Familie einziehen muß. Den Ausbau einer Veranda und eines Balkons am Seegiebel wird man erst im nächsten Jahr machen können, leider. Auch der Ausbau von Räumen für die Hausmädchen oder der Gästezimmer muß warten.

„Es ist ein altes Haus“, sagt Grimm. Es klingt wie eine Entschuldigung, daß er dem Besitzer Umstände verursacht. „Es wird so seine hundert Jahre auf dem Buckel haben.“

„Nicht ganz“, sagt Ditzen. Er weiß es genau. Der Vorbesitzer hatte Zingler und ihm einen alten Hausbrief aus dem Jahre 1847 gezeigt: »Das Haus ist sub 17 belegt. Das Areal beträgt 710 Ruthen mit Hof und Gebäuderaum. Bonität 6,53 Scheffel, 0,08 Fuder … eine tilgbare Darlehenshypothek von 2700 Mark und 4000 Mark Grundschuld Belastung …«

Wehrle hatte den beiden Kaufinteressenten das Schriftstück mit den Worten gegeben: „Das können Sie mitnehmen. Ich versteh sowieso nichts davon.“

„Also“, sagt Grimm im Ton eines Protokollanten, „wir haben das Fundament isoliert, so daß die Feuchtigkeit aus dem Bau kommt, sind beim Ausbessern der Außenmauern. Wasser- und Abwasserleitung sind fast fertig. Nun brauchen wir die Elektriker für die Erneuerung der Innenleitungen. Haben Sie da jemanden am Ort?“

Nein, er hat sich darauf verlassen, daß *Wegner & Co* als Hauptauftragnehmer sich darum kümmern. Er hatte den Meister so verstanden.

Grimm versichert, daß es in Ordnung ginge, wenn der Meister es gesagt habe. „Wenn wir danach gleich den Innenputz machen und beim Trocknen etwas nachhelfen, können Sie Weihnachten im eigenen Hause feiern.“ Dabei sieht er selbst ein wenig drein wie der Weihnachtsmann.

„Das ist viel zu spät“, ruft Ditzen. Mitte August, wenn die Frau aus der Klinik entlassen wird, wollen sie endgültig nach Feldberg kommen und dann vielleicht vier, höchstens sechs Wochen im Hotel wohnen. „Nein, Anfang Oktober muß alles so weit sein, daß wir einziehen können. Das hat der Herr Wegner auch versprochen.“

Er wirkt jetzt entschlossen. Der Kunde ist König, und so beruhigt ihn Grimm, daß das klappen werde, wenn es der Herr Wegner versprochen habe. Überzeugt ist er nicht.

„Es muß ganz sicher sein“, sagt Ditzen wieder. Er will dem Architekten gerade etwas auf dem Plan zeigen, da ist vom Hauptweg das Geschrei von Gänsen zu hören. Sofort antwortet der Hund mit Gebell; es ist plötzlich ein Lärm, daß man sein eigenes Wort nicht mehr versteht.

Ein Ganter hat sich aus der Schar gelöst, die am Haus vorübergetrieben werden soll. Er stürzt mit gestrecktem Hals auf den Hund zu, ändert aber seine Richtung und geht auf Ditzen los. Der tritt einen Schritt zurück und packt das Tier, als es auf seine Knickebocker los will, mit festem Griff am Hals, dreht es einmal, zweimal, dreimal um seine eigene Achse und läßt es los. Der Ganter torkelt zu Boden, ist benommen, hat das Gleichgewicht verloren. Das hat nicht länger als ein, zwei Sekunden gedauert. Ditzen hat es einem Inspektor auf einem Gut in Hinterpommern abgesehen und sich gemerkt. Die Wirkung hat ihn damals genauso verblüfft wie jetzt Grimm, der hinter Ditzen zurückgetreten ist.

Das Chaos wird vollkommen, als hinter den Gänsen ein Mädchen auf den Hof kommt. Sie zieht zwei Ziegen an Stricken hinter sich her, schwingt einen Stock in der Hand. Sie ruft von weitem *Moritz*, läuft auf den Ganter zu und nimmt ihn, ohne die Ziegen freizulassen, auf den Arm. Sie ruft Ditzen etwas zu, was der nicht versteht, weil die Gänse schreien und der Hund bellt, jetzt auch eine der beiden Ziegen meckert und am Strick zieht. Daß das Mädchen mit den blonden Haaren ärgerlich ist, sieht er, und man hört es am Ton ihrer Stimme.

Nun bringt Ditzen den Hund zum Schweigen, und das Mädchen beruhigt die Gänse. Sie bindet die Ziegen am Tor fest. Dann sagt sie, etwas ruhiger: „Das war aber nicht nett von Ihnen, Herr Ferlada."

„Ditzen", sagt Ditzen. Er hat in den letzten Tagen so oft seinen Namen buchstabiert und korrigiert. Diesmal klingt er wie eine förmliche Vorstellung. Er will dem Mädchen die Hand geben. Das macht einige Umstände: Sie muß den Stock in die andere Hand nehmen, mit der trägt sie den Ganter. Der schnappt nach Ditzens Hand, aber viel zu langsam und zu unentschlossen.

Das Mädchen sagt noch einmal, daß er ihren *Moritz* aber nicht nett behandelt habe. Er antwortet, daß es auch nicht nett sei, mit einer ganzen Gänseschar und einer Ziegenherde auf seinen Hof zu kommen und Krach zu schlagen.

„Der Herr Wehrle hatte das Hoftor zu, da wußte Moritz immer, wo's langgeht. So ein Tier ist eben auch neugierig und will wissen, was so passiert."

Ditzen und auch Grimm müssen lächeln, mit welcher Selbstverständlichkeit sich das Mädchen für ihre Tiere einsetzt, und Ditzen lenkt ein. Er hat in dem Mädchen längst ein gutes *Omen* entdeckt. Sie ist die Gänsemagd aus dem Grimmschen Märchen, was sonst? Von ihrem Pferd hat er einst sein Pseudonym entliehen. »Dem treuen Schimmelpferd, das da hanget, legte ich noch ein L zu und der Fallada war da.«

Nun steht sie da wie aus dem Buch gesprungen, barfuß, in einem hellblauen Leinenkleid, das ihr bis zu den Knien reicht. Er stellt ihr den Bauleiter vor, erklärt, daß sie in einer wichtigen Besprechung wären.

Das Mädchen setzt *Moritz* vorsichtig auf den Boden und gibt ihm einen kleinen Schubs in die Richtung seiner Gänseherde. Er läuft – etwas wacklig – zu den Seinen zurück, und die drei Menschen auf dem Hof lachen. Auch die Maurer haben das Spektakel amüsiert beobachtet und ihre Arbeit unterbrochen. Sie nehmen sie zögernd nach dem Abmarsch des Ganters wieder auf.

„Ich bin der Neue hier“, sagt Ditzen, „aber das wissen Sie ja wohl schon?“ Es ist ein dritter Versuch, seinerseits den Namen des Mädchens in Erfahrung zu bringen. Die denkt nicht daran, sich vorzustellen. Sie sagt: „Der Herr Wehrle hat mir manchmal sein Boot geborgt, damit ich rüber nach Conow kann, wo meine Patentante wohnt.“

Dies klingt etwa so: „Damit ist es nun wohl vorbei“, und Ditzen beeilt sich, ihr zu versichern, das Boot könne sie auch von ihm jederzeit bekommen.

Das Mädchen strahlt und fragt: „Auch heute schon? Die Tante liegt mit Rheuma; ich will ihr Brot bringen und Wäsche abholen. Sonst würde ich einen großen Umweg machen, wenn ich über Thomsdorf und Funkenhagen und Boisterfelde müßte…“

„Das müssen Sie nicht“, sagt Ditzen und amüsiert sich im stillen darüber, wie das Mädchen all die Ortsnamen herzählt, die ihm doch nichts sagen. „Sie können das Boot haben, ich lege die Ruder bereit.“

Das Mädchen bedankt sich. Vielleicht, um zu zeigen, daß sie nicht armer Leute Kind ist, teilt sie mit, sie hätten auch ein Ruderboot, aber das läge zur anderen Seite, am Schmalen Luzin, weil man ja öfter nach Feldberg als nach Conow fahren müsse. Aber sie will nun nicht länger weiter stören. Sie bringt die Tiere nach Hause, holt die Brote ab und kommt dann wieder, wenn's recht ist?!

Ditzen bestätigt, daß es ihm recht ist. Er sieht ihr nach, wie sie die Ziegen abbindet und sich der Zug langsam in Bewegung setzt, wie sie den Berg ins Dorf hinaufziehen: das Mädchen voran, dahinter die beiden Ziegen, dann der Ganter, gefolgt von den Gänsen und zum Schluß die Gössel, die Mühe haben, der Schar zu folgen.

Nun hat es Ditzen eilig, mit dem Bauleiter einig zu werden: „Also Einzug muß spätestens Anfang Oktober sein."

Erst am Abend – im Hotel – kann Rudolf Ditzen die vielen Eindrücke dieses Tages noch einmal sammeln und Revue passieren lassen. Frau Wendel hat ihm die Post aus dem Fach über den Tresen gereicht. Er hat sie gleich in der Gaststube überflogen. Von Rowohlt leider keine Nachricht auf seine Anfrage wegen der Verbandsmitgliedschaft. Ein paar Leserbriefe, wie so oft zum *Kleinen Mann*. Eine kuriose Zuschrift ist dabei, die er unbedingt zum besten geben muß: »Verehrter Herr Fallada«, schreibt eine Freifrau von Oer aus Meißen, »Ich hoffe, daß Jungchen es inzwischen zu einem kleinen Eigenheim (mit Diplomatenschreibtisch) brachte und daß er wie auch Lämmchen begeisterte Pg. [Parteigenossen] sind, stimmt's?«

Die Wirtin schaut zu dem Tisch am Fenster, wo ein Ehepaar sitzt und sagt, etwas lauter als nötig, wie es ihm scheint: „Ihre Sachen stehen hinten im Flur. Soll ich ihnen helfen, sie hinaufzutragen?" Nein, nein, das macht er selbst. Er trägt Koffer und Kartons nach oben und verteilt die Sachen auf die beiden Zimmer: Wäsche, Spielzeug für Uli und Marie, das Kindermädchen, ins Gangzimmer.

Seine Sachen kommen in das andere Zimmer, das zum Haussee geht und das in den nächsten Wochen Arbeits-, Schlaf- und Wohnraum werden soll. Und während er Hemden, Hosen und Unterwäsche in den Schrank sortiert, denkt er an den unordentlichen Beginn dieses Tages, vor allem aber an seinen versöhnlichen Ausklang.

Das Mädchen heißt Grete und ist die Schwester jenes Knaben, den er auf dem Weg vom Bohnenwerder getroffen hatte. Sie war zurückgekommen, als Grimm mit der Taxe längst abgeholt war und die Maurer gerade ihre Werkzeuge auswuschen. Ditzen stand bei ihnen, rauchte und versuchte herauszubekommen, ob sie im Zeitplan lagen, den der Bauleiter genannt hatte. Sie waren maulfaul und angeblich ahnungslos, machten nur ihre Arbeit.

Die Gänsemagd hatte noch immer das lange hellblaue Sommerkleid an, eine Strickjacke darüber gezogen. Sie trug jetzt leichte Sandalen ohne Strümpfe. Das strohblonde, nackenlange Haar wirkte ungepflegt. Statt an den Ziegenstricken hielt sie sich nun an einem Henkelkorb fest, wippte etwas verlegen mit den Fußspitzen auf und ab: „Da bin ich."

Er fand, für ihn hätte sie sich auch umziehen, etwas herausputzen können. Das Kleid war abgetragen, die Strickjacke von undefinierbarem, verwaschenem Grün. Aber andererseits sprach es dafür, daß Grete einen einfachen, geraden Sinn hatte, ihm nichts vormachen wollte und nicht auf ein Abenteuer aus war.

Ditzen ging mit ihr zum Steg, wo das Ruderboot lag. Er kehrte zum Stall zurück, um einen Lappen zu holen. Er schämte sich für den Zustand des Bootes, versuchte ungeschickt, es trocken abzureiben.

Das Mädchen sagte: „Lassen Sie man, kann ich doch machen." Sie stellte den Korb mit den Broten auf den Bootssteg, streifte die Jacke ab und legte sie darüber.

„Na ja", sagte Ditzen und gab ihr den Lappen. Sie tauchte ihn ins Wasser, begann erst außen, dann innen mit dem Reinigen. Während sie sich vorbeugte und den Lappen ausspülte, straffte sich das Kleid über Rücken und Hinterteil. Er hoffte für einen Moment, sie würde vornüber ins Wasser fallen, und er müßte sie retten. Er malte sich aus, wie sie dann in ihrem durchnäßten Fähnchen bibberte und wie dankbar sie ihm sein würde, wenn er ihr Sachen zum Umziehen brächte. Das Umkleiden selbst …

Er verscheuchte schnell diese Gedanken, sagte zu dem Mädchen, als sie mit dem Reinigen fertig war, daß es ein Verbrechen wäre, eine so junge und hübsche Frau allein über den See rudern zu lassen. Was da für Gefahren lauerten, angefangen von gefräßigen Hechten bis zu verwegenen Piraten. Auch könne eines der Ruderblätter brechen, und auf ein Leck hin habe er den Kahn noch nicht geprüft. Er rede nicht mal vom Umkippen und vom Ertrinken.

Alles leichthin, ohne feste Absicht. Sie fühlte sich mit ihren neunzehn, zwanzig Jahren wohl geehrt, daß er sie als hübsche Frau sah, sagte, – ebenso leichthin und vermutlich absichtslos: „Würden Sie denn, wenn Sie nicht so beschäftigt wären, mitkommen?"

„Ich bin gar nicht sehr beschäftigt", sagte Ditzen bestimmt und wies auf die Maurer, die eben den Berg zum Dorf hinaufgingen.

„Ja, dann", sagte das Mädchen, zeigte auf den Ruderplatz in der Bootsmitte und nahm ohne Umstände hinten im Bott Platz und sah ihn erwartungsvoll an. Es war eine Aufforderung, und Ditzen war ihr – nicht allzu eilig – nachgekommen. Eigentlich war er für den Ausflug ungeeignet angezogen, fühlte sich fremd und unbequem in seinem Stadtaufzug. Ihm war unbehaglich zumute, als er die Ruder in die Hand nahm und sie ins Wasser tauchte. Die ersten Züge hatten gewiß nicht sehr fachmännisch ausgesehen, aber das Mädchen schwieg.

Sie waren ein Stück vom Ufer weg, als sie sagte, sie sei die Grete, wohne im Gerstgrund und ihr Bruder habe ihr heute mittag bereits von ihm erzählt.

„Sagen Sie jetzt bloß noch, daß Ihr Bruder *Hans* heißt", sagte Ditzen. Sie verstand den Sinn der Frage nicht. Er hieße Henner, und das von Anfang an, sagte Grete, „aber alle nennen ihn *Henne*".

Hans oder Henne, also doch Hänsel und Gretel. Hans im Glück mit der Gänsemagd in einem Boot, – dieses Carwitz ist ein dickes Märchenbuch, dachte Ditzen. »Und Hans im Glück sprach: So glücklich wie mich gibt es keinen Menschen unter der Sonne.« Sie hatte es gehört, aber nichts dazu gesagt, weil sie ja wußte, daß der Herr Ferlada, oder auch Dietzen, ein Dichter war. Vielleicht redeten die so.

Sie begann – auf seine Bitte hin – mehr von sich zu erzählen. Die Mutter war früh an Tbc gestorben, der Vater „mit so'ner Jungschen" über alle Berge. Er kümmerte sich nicht um die Kinder, sie wüßten gar nicht, wo der jetzt lebe. Sie putzte bei einer Offizierswitwe im Hullerbusch. Ansonsten brachte sie sich und den Bruder mit Viehzeug, mit Eier-, Ziegenmilch- und Geflügelverkauf durch.

So waren sie nun langsam in Fahrt gekommen. Sie saß mit dem Gesicht in Fahrtrichtung und korrigierte ihn nach rechts oder links durch Handzeichen. Sie vermied es, ihn anzusehen. So konnte er sie ungeniert betrachten.

Das Haar war eigentlich nicht ungepflegt, eher unfrisiert und sonnengebleicht. Ein wenig grob war das Gesicht. Sie hatte einen großen, vollen Mund und herrlich weiße Zähne, die man sah, wenn sie lachte. Sie lachte viel und erzählte gern, bis sie es selbst merkte: „Ich rede und rede. Sie erzählen nichts von sich. Es heißt, Sie sollen gerade aus dem Gefängnis kommen."

„Ja so, heißt es?" Er war ehrlich erschrocken gewesen. Dann, nach einer kurzen Pause: „Es ist auch wahr. Ich war zehn Tage in *Schutzhaft*."

„Wirklich? Das muß gruselig sein. Waswegen denn?"

„Wegen was? Ich soll eine Verschwörung geplant haben, gegen eine hochgestellte Persönlichkeit …"

Er zog die Ruderblätter ein, stand im Boot auf. Sie lachte, weil es gefährlich schwankte und er ein paarmal tüchtig mit den Armen rudern mußte, bis sie wieder im Gleichgewicht waren. Er strich seine Haare nach links zur Seite, feuchtete sie an, legte die Brille auf die Bank, hielt zwei Finger quer unter die Nase und parodierte: „Moin Volkk hat meinen Rruf verrnommen und steht fest und unerschütterrrlich an moiner Seite!"

Das Mädchen lachte laut und ungezwungen: „Den Adolf wollten Sie abmurksen?"

„Quatsch", sagte Ditzen und setzte sich, „alles Verleumdung. Und es muß unter uns bleiben, verstanden?" Er legte den Finger auf den Mund.

„Klar", sagte Grete und mußte es schwören. Wohl um zu zeigen, daß sie auf seiner Seite stand, erzählte sie, Henner habe sie einmal gefragt, warum der Führer so lange krank sei. Wie er darauf komme, wollte sie wissen, und Henner hatte – ganz im Ernst – geantwortet: „Na, weil die Leute jetzt alle *Heil Hitler!* sagen statt *Guten Tag.*"

Jetzt lachten sie beide, obwohl er dies so auch in Berlin oft gehört hatte. Er sagte, sehr ernst jetzt: „Ich werde nie *Heil Hitler!* sagen, wenn ich erst in Carwitz wohne."

„Gut, denn ick ooch nich", antwortet Grete.

„Doch", sagte Ditzen, „du mußt das, du hast alles noch vor dir und darfst dir nicht dadurch dein Leben versauen."

„Na gut", sagte sie darauf leichthin. Sie hatte nicht gemerkt – oder nicht merken wollen –, daß er sie zum ersten Mal duzte. Sie waren auf der Conower Seeseite angekommen. Grete ging an ihm vorbei zur Bootsspitze, sie stützte sich für einen Augenblick auf seiner Schulter ab, als sei das die selbstverständlichste Sache der Welt. Sie streifte die Sandaletten von den Füßen, sprang barfuß ins flache Wasser und zog das Boot ein Stück aufs Land. Sie hatte dabei das Kleid gerafft; er sah schöne schlanke Beine.

„Und nun", fragte sie, während sie die Sandalen anzog und das Kleid glattstrich. „Wenn ich ganz schnell mach, warten Sie dann auf mich?"

Ohne eine Antwort abzuwarten, plapperte sie weiter: „Wenn nicht, ist es auch nicht schlimm, denn kann ick mit dem Milchwagen mit, der abends über Funkenhagen und Thomsdorf nach Feldberg fährt."

„Ich warte", sagte Ditzen und zündete sich umständlich eine Zigarette an.

„Also gut", sagte sie, stand aber immer noch abwartend am Ufer, schwenkte den Brotkorb von einer Hand in die andere: „Oder wollen Sie vielleicht mitkommen zu meiner Tante Else?"

„Warum nicht Tante Else“, sagte er, stieg aus, vertäute das Boot an einer Baumwurzel. Dann ging er neben ihr her den Weg zur Straße hinauf. Man würde sie zusammen sehen, und gewiß gab es auch Conower, die nach Feldberg kamen. Er fragte Grete, ob es ihr nichts ausmache, wenn die Leute über sie redeten.

„Nö, waswegen, wir tun doch nichts Schlimmes, oder?“ hatte sie geantwortet.

Recht hatte sie. In Carwitz würden bestimmt schon die Maurer dafür sorgen, daß seine Bootsfahrt mit Grete der Dorfgemeinde nicht unbekannt bliebe. Und wie sagt der Volksmund: Ist der Ruf erst ruiniert, lebt es sich ganz ungeniert. Er hütete sich, es auszusprechen.

„Dann müssen wir uns aber auch duzen, wenn wir zu deiner Tante Else gehen“, schlug Ditzen vor. Und sie sagte: „Mal sehen, ob ick det schaffen tu.“ Darauf wartete er leider vergeblich.

Ditzen nimmt einen neuen Bücherstapel aus der Holzkiste und sucht Platz dafür. Das zweite Wandregal ist längst voll. Auf seine Bitte hin hat es Frau Wendel neben das erste gestellt, das zum Inventar gehört. Aber was geht in so ein kleines Regal hinein, wenn man wenigstens seine liebsten Bücherkinder um sich haben will? Ein paar Nachschlagewerke, vor allem aber die vielen neuen Bücher, die ihm *Väterchen* Rowohlt zum Geburtstag gesandt hat, jedenfalls nicht. Er hat sie längst noch nicht alle gelesen, nicht einmal gründlich durchgesehen.

Bücher stehen auf dem Schrank, auf dem Nachttisch und auf dem Tisch, den er vors Fenster gerückt hat: griffbereit *Meyers Großer Hausatlas*, Leopold Rankes *Weltgeschichte*, Horkenbachs Standardwerk *Das deutsche Reich von 1918 bis heute*, der *Duden*, eine Exkursionsflora.

Er legt den Stapel aus der Hand in die Kiste zurück, weil er keinen Platz dafür findet. Er setzt sich ans Fenster und schaut auf den Haussee, über den sich langsam die Dunkelheit legt.

Auf der Rückfahrt hatten Grete und er die Plätze getauscht, weil sie unbedingt ein Stück rudern wollte. Wieder mußte sie in dem engen Boot an ihm vorüber und stützte sich an seiner Schulter ab, als sie über die Bank kletterte. Und wieder saßen sie so einander gegenüber, er hinten an der Pinne und sie auf der Mittelbank. Sie ruderte mit langen, ruhigen Schlägen, hatte kräftige Oberarme. Er verspürte plötzlich den Wunsch, sie dort zu berühren. Vielleicht unter dem Vorwand, ihre Muskeln zu prüfen. Er ließ es. Nur nichts vermasseln, nichts falsch machen. Viel zu sehr genoß er die Gegenwart des jungen Mädchens.

Er konnte sein Haus schon von weitem erkennen. Es stand einsam und allein auf dieser Seeseite. Ein paarmal folgte sie seinem Blick, dann sagte sie: „Es ist ein schönes Haus, das Sie gekauft haben." Er nickte nur.

Sie erzählte vom Ehepaar Wehrle, das zuletzt eine Ausflugsgaststätte mit Kaffee und Kuchen betrieben hatte, die aber nicht ging, weil die Wehrles nur ein paar Tische und Stühle in den Garten gestellt und ein selbstgemaltes Schild *Gaststätte* an den Zaun gepappt hatten. Und die „Olsch" konnte nicht richtig backen, und er hat die Gäste in seinen Arbeitsklamotten bedient.

„Müssen Sie sich mal vorstellen: Aus dem Stall raus und rüber zu den Gästen: Was darf's denn sein?! Können Sie sich das vorstellen?" Sie lachte, und er sah ihre Zähne.

Er fragte Grete, ob sie nicht ein paar zuverlässige, kräftige Helferinnen für die Saisonarbeit auf seinem Hof wüßte, und vielleicht auch ein Hausmädchen, das der Frau zur Hand gehen und die Kinder versorgen könnte.

Grete überlegte kurz, bevor sie sagte: „Wenn ich bei der Offizierswitwe aufhöre, dann könnte ich auch für Sie arbeiten. Dann brauchte ich nicht zweimal am Tag den ollen Weg über'n Hauptmannsberg zum Hullerbusch zu gehen. Der ist ganz schön gruselig, besonders im Winter."

Es war das, was er erhofft, aber auch ein wenig befürchtet hatte. Sie würden sich näherkommen, das war klar. Die Frage war, wann und wie nahe sie sich kommen würden.

Ihm machte Spaß, mit Grete zu flirten, dieses einfache, selbstsichere Mädchen zum Lachen zu bringen, ihre Aufmerksamkeit zu bekommen, ihr zu gefallen.

Nicht nur zum Selbstzweck, redete er sich ein. Er hatte auf der Fahrt vieles Nützliche über die Carwitzer und seine neue Heimat erfahren: Auf dem Conower Werder gab es Champignons und andere Pilze, dort müßten sie unbedingt mal im Herbst hin. Da brütet der Seeadler. Wenn der sich aufschwingt und einem über den Kopf fliegt, wird einem angst und bange. Ist mein Bruder Henner dabei, dann hat sie keine Angst. „Und mit Ihnen auch nicht", sagte sie völlig unmotiviert, wie ihm schien.

Soweit, so gut. Flirten, Bootfahren, seinethalben auch Pilzesuchen mit ihr und Henner. Aber sie zu verführen, mit ihr intim zu werden, – das war eine ganz andere Sache, die er nicht einmal zu Ende denken mochte. Es reichte, daß Gretes Patentante ihn vom Krankenlager aus gemustert und dann das Mädchen gefragt hatte: „Is datt nu dien niegen Brütigam, Greten?"

Grete suchte gerade in den Winkeln des dunklen Krankenzimmers Wäschestücke zusammen, legte sie in ihren Korb und sagte: „Der doch nich, is man bloß ein freundlicher Nachbar."

Eigentlich peinlich war es ihr wohl nicht gewesen. Und zum Abschied hatte die Tante dann gesagt: „Und paß mi up dien Brütigam up, is doch een ganz plietschen Kierl." Da war Grete nicht einmal rot geworden, hatte gelacht. Und er war froh, daß sie nicht wiederholt hatte, der da sei bloß ein freundlicher Nachbar, nichts weiter.

Auf dem Rückweg hatte er gefragt, was *plietsch* bedeute. Sie zuckte mit den Schultern: „Irgendwie allet, det Gegenteil von bekloppt, gloob ick. Det sacht man hier ebend so." Wenn Grete aufgeregt oder verlegen war, berlinerte sie etwas. Man war ja auf dieser Seeseite bereits im Brandenburgisch-Preußischen, und die Leute in den kleinen Nachbarstädten nannte man gelegentlich Rucksack-Berliner. Dabei lag Berlin eine gute Autostunde entfernt.

Um ihr Zeit zu geben und einen kleinen Abstand zwischen ihnen beiden herzustellen, sagte er, als sie sich dem Carwitzer Ufer näherten: „Sie müßten sich natürlich erst bei meiner Frau vorstellen, wenn Sie für uns arbeiten möchten. Denn eigentlich ist es ihre Aufgabe, die Hausmädchen einzustellen, so haben wir es ausgemacht. Und wenn ich Ihnen einen Rat geben darf: Erwähnen Sie nicht, daß wir uns kennen. Sonst nimmt sie Sie ganz bestimmt nicht."

„Aber waswegen denn nicht", wollte Grete wissen. War sie naiv oder wollte sie etwas Nettes von ihm hören? Er tat ihr den Gefallen nicht.

Viel zu schnell war die Bootsfahrt zu Ende gewesen. Sie hatten wieder miteinander gescherzt. Er legte es darauf an, sie zum Lachen zu bringen. Aber die Unbefangenheit war dahin, ihr Lachen klang künstlich, fand er. Als sie an den Steg stießen und Grete mit gerafftem Rock aus dem Boot sprang, bemerkte sie, daß er ihr nachgesehen hatte.

Aus einigen Metern Entfernung bedankte sie sich flüchtig und wollte den Weg zum Hoftor hinauflaufen, da rief er ihr zu: „Bekomme ich nicht einen ganz kleinen Kuß als plietscher Bräutigam?"

Sie war einen winzigen Moment lang unsicher geworden und stehengeblieben. Dann sagte sie – ohne sich umzuwenden – über die Schulter zurück: „Heute noch nicht." Ihr Weg zum Dorf war eine Flucht, die Sandalen in der einen, den Wäschekorb in der anderen Hand. Er hätte sich ohrfeigen können, daß er sich diese plumpe Frage zum Abschied nicht verkniffen hatte.

Und doch ist es dieses kleine *Noch*, das ihn seither beschäftigt. War es ihr unbewußt entschlüpft, also bedeutungslos? Dann war es leichtsinnig von ihr, ihn so herauszufordern. Oder war sie raffinierter als er dachte? Legte sie es darauf an, ihn zu erobern? Dann hatte sie alles richtig gemacht: eine leichte Berührung, ein wenig Aussicht auf die Beine, kein vertrauliches Du, kein Kuß, ein vages Vertrösten auf später, ein kaum ausgesprochenes Versprechen auf mehr.

Das winzige Wörtchen läßt ihn nicht zur Ruhe kommen; es erregt seine Phantasie. Er hat sich gewaschen und umgezogen; ein frisches Hemd und Krawatte, auf dem Zimmer zu Abend gegessen. Nun nimmt er Schreibpapier, Stifte, Federschale, Halter und Tinte aus dem Koffer und breitet alles auf dem viel zu kleinen Tisch am Fenster aus.

Eigentlich müßte er zuerst Rowohlt schreiben und ihn bitten, sich für seine Wiederaufnahme in den *Reichsverband Deutscher Schriftsteller* einzusetzen, aus dem er voreilig ausgetreten ist. Er verschiebt es, setzt sich nieder und schreibt eine Liebesszene. Er muß nicht im Manuskript nachschlagen, wie weit er gekommen ist.

Der Haftentlassene Willi Kufalt lernt die Handwerkertochter Hilde Harder kennen und will sie heiraten. Ohne mit ihr gesprochen zu haben, bittet er ihren Vater um die Hand seiner Tochter. Licht muß in diese Geschichte kommen. Aber auch das wird nicht helfen; das Licht ist trübe: keine herzliche Liebe zwischen den beiden, keine Wärme.

Und während sich Kufalt Hals über Kopf in eine aussichtslose Ehe stürzt, nimmt sich Ditzen vor, auf der Hut zu sein vor den Gefährdungen, die offenbar nicht nur in der Großstadt lauern, sondern auch auf dem Lande. Gerade hier, wie es scheint.

Nicht alles aufs Spiel setzen, was er mit Suse und den Kindern gerade erst gewonnen hat. Was er am wenigsten gebrauchen kann, sind neue Probleme, die er selbst geschaffen hat. Wenn Suse nur da wäre, um ihm beizustehen. Und ein wenig zugänglicher könnte sie schon sein, wenn er sie berühren und liebkosen will. Wie in den ersten beiden wunderschönen Jahren ihrer Ehe. Und natürlich davor, in den Monaten ihrer ersten Bekanntschaft.

Er muß sich sagen, daß er nie ein toleranter, zufriedener Partner sein wird. Und daß einige Mißverständnisse und kleine Ärgernisse in der letzten Zeit mit Suses neuer Schwangerschaft zusammenhingen. Zwei kleine Körperchen auf einmal wuchsen in ihrem eigenen heran; alles verändert: der Rhythmus, die Hormone.

Das Empfinden den anderen gegenüber reduziert sich auf die Verantwortung für ein neues Leben. Und gleich doppelt. Und dann kam das eine Kind nicht lebend zur Welt, und er sagt sich, ganz tief im Inneren, daß er vielleicht Schuld am Tod des zweiten Mädchens trägt, zu egoistisch, rücksichtslos war.

Über dem Haussee steht der zunehmende Mond. Lügen die Sterne nicht, so soll es ein gutes Lebensjahr für ihn werden. Das hat Kagelmacher errechnet. Wenn Ditzen auch seine Zweifel hat, ob man sich darauf verlassen kann, was bei Kagelmachers Sterndeuterei so herauskommt, ist er doch gern bereit, daran zu glauben, wenn es nur dem inneren Frieden nützt.

Noch hat er ja auch nichts falsch gemacht, *noch* ist er ganz Herr der Lage. Er kann sich jederzeit zurückziehen aus einer Angelegenheit, die selbst Kleingeister nicht eine Affäre nennen würden. Wie lange noch?

Eine Mondsichel über dem Haussee, und auch der Segen bei Kufalt für kurze Zeit blank und gerade über dem Harderschen Haus. Noch alles im Lot. Ein Lichtstrahl, kaltes Licht, ohne Wärme und Dauer.

Ditzen spürt, wie eine leichte Unruhe in ihm aufsteigt: der Mond über dem See, der Flachskopf mit den langen Beinen, die Bauverzögerung, Suses Krankheit, aber auch Unverständnis für ihre zeitweilige Härte, Verlangen nach Zuwendung, Zärtlichkeit, – von jedem etwas und alles zusammen. Wieder ist sie da, diese Sehnsucht nach Nähe. Anders als auf dem Bohnenwerder hat sie ein Gesicht und trägt weibliche Züge.

Kein Sturm, aber Wind zieht auf und kündigt Sturm an. Ein rettender Hafen ist nicht in Sicht. Was man liebt, ist so weit weg: Suse in der Klinik mit der Tochter, die er nur zweimal kurz gesehen hat, der Uli mit der Kinderfrau Marie in der *Pension Stössinger*. Und wo mag der Flachskopf jetzt sein? Schläft er, träumt er, von ihm?

Dann schreibt er wieder; und ärgert sich über Kufalts aussichtslosen Versuch, sich durch eine Blitzheirat mit der

Handwerkertochter ins bürgerliche Leben einzuschmuggeln. Trostlos wie das ganze Buch wird dies ausgehen.

Es wird Zeit, daß er den Gefängnisroman zu Ende bringt. Es sind ja nur noch ein paar Szenen zu schreiben. Er mag das Buch nicht mehr, seit sich ein anderer Plan im Kopf festgesetzt hat und herausgeschrieben werden muß. Aber der *Blechnapf*-Roman ist bei Rowohlt unter Vertrag.

Und ein Vertrag ist ein Gesetz, das man nicht leichtfertig bricht. Besonders dann nicht, wenn man auf die Einnahmen dringend angewiesen ist nach dem Hauskauf.

Überall fühlt man sich eingezwängt, abhängig. Man hängt am Strick wie das Boot am Steg. Oder wie die Ziegen an der Grete.

»Sei er noch so dick –
einmal reißt der Strick.
Freilich soll das noch nicht heißen,
daß gleich alle Stricke reißen.
Ganz im Gegenteil!
Mancher Strick bleibt heil.«

Das hat er seiner Nichte Adelheid in ihr Poesiealbum geschrieben. Aber das Leben ist kein Poesiealbum. Ein Gefängnis-Roman soll es aber auch nicht sein. Ein Liebesroman? Schon eher.

Er würde gern unbeschwert leben wie die meisten anderen Menschen auch, und er hat oft seine Neigung verflucht, das Glück immer dort zu suchen, wo er gerade *nicht* ist. Dieser herrliche Tag im Spätsommer spricht dafür, daß das Glück ganz nah ist, gewissermaßen vor der eigenen Haustür wohnt und darauf wartet, eingelassen zu werden.

Er schreibt mit einem dicken Federhalter. Die Hand schmerzt. Gleich morgen früh wird er die *Mercedes* aufstellen und direkt in die Maschine schreiben. Das schont die Schreibhand und spart Zeit, die Handlung hat er ja längst im Kopf. Ein bißchen wird er den Willi Kufalt noch seine Freiheit genießen lassen, dann muß er dorthin zurück, wo er am Anfang herkam: in den Knast.

Über dem Haussee wird es langsam hell. Der Kopf sinkt auf den Tisch. Ditzen hat ein unruhigen, flachen Schlaf mit einem schlechten Traum.

Traumwelt I

Er liegt auf dem Rücken; Weißkittel beugen sich über ihn. Er erkennt keine Gesichter, nur Schemen, schaut genau in eine starke grelle Lampe. Die Männer tragen Gummihandschuhe, und in den Händen halten sie Scheren, Zangen, Messer und Sägen, gräßliche Geräusche sind zu hören.

Er will sich aufrichten, aufspringen, weglaufen. Es gelingt nicht. Die Gesichter über ihm streiten sich, wo sie beginnen sollen: Zuerst die Raucherbeine ab, sagt eine krächzende Stimme. Eine andere hält dagegen: Nein, zuerst weg mit dem Geschlecht, weg mit Schaden.

Es ist eine hohe weibliche Stimme; eine übergroße Schere schnippt direkt vor seinen Augen: auf – zu, auf – zu, schneller, immer schneller, immer näher. Dazwischen schreit ein anderer: Wir reißen ihm das Herz raus …

Er schlägt mit den Händen um sich, die Gestalten weichen zurück, kommen näher. Sie erreichen ihn nicht, und er kann ihnen nicht entfliehen. Die Beine gehorchen nicht, ein endlos unentschiedener Kampf.

Dies ist einer der wenigen Träume, die er nach dem Erwachen noch kennt und die immer wieder so oder ähnlich kommen: Er ist jemandem ausgeliefert, fühlt sich bedroht, will fliehen und kommt nicht von der Stelle. Er kann Arme und Beine wohl bewegen, aber sie bringen ihn nicht vom Fleck. Eine Flucht, die nicht gelingt.

Er hat Johannes Kagelmacher davon erzählt. Der weiß mit Träumen Bescheid und kann sie deuten. „Ein Nachttraum“, hat Kagelmacher gesagt, „ist immer die Antwort auf den Tag. Nicht unbedingt auf den einen, gerade verflossenen, nein, auf die zurückliegenden. Eine Antwort auf mal weniger, mal mehr unmittelbar Erlebtes.“

Fesselungs- und Starreträume gehören zu den Alpträumen. Sie entstehen, wenn man sich selbst überschätzt, sich zu viel zumutet und unzufrieden mit dem ist, was man erreicht hat. Er begegnet vor allem Menschen, die nicht den Tag genießen können, die unfähig sind, Höhepunkte in ihrem Leben zu schaffen und sich auf ihnen auszuruhen wie auf dem Gipfel eines Berges nach dem Aufstieg. Sie sehen den nächsten Gipfel vor sich und stürmen auf ihn zu, ihre schwachen Kräfte mißachtend. Sagt Freund Kagelmacher.

Es ist Ende November, und noch immer ist alles ringsum provisorisch. Die Umbauarbeiten am Haus gehen weiter und werden sich weit bis ins nächste Jahr hineinziehen. Ditzen wohnt mit Suse-Anna und den beiden Kindern – dem *Murkel* Uli und der *Mücke* Lore – im neuen Haus, aber Suses Thrombose ist nicht ausgeheilt.

Es belastet nicht nur ihn, vor allem die Frau selbst. Sie möchte so gern in Haus und Garten wirtschaften, sich auf dem weiten Gelände am Carwitzer See bewegen; ein paar Beete hinterm Haus umgraben und für das Frühjahr vorbereiten. Aber sie muß sich schonen, und sie muß sich gedulden. Der Boden ist überfroren. Natur und Mensch sind in Lauerstellung, warten auf bessere Zeiten.

Einiges ist geschafft: Unten sind Schlaf-, Wohn- und Kinderzimmer, dazu Küche und Bad in Ordnung. Es gibt einen Telefonanschluß im Haus, ein Arbeiter und ein Mädchen sind eingestellt. Ditzen hat sich im kleinen Zimmer zum Hof eingerichtet. Lange wird er hier nicht bleiben. Man hört die Geräusche vom Hof, die Klönereien des Postboten mit dem Hausmädchen, das Holzschlagen im Stall, das Abtreten der Füße auf dem Kratzeisen, das Hundegebell, das Türschlagen, einfach alles.

Aber andererseits stört es ihn nicht wirklich. Er sitzt an einer neuen Geschichte. Er hat Kufalt wieder geschnappt und weggeschlossen. Der hat sich vom Leser verabschiedet und sich beim Autor sogar für den Einschluß bedankt: »Fein, wenn man wieder so zu Hause ist. Keine Sorgen mehr. Fast, wie man früher nach Haus kam, mit Vater zur Mutter. Fast? Eigentlich noch besser.

Hier hat man ganz seine Ruhe. Hier quatscht keiner auf einen los. Hier braucht man nichts zu beschließen, hier hat man sich nicht so zusammenzunehmen. Schön, so'ne Ordnung. Wirklich ganz zu Haus. Und Willi Kufalt schläft sachte, friedlich lächelnd ein.«

Aber der Autor ist nicht zufrieden mit ihm und nicht glücklich mit dem Ergebnis. Auch wenn *Väterchen* Rowohlt und die Lektoren im Verlag kaum Einwände haben. Im Gegenteil: Ernst Rowohlt geriet, was bei ihm selten genug ist, fast in Ekstase nach dem Lesen und hat seinem Autor versichert, alles werde gut.

Ditzen liest halbherzig und unkonzentriert Korrektur, ärgert sich über Rowohlts Vorschlag, das Buch im Frühjahr unter dem Titel *Armer böser Kufalt* herausbringen zu wollen. Was sagt der Name dem Leser schon? Und Willi Kufalt ist weder arm noch böse, er ist wie er ist, geprägt durch seine Herkunft und besondere Umstände.

Nein, darauf wird sich Ditzen nicht einlassen. Auf der Manuskriptmappe stand einmal *Kippe oder Lampen*, aber dieses Bild aus der Gaunersprache taugt auch nicht zum Titel. Er hat ihn durchgestrichen und – wie er selbst überzeugt ist – einen besseren gefunden. *Wer einmal aus dem Blechnapf frißt*, – dabei wird es nun bleiben; das liegt ganz auf der Linie seiner bisherigen Arbeiten. Das ist deutlich, macht keine Umstände, erzählt in einem halben Satz die ganze Geschichte.

Am liebsten wäre ihm allerdings, Rowohlt würde das Buch ganz zurückstellen und ein anderes vorziehen, das im Kopf so gut wie fertig ist und auch einen Titel hat. Nicht der schwache und hilflose Mensch, sondern einer, der sich stets – allen Widerständen und Rückschlägen im Leben zum Trotz – durchbeißt und seinen eigenen Weg findet, wird beim Leser ankommen. Ein dickköpfiger Eigenbrötler, knorrig wie die Eichen in Norddeutschland, der mit seiner Tatkraft besser in die Zeit paßt.

Er trägt die Züge Kagelmachers. Ob der sich aber darin wiedererkennen wird, ist fraglich, aber auch nicht wichtig. Er schreibt die Geschichte ja nicht für Kagelmacher, sondern erst einmal und vor allem für sich selbst. Und es wird auch – wie meistens – Eigenes darin sein.

Auslöser für den eigentlichen Geschichtenstrauß, den er zu einer Handlung binden will, ist der Tod des Zwillingskindes. *Wir hatten mal ein Kind* sagt er zu Suse, als läge das Jahre zurück, wenn sie – selten – von dem Mädchen reden, das aufgehört hat zu leben. Es war da, existierte, hatte Kopf, Ärmchen, Finger. Aber es wollte nicht atmen, trotz Lichtbogen und Sauerstoffzufuhr. Und als der Vater sein zweites Kind sehen wollte, empfing ihn der Arzt mit den Worten: „Ihr Töchterchen liegt schon auf Eis!"

So dicht hat sich der Tod bislang nicht an die Familie herangewagt, sieht man vom Kriegstod des Bruders Ulrich ab. Aber der liegt zwanzig Jahre zurück, und dies war *sein* Kind, ein Teil von ihm. Und wenn auch das andere Mädchen, Lore, gesund ist und ihnen Freude macht, so darf man doch nicht jenes Wesen einfach vergessen. Es hat seine Spuren auf der Welt hinterlassen, auch wenn alle anderen – Hebamme, Ärzte, Schwestern – es längst aus ihrem Gedächtnis getilgt haben. Für alles gibt es einen Grund, nichts geschieht einfach so. Wieviel eigene Schuld trägt er am Tod des Mädchens? Hat er es an Liebe, an Fürsorge fehlen lassen?

Er kann und will mit niemandem, nicht einmal mit der eigenen Frau, darüber sprechen. Er wird mit *seinen* Mitteln gegen die Schuld ankämpfen, sie sich vom Leibe schreiben, dem winzigen Wesen ein Denkmal setzen.

Er ist in einem Zwiespalt: Einerseits soll Rowohlt den *Blechnapf* zurückstellen, bis das nächste Buch fertig ist, aber andererseits will er seinem Verleger-Freund jetzt nichts Unfertiges zeigen. Wenn er ihm ein paar neue Seiten schickt, ist die Gefahr von Mißverständnissen zu groß.

Der traurige Vorfall mit dem Kindstod ist zwar der Auslöser für das Buch geworden, aber es ist eine von vielen

Geschichten, die er in sechs Kapiteln erzählen will, und sie kommt auch erst ganz zum Schluß. Sie ist, werden die strengen Kritiker wohl sagen, nicht organisch mit der Gäntschow-Geschichte verbunden, ist nur ein kleines Kapitel für sich.

Wie soll er Rowohlt dazu bringen, seine Pläne umzustellen? Ditzen wird – wie früher auch – Verleger, Lektoren, Leser und Kritiker schreibend überzeugen müssen. Er mag nicht einmal Zeit mit einer Berlinreise verschwenden. An Ernst Rowohlt geht ein Brief ab: Er möge ihm vertrauen und sehen, was er tun könne, um die Wünsche seines Autors zu unterstützen.

Dann ist Ditzen allein mit der Geschichte, die ihm die bisher liebste ist und sich wie von selbst schreibt. Seite um Seite füllt er mit seiner Krakelschrift. Er ist ganz sicher: Dies wird ein literarischer Erfolg werden, sein größter Wurf. Es riecht förmlich nach gutem Boden, nach frisch geschältem Feld, über dem Möwen kreisen und Kraniche ziehen. Und ein bißchen riecht es auch nach *Markensgrode* und dem *Landstrykere*, – findet er, auch wenn er sich mit Hansum nicht vergleichen will. Eher mit Raabe, dessen *Chronik der Sperlingsgasse* er besonders mag. Doch das sollen die Leser selbst entdecken.

Er hat zur Orientierung nur die sechs Kapitelüberschriften: fünf Kapitel zur Vorgeschichte des Helden und schließlich – für den Schluß – die Titelgeschichte. Es sind die Hausnummern, durch die er in die Handlung eintritt. Nichts sonst, keine Karteikarten mit Figuren-Biographien, keine Topographie auf Zeichnungen und Schaubildern.

Das scheint wackliger als das Gerüst zu sein, das am Hausgiebel steht, und ist doch ganz sicher, weil alles andere in dem *großen Speicher* steckt, wie er den eigenen Kopf gern nennt. Ein unergründliches Vorratslager, und auch sein Besitzer weiß nicht, was sich in seinen Winkeln alles verbirgt. Er muß es jedes Mal neu herausfinden.

Jemand hat gegen die Wand gepocht. Er hat die Mittagszeit nicht bemerkt, und Suse ruft zum Essen. Da hat Johannes Gäntschow gerade Christiane Wendland beim Morgenritt getroffen und sich mit ihr für den Nachmittag verabredet. Sie haben es gut, sie sehen sich bald wieder. Ditzen muß sich gedulden.

Der Nachmittag gehört dem *Murkel*, das ist versprochen. Erst am Abend kann er seine Rügener Freunde wiedertreffen. Er verabschiedet sich von ihnen, läßt sie allein, wenn auch ungern.

Ungern läßt sich auch der vierjährige Uli an die Hand nehmen und sagen, wo's langgeht. Er kann selber laufen und die Welt um sich herum erkunden. Und es reicht ihm nicht mehr, daß er mit dem Vater immer hinten heraus zum Bohnenwerder soll, wo es auf der anderen Seite interessanter ist. Dort sind Leute auf der Dorfstraße unterwegs.

Frau Bartels wird ihn bestimmt von ihrer Veranda aus sehen und ihm ein paar von ihren süßen Plätzchen zustekken. Und dann sitzt vielleicht der Maler wieder an der Bäk, und er darf ihm zusehen, während der Vater eine Zigarette anzündet und mit dem Mann redet.

Und was es erst im Oberdorf alles zu sehen gibt, wenn bei der Mühle Fuhrwerke stehen, Säcke aus der Ladeluke über eine Rutsche herausflutschen oder mit einem Flaschenzug nach oben gezogen werden. Endlos könnte Uli hierbleiben und zusehen, und der Vater bekommt ihn nur mit dem Versprechen weiter, daß sie morgen wieder hergehen werden, ganz bestimmt.

Ditzen hat, seit er in Carwitz wohnt, Grete nicht wiedergesehen. Eher unbewußt hat er den Gang ins Dorf gemieden und gehofft, das Mädchen einmal allein zu treffen, am Bohnenwerder vielleicht, aber die Chance ist gering. Die Ziegen sind unter Dach und Fach und die Gänse wahrscheinlich bereits geschlachtet. Er stellt sich vor, daß Grete in dieser Jahreszeit am warmen Ofen sitzt, Federn schleißt oder Wolle spinnt.

Er hatte sich bei Räder nach dem Gerstgrund erkundigt; vorsichtig, unauffällig, wie er hoffte. Der neue Hofarbeiter hatte überlegen müssen und in seinem besten Platt geantwortet, genau wüßte er's auch nicht: „Dat möten de fief Hüs achtern Hauptmannsbarg sien, glieks bi de Fischers. Öwer just genau weit ick't nich. Sall ick eiss nahfrogen?"

Ditzen hatte leicht abgewinkt, so wichtig sei das Ganze doch auch wieder nicht.

Heute kommen Uli und sein Vater nicht bis zur Mühle am Dorfausgang. Als sie nach der Mittagsruhe aus dem Haus treten, läuten die Glocken. Eine Beisetzung wahrscheinlich. Zu solchen Gelegenheiten pflegte Mutter, wenn die Greifswalder Domglocken läuteten, zu sagen: „All wedder een Bradenetter weniger."

Uli zerrt an Vaters Hand, weil er bei den Glocken sein will, solange sie noch läuten. Sie schaffen es. Zwei Männer, der Küster und sein Sohn, ziehen die Stricke an den Glockenbalken. Uli hält sich die Ohren zu, bleibt aber tapfer stehen, bis die Bewegungen der Männer immer langsamer werden und die Glocken ausschwingen.

Ditzen und Uli gehen weiter. Auf dem Friedhof findet tatsächlich eine Beisetzung statt. Das Grab ist im hinteren Teil des parkartigen Geländes, hinter einer Baumgruppe. Und obwohl der Junge kaum über die Steinmauer hinwegsehen kann, hat er die Versammlung um das Grab bemerkt, zerrt den Vater dorthin.

Es ist ein kleiner, schöner Dorffriedhof, der notwendig wurde, als der Platz um die Kirche herum zu klein wurde. Und auch diese Gräberstätte soll bald geschlossen und bei der Mühle ein neuer Friedhof angelegt werden.

Der Vater ermahnt seinen Sohn zur Ruhe. Vorsichtig nähern sie sich der Beisetzung, halten genügend Abstand, um die Zeremonie nicht zu stören. Der *Murkel* will wissen, was dort drüben geschieht. Ungeduldig kommen die Fragen des Kindes, viel zu leise antwortet der Vater, und kaum verständlich wird dem Sohn der ganze Vorgang. Was ist das, sterben? Wann sterben wir? Und warum? Sterben nur alte Menschen? Müssen alle Menschen sterben? Muß ich auch sterben? Warum?

Soll der Vater von dem Schwesterchen erzählen, das neben der Lore im Bauch ihrer Mutter lag, aber nicht mehr lebt? Er unterläßt es, ist ja selbst damit noch nicht damit zu Rande gekommen.

Die Menschen am Grab sind schwarz gekleidet wie der Zauberer, von dem der Papa immer wieder erzählt hat. (Warum?) Die Männer haben ihre Hüte und Mützen in den Händen, die Frauen aber nicht. (Warum? Warum nicht?) Die Menschen in ihrer dunklen Kleidung werfen Sand in die ausgehobene Grube. (Warum?) Dann geben sie nacheinander einigen Leuten die Hand, die besonders traurig aussehen und weinen. (Warum?) Die Männer setzen ihre Mützen und Hüte auf und gehen mit den Frauen langsam vom Friedhof. Zurück bleiben nur die Trauernden, dann gehen auch sie. Und ein paar Männer, die nicht traurig sind, bewegen Stangen und Bretter, schlagen mit der Spitzhacke die Erde los, schippen sie in das Loch. Was geschieht nun mit dem da unten?

Wenn ich das wüßte, denkt Ditzen und kann den Jungen endlich wegführen, ablenken vom Friedhof, vom Tod und den vielen Fragen. Als sie an der Gaststätte vorübergehen, sind die schwarzgekleideten Leute auch da. Einige stehen vor dem Haus zusammen und rauchen. Jemand ertappt sich beim Lachen und ist sofort wieder still. Ditzen ist froh, daß der Junge nicht wissen will, was die Leute nach dem Friedhof in der Gaststätte wollen, und daß er ihm nicht erklären muß, was *Fellversaufen* bedeutet, das auf dem Lande Totenbrauch ist.

Auf dem Rückweg macht er mit Uli einen Umweg über den Hauptmannsberg. Sie haben Mühe, den leicht vereisten Weg – vorbei an Schlehen- und Ginsterbüschen – hinaufzugelangen. Von oben hat man einen Rundblick, vollständiger und weiter als vom Bohnenwerder.

„Was wollen wir hier, Papa“, fragt der Junge. Er will jetzt nach Hause, ihm ist kalt. Als er auf demselben Weg nach unten will, sagt der Vater: „Es ist langweilig, zweimal denselben Weg zu gehen, *Murkel.* Laß es uns geradeaus versuchen, um die Wette, auf die Häuser dort unten zu. Wir wollen doch sehen, wer erster wird."

Wettlauf mit dem Vater auf unbekanntem Weg, durch Dornengestrüpp und echte Wildnis, – da ist Uli gleich dabei. Sie schaffen es ohne viele Kratzer an Armen und Beinen, und natürlich wird der Murkel an der Hand seines Vaters erster. Sie kommen an den Häusern im Grund vorbei. Ditzen mustert die kleinen, sauberen Häuschen, doch von *Hänsel und Gretel*, wie er Grete und ihren Bruder bei sich nennt, keine Spur.

Der Vater überlegt im Weitergehen kurz, ob er dem Sohn von den Märchenfiguren erzählen soll, die da in einem der kleinen Häuschen im Ort wohnen müssen, aber er läßt es und erfindet beim Weitergehen eine andere Geschichte für den Sohn.

Ein Mann hat einen kleinen Sohn, gerade so groß wie der Murkel, und der hat von den Großeltern zum Weihnachtsfest einen kleinen Stoffhund bekommen, den sie – weil er auf und ab wackelt – *Hoppelpoppel* nennen. Eines Tages wird das Hundchen in einem Eisenbahnabteil vergessen, und der Junge ist sehr traurig …

Ditzen ist sich nicht klar darüber, ob er dem Wiedersehen mit Grete etwas nachhelfen oder es lieber vermeiden sollte. Die widersprüchlichen Regungen kämpfen miteinander; der Kampf ist unentschieden. Er beschließt, ein *Gottesurteil* soll über den Ausgang entscheiden, ein Gedankenspiel, das er gern macht, wenn es um Kleinigkeiten geht, es eigentlich auf nichts ankommt und sich alles irgendwie finden wird: Grete hat sich – noch? – nicht bei seiner Frau um eine Arbeit im Haus beworben. Tut sie es nicht, was er undeutlich hofft und ebenso unklar bedauern würde, so hat sich der Fall wohl erledigt. Sie ist an der Arbeit – und an ihm? – nicht interessiert.

Wird sie aber ins Haus kommen und für ihn arbeiten, so wird auch er ihr nicht aus dem Weg gehen. Er sieht sie dann täglich und kann ihr bei der Arbeit zuschauen. Er braucht nicht viel Phantasie, sich vorzustellen, wie sie die Treppe wischt und er rein zufällig zur Haustür hereintritt. Oder im Sommer die Wäsche auf die Leine hängt, sich dabei reckt und streckt. Kommt sie also ins Haus, gehört sie dazu, und er kann ihr ohne Umstände zeigen, daß er ein wenig Sympathie für sie hegt.

Eben ein *Gottesurteil*. Am Ende kann man sich einreden, man habe keinen Einfluß darauf gehabt, daß es so oder so gekommen sei. Ein anderer habe für ihn entschieden.

Und in diesem Fall gehört dazu, daß er Suse nicht mit der Nase auf Grete stoßen wird, wenn sie ein weiteres Mädchen für die Hausarbeit sucht. Aber spannend bleibt es doch, wie alles werden wird.

Und eines weiß er bestimmt: Sie werden sich irgendwann sehen. In einem so winzigen Nest, wie es Carwitz ist, kann man sich nicht lange aus dem Weg gehen, so sehr man sich auch Mühe gibt. Und er ist nicht mehr sicher, ob er sich Mühe geben will.

Der Junge hat nun schon einige Male am Arm des großen Vaters gerüttelt und gezerrt: „Wo ist denn nun der arme *Hoppelpoppel* geblieben?“

Hoppelpoppel? Ach ja, der arme, kleine Stoffhund. Die Bahnleute haben ihn im Zug gefunden, der mit dem Stoffdackel weiter bis nach Polen gefahren war. Sie hatten dem Hundchen einen großen, weißen Zettel um den Hals gehängt, diesen mit vielen bahnamtlichen Stempeln und Vermerken versehen, und ein Spaßvogel in dem fernen Polen hatte noch mit ungelenkter Schrift hinzugefügt: »Kleine schwazze Hund, särr biese. Beißt ... «

Hoppelpoppel ist auf langen, verschlungenen Eisenbahnwegen zu dem kleinen Jungen zurückgekehrt, und der Junge hat sich gefreut, und plötzlich ist seine kleine Welt wieder in Ordnung

„Bekomme ich auch so einen kleinen *Hoppelpoppel*-Hund“, fragt Uli.

„Vielleicht bringt ihn dir der Weihnachtsmann“, sagt der Vater.

Er ist ein wenig stolz darauf, wie fein es ihm gelungen ist, die Wünsche seines Sohnes in eine bestimmte Bahn zu lenken. Wenn man will, kann man sogar selbst ein bißchen Herrgott spielen: Ein kleiner Stoffhund auf Rädern, der mit dem Kopf wackeln kann, liegt schon fein säuberlich verpackt für den weihnachtlichen Gabentisch bereit.

2. Kapitel
Besuch auf der Insel

»Ich kann nicht wie andere Helden mich ins Ausland setzen und da Literatur schreiben. Ich sitze hier so fest im Norddeutschen, daß ich mir keine andere Umgebung zum Produzieren denken kann.«

„Willst du auf Brautschau gehen, Junge“, fragt Anna Ditzen und schaut ihren Mann von oben bis unten an. Er ist aus dem Haus getreten, die Frau hat im Garten gearbeitet und steht nun mit einem Pflanzeisen in den verschmutzten Händen vor ihm auf dem Hof. Sie lächelt. Das mit der Brautschau sollte ein Scherz sein, zu solchem Anlaß paßt ja auch nicht die Aktentasche, die er unterm Arm hält.

Es ist ein Versuch, sich zu vertragen nach einem kleinen, unbedeutenden Streit beim Frühstück darüber, warum der *Murkel* seinen Vater heute vormittag nicht nach Feldberg begleiten darf. Opa Wendt könnte ihn ja mittags mitbringen, wenn Ditzen nach Strelitz weiterfährt.

Eigentlich ist längst wieder alles gut. Seine Erklärung, Uli würde beim Frisör doch nicht stillsitzen und stören, hat sie hingenommen. Und der Junge selbst hat sich schnell beruhigt. Er spielt unten am See Verstecken mit den Jungen aus der Nachbarschaft.

Ditzen versteht keinen Spaß. Er ärgert sich, daß der alte Hofarbeiter Wendt das Gespräch mithört. Er ist dabei, das Pferd vor den Kutschwagen zu spannen und tut, als sei er vollauf damit beschäftigt.

Suse weiß genau, daß sie ihren Mann nicht vor den Leuten bloßstellen darf. Und was hat sie an seiner Kleidung auszusetzen? Er hat den Anzug an, den sie im Februar in Berlin gekauft haben. Irgendwann muß er ihn ja tragen. Wann, wenn nicht heute? Sie gehen nicht aus, die Zeit der Besuche und Ausflüge ist vorbei. Auch die übliche Kleiderschau beim Sonntagskirchgang entfällt für die Ditzens.

Einiges von dem, was er denkt, sagt er der Frau, und sie versucht, ihn zu beschwichtigen: „Schon gut, mach dir einen schönen Tag, Junge. Ich hab sowieso bis zum Abend mit dem Pflanzen zu tun."

Sich einen schönen Tag machen? Er wittert Ironie in ihren Worten. Er hat es ihr doch erklärt: Dieses eine Mal muß er sich bei den Kollegen in Strelitz sehen lassen.

Er hat sich ein paar freie Stunden redlich verdient, war fleißig wie nie. Selten hat er so viel geschafft wie in den zurückliegenden Wochen. An nur 23 Arbeitstagen sind die sechs Kapitel des *Kind*-Romans niedergeschrieben worden, und sie werden im Druck wohl an die 800 Seiten ausmachen, also mehr als 30 Seiten täglich. Und nun, da das Manuskript beim Verlag liegt, wird er doch mal unter Leute gehen dürfen.

Sie denken jetzt beide dasselbe, während er auf den Kutschbock steigt und sie ihm zuschaut. Aber er denkt es trotzig, und sie denkt es besorgt. Er soll ja gar nicht so viel arbeiten. Sie merkt, daß das an seinen Kräften zehrt und die ganze Familie darunter zu leiden hat. Er ist überempfindlich geworden. Über einen Grashalm kann er stolpern und über ein falsches Wort. Er lacht kaum noch.

Er schaut an der Frau vorbei. Er trägt Wendt auf, das Gespann mittags vom Amtswerder abzuholen; dann könne er bis zum Abend den Schlag an der Scheune schälen. Anna will etwas sagen, eigentlich braucht sie Wendt nachmittags im Garten. Sie unterläßt es.

Wendt nickt; Ditzen schnalzt mit der Zunge und – als der Schimmel nicht gleich loszuckelt – stupst er ihn mit dem Peitschenstiel an. Ditzen fährt los, ohne sich von Anna zu verabschieden, und das schmerzt sie mehr als eine Widerrede, vielleicht sogar mehr als ein Stups mit der Peitsche.

Anna dreht sich um und geht in den Garten zurück. Sie will die Gemüsepflanzen, vor allem Kohl, Salat und Tomaten in den Boden bekommen. Die Nachtfröste sind vorüber, die feuchte Erde ist ein gutes Pflanzbett.

Ditzen fährt durchs Dorf. Er weiß, daß er auf dem Kutschbock – dazu am hellen Vormittag – für die Dörfler ein seltener, seltsamer Anblick ist, und natürlich stört es ihn, daß sie darüber klatschen werden. Sie sind maßlos neugierig und würden den Ditzens am liebsten in die Töpfe gucken. Sie sollen in ihren Koben bleiben und ihre Nasen in die eigenen Schweinetröge und Suppentöpfe stecken.

Daß man aber auch jedes Mal am Haus des Obernazis vorüber muß, der bestimmt eine Liste führt, wann und mit wem Ditzen durchs Dorf fährt, ist wirklich zu dumm.

Er kann nicht wegen dem ollen Nazibonzen den riesigen Umweg durch den holprigen Hullerbusch und über den Erddamm in die Stadt fahren. Und zu verbergen hat er außerdem auch nichts.

Aber das ist immer dasselbe mit ihm: Jedesmal, wenn er sich sagt, es ist ihm gleichgültig, ob die Leute über ihn reden, ist es ihm nicht egal. Doch was soll er dagegen machen? Er lebt mit den Seinen – wie er glaubt – unauffällig am Rande des Dorfes, tut keiner Fliege was zuleide, hält sich abseits von ihren Festen und Versammlungen, geht allem Zank und Streit aus dem Wege.

Und davon gibt es genug im Dorf. Er hört zwangsläufig das eine oder andere mit, wenn er durch die Küche geht und die Mädchen beim Kochen, Bügeln oder Wäschelegen über die Nachbarn tratschen. Es ist ihnen zwar untersagt, aber wer legt die Grenze fest zwischen häßlichem Nachreden und harmlosem Erzählen? Und Suse läßt die Mädchen reden, wenn sie darüber das Arbeiten nicht vergessen.

Nur in umgekehrter Richtung ist die Grenze scharf gezogen: Wer von den Angestellten über die Ditzens im Dorf klatscht, der fliegt. Wenn sie auch in manchem verschiedener Meinung sind: Da ist er sich mit Suse einig.

Es ist ein schöner Frühlingstag. Vom Ortsgruppenleiter ist nichts zu sehen, als Ditzen an seinem Haus vorbeifährt. Ditzens Stimmung bessert sich schnell. Am liebsten würde er jetzt umkehren, Suse in den Arm nehmen und sie um Verzeihung bitten. Alles wäre wieder gut.

Er unterläßt es, fährt weiter. Noch einmal an dem Nazihaus vorüber? Und wie würde das aussehen, wenn er mit dem Gespann in den Hof käme? Alle würden ihn erstaunt ansehen, eine Erklärung erwarten. Suse wäre irritiert. Er hört sie fragen, ob er was vergessen habe. Und eine Umarmung wäre ihr sicher unangenehm: „Was ist denn mit dir los, du hast doch gar nichts getrunken", hört er sie sagen.

Nein, weiter, hinaus aus Carwitz, am liebsten geradeaus in Richtung Neustrelitz. Aber solche Strecken macht der alte Schimmel nicht mit, und vermutlich würde auch das morsche Gefährt nicht durchhalten. Er fährt gern die Straße am Luzinsee entlang. Wenn man den See auch nur anfangs sieht, so ist der Weg doch abwechslungsreich.

Bevor er nach Neuhof kommt, passiert er eine riesige Eiche, von der es heißt, ein Meldesoldat der Blücher-Armee habe sich, mit seinem Pferd, in ihrem hohlen Stamm vor den Franzosen versteckt, und die Gefahr unbemerkt überstanden. Er überlegt, ob er daraus eine Geschichte für den *Murkel* machen kann. Doch er verwirft schnell den Gedanken, man müßte zu viel Historisches beschreiben, das ein Kind nicht versteht.

Neuhof selbst ist so ganz anders als Carwitz; ein Straßendorf für Landarbeiter und Schnitter erbaut, strohgedeckte Häuser aus roh behauenen Feldsteinen.

Hinter dem Dorf beginnen die Rosenberge, sanfte Hügel mit Rosengestrüpp und Ginsterbüschen. Und von dort aus sieht man schon die Stadt mit ihrem schlanken Kirchturm. Und ringsum blinzelt hier und da eine Wasserfläche hervor.

Am Bahnhof hält Ditzen an und fragt, ob Postfracht für ihn gekommen sei. Wenn er Glück hat, ist die Sendung vom Verlag da, die ihm Paulchen Mayer gestern telefonisch angekündigt hat. Und tatsächlich stellt der Bahnmann einen schweren Karton auf den Tresen.

Der Beamte behandelt den neuen Kunden mit großem Respekt, seit er weiß, mit wem der verkehrt. Es treffen viele Eilsendungen aus Berlin für ihn ein, Reisende erkundigen sich, wie sie zu Ditzens nach Carwitz kommen. Und Urlauber fragen ihn, ob hier nicht der Schriftsteller lebe, der *Kleiner Mann – was nun?* geschrieben habe.

Er kann sachkundig Auskunft geben, weiß längst, daß *Herr Dietzen* auch *Herr Fallada* ist, beides gleichzeitig. Der eine für die Landwirtschaft und überhaupt, der andere für die Bücher, die er schreibt. Wie der dazwischen durchfindet, wann er der eine und wann er der andere ist, soll ihm egal sein. Ditzen ist ein freundlicher Mann, mit dem man ein paar Worte übers Wetter reden kann.

Heute gibt ihm der Bahnhofsvorsteher den Tip, daß Lattenzäune im Raiffeisenlager nebenan eingetroffen sind; für den Fall, daß er dafür Bedarf hat. Weil er ja vieles neu machen muß …

Ditzen verstaut das schwere Paket auf der Ladefläche der Kutsche. Er bedankt sich für den Hinweis und fährt weiter. Am liebsten würde er jetzt gleich – sowie er dem Bahnmann aus dem Blickfeld ist – anhalten, um die Sendung zu öffnen. Wenn alles so wie abgesprochen erfolgt ist, dann hat er in dem Paket nicht nur zwanzig weitere Belege vom *Blechnapf*-Roman, sondern einen dicken Stoß Korrekturfahnen und den Umschlagentwurf seines jüngsten Buches, einen Andruck vorerst. Gewissermaßen die ersten Wehen des Geburtsvorgangs eines neuen Kindes, noch nicht die Geburt selbst.

Er macht, da er sich auf der Straße beobachtet fühlt, bei Hagemann Station. Er will ihn bitten, für den Rückweg am Abend ein Fahrrad auf dem Hof bereitzustellen.

Hagemann hat sich an seinen neuen Kunden rasch gewöhnt und versteht sich gut mit ihm. Die Fahrradwerkstatt hat sich als bequemer Anlaufpunkt bewährt. Sie liegt in der Oberstadt, man kann das Rad oder auch das Gepäck dort abstellen und auf dem Rückweg mitnehmen. Hagemann nimmt von Ditzen für das Fahrrad-Verleihen kein Geld und hat ihn gebeten, statt dessen hin und wieder mal ein Buch von sich mitzubringen.

Der Karton wird im Laden auf dem Boden abgestellt. Zum Glück sind keine anderen Kunden da. Umständlich klappt Hagemann sein Taschenmesser auf. Er will die Verschnürung durchschneiden, aber Ditzen bittet um das Messer und öffnet das Paket selbst. Wie leicht könnte Hagemann das Kind in dem Kartonbauch verletzen. Es kommt immer einmal vor, daß die Rowohlt-Leute die Sendungen schlampig verpacken und etwas beschädigt wird.

Diesmal ist alles wohlverpackt. Die *Blechnäpfe* nochmals in Papier eingeschlagen und obenauf – *Väterchen* Rowohlt weiß doch, wie gespannt sein Autor ist – ein Extrapäckchen mit einem roten Band darum.

Ditzen reicht Hagemann einen *Blechnapf*, den wird er nachher für ihn signieren. Während der das Buch vorsichtig und umständlich in die eine – nicht ganz saubere – und die andere – nicht weniger saubere – Hand nimmt, ist Ditzen mit dem Päckchen ein Stück zur Seite gegangen, breitet es auf dem Ladentisch aus.

Er will allein sein bei der ersten Begegnung mit seinem neuesten Buch. Es ist ja noch kein richtiges Buch, eher eine Loseblattsammlung, einzelne Druckbögen. Die Umschlagzeichnung von Alfred Kubin wird keine Leser werben: Eine dicke Kuh schaut blöde von der unteren Titelhälfte zum Leser, darüber hängt eine Stall-Lampe. Wiederum darüber, als ob es die Kuh zum Leser spräche, der Titel: *Wir hatten mal ein Kind*. Sein Name steht neben dem Kubins, und er ist nur gut doppelt so groß wie der des Zeichners.

Nun ja, mit seinen Buchumschlägen hat Ditzen bisher nicht viel Glück gehabt. Die Zeichnung von George Grosz zum *Kleinen Mann* mag ja angehen. Suse findet sie gelungen. Dem Professor Weiß hat Ditzen im Vorjahr einen langen Brief wegen des Umschlags zum *Blechnapf*-Roman geschickt, mit vielen Details über das Zelleninnere. Und was hat der damit angefangen, was daraus gemacht? Eine kindliche Strichzeichnung, die der Murkel wohl auch zustande gebracht hätte.

Als Hagemann herantritt, packt Ditzen alles schnell ein. Niemand – Suse ausgenommen – wird ein Buch von ihm sehen, bevor es ganz fertig ist. Es kann so viel dazwischen kommen. Ein Buch ist erst ein Buch, wenn es in Tausenden Exemplaren die Leser in ihren Händen halten.

Das hat mit Aberglauben nichts zu tun; es beruht auf seiner Erfahrung mit Behörden, der Presse und den Verlagen. Man hört gerade jetzt so viel von Verboten und Beschlagnahmen. Und selbst ein fertiges Buch ist keinesfalls vor Nachstellungen sicher. Es kann – wie erst jüngst so vielen Büchern geschehen – auf dem Scheiterhaufen enden.

Er schreibt dem Hagermann eine schöne Widmung in das Buch. Der ist glücklich und bedankt sich überschwenglich. Dann packen sie den Karton zusammen und stellen ihn wieder auf die Kutsche. Eine Decke kommt darüber, obwohl Ditzen sich sagt, daß man hier kaum einen Bücherkarton stehlen wird.

Er verabschiedet sich von Hagemann. „Nein, in Feldberg klaut man keine Bücher", denkt er beim Weiterfahren. Weder kauft noch liest man sie. Man läßt sie sich bestenfalls vom Autor schenken und zeigt sie bei Gelegenheiten herum. „Der wohnt nu' bei uns, 'n richtiger Dichter", mag man wohl reden, freundlich, neutral oder neidvoll, gehässig, weil er den ganzen Tag Zeit hat und doch so viel Geld verdienen soll.

Der Schimmel zuckelt den Berg hinab, ein wenig schneller jetzt. Er hat alle Steigungen und Aufenthalte seit Carwitz hinter sich gebracht, nun geht es auf den Amtswerder zum Ausspannen und Grasen. Das weiß das gute Hellapferdchen. Der *Amtswerder* war einmal Feldbergs Ursprungsstätte. Hier amtierte der Droste. Sein ehrwürdiges Gebäude steht noch. Schule, das Spritzenhaus der Feuerwehr und ein Hotel am See – alles um eine uralte Linde herum – zeugen von früherem Glanz.

Nun ist dies ein idyllischer Fleck für Sommerbürger, Badegäste und Urlauber. Godenschweger hat eine Koppel gepachtet. Fast lohnt sie die Pacht nicht mehr. Immer weniger Gäste kommen mit Gespannen zum Übernachten ins Hotel.

Aber die Bauern aus der Umgebung spannen manchmal ein paar Stunden ab, schicken die Pferde dann auf Godenschwegers Koppel. Und zum Dank für die kostenlose Trift kehren ihre Besitzer später im *Deutschen Haus* oder im

Mecklenburger Hof ein, verzehren etwas und nehmen ein, zwei Korn zu sich.

Ein kleines, unauffälliges Geschäft zum Nutzen aller, denkt Ditzen und schirrt das Hellapferd ab. Er schiebt die Gatterpfähle zur Seite und schickt es mit einem Klaps auf die Hinterbacke zu den beiden anderen Pferden, die dort weiden.

Ditzen kann nun seine Besorgungen in der Stadt machen. Er nimmt die Aktentasche vom Bock, klemmt sie unter den Arm. Er wirkt jetzt nicht wie ein Landwirt, nicht wie ein Künstler. Man könnte ihn für einen Beamten vom Landratsamt, für einen mittleren bis hohen Nazibonzen halten.

Fielitz hat seinen Frisörsalon in der Bahnhofstraße, der Silberteller über der Tür weist den Weg. Ditzen hatte sich im vorigen Sommer bei Frau Wendel erkundigt, zu welchem Frisör er in Feldberg gehen könne.

Die Wirtin tat, als müsse sie die Barbiere der Stadt in Gedanken erst einmal sortieren und hatte, ohne mit der Wimper zu zucken, todernst geantwortet: „Da muß ich mal überlegen. Also: Sie können zu Franz Fielitz um die Ecke gehen …“ Sie machte eine so lange Pause, daß Ditzen nachfragte: „Oder …?“

„Sie können es auch bleiben lassen und gleich nach Neustrelitz fahren.“ Das war die ganze Auswahl.

Aber Franz Fielitz, ein kugeliger Mann mit Schnauzer, besorgt sein Geschäft gut, wie Ditzen bei seinem ersten Besuch fand, und nun ist er beim dritten Mal so etwas wie ein Stammkunde. Er merkt es daran, daß ihn der Frisör mit dem Namen anredet und bittet, der Herr Dietzen möge ein Momentchen Platz nehmen. Er sei gleich an der Reihe.

Es scheint so etwas wie eine Floskel für jeden Neuankommenden zu sein, es sind noch vier Männer vor Ditzen an der Reihe. Der Laden ist langgestreckt und schmal. An der Wandseite gegenüber den Spiegeln stehen die Stühle in Reihe. Nur ein Tisch mit Zeitschriften und Aschenbechern steht dazwischen.

Ditzen setzt sich, die Männer nehmen ihr Gespräch, das sie nur ganz kurz unterbrochen haben, wieder auf. Sie reden über ihre Wirtschaften, über das Vieh, über Feldfrüchte und Preise. Es sind wie immer ihre stets ewig gleichen Gesprächsthemen, die sie in ihrem Platt nach jeder Richtung hin breittreten.

Ditzen fühlt sich wohl in der Männerrunde mit ihren feststehenden Abläufen. Bei Fielitz herrscht eine behagliche Atmosphäre. Die Leute haben Zeit, das eintönige, ununterbrochene Klappern der Schere, die starken Öl- und Lackdüfte wirken nicht aufreizend, sondern beruhigend.

Fielitz' Kunden, die Bauern aus der Umgebung, erkennt man an den derben, gebräunten Gesichtern, die von der halben Stirn an – wo die Mützen aufsitzen – käsebleich sind. Sie haben rote Nasen, von der Sonne, vom Frost und auch vom Köhm

Fielitz führt die Gespräche, aber er redet selten mit. Er ist ein Meister im Zuhören, gibt nur die Stichworte, wenn das Gespräch mal stockt. „Haben Sie schon gehört, wie vom Herbst an Gerstenschrot abgerechnet werden soll", fragt er den Mann auf dem Frisierstuhl, der den Kopf hebt, so daß Fielitz für einen Moment unterbrechen muß, die Schere schnippelt derweil leer in der Luft weiter.

„Es heißt, das Sägewerk in Mechow soll den Besitzer wechseln ...", wirft er etwas später in Richtung der wartenden Männer hin und löst ein Rätselraten aus, wer das Werk wohl übernimmt und was die neuen Besitzer damit vorhaben könnten. Fielitz macht längst wieder schweigend seine Arbeit. Er hat den elektrischen Apparat angestellt und rasiert den Nacken seines Kunden aus. Die Schnur reicht nicht um den ganzen Kopf herum, aber der Frisör hat eine eigene Technik entwickelt, um damit zurecht zu kommen.

Fielitz ist Linkshänder und beginnt rechts, wo die Schnur in der Dose steckt, mit dem Scheren, dann macht er blitzschnell eine Drehung auf dem Absatz, die Maschine wechselt dabei in die andere Hand, und es geht auf der linken Kopfseite weiter. Das wiederholt er einige Male, und er muß es unendlich oft zuvor so gemacht haben: In dem Linoleumboden ist eine kleine Kuhle an der Stelle, wo sich Fielitz dreht.

Ditzen schaut auf die flache Grube in Fielitz' Frisiersalon. Und je länger er darauf schaut, desto mehr wird sie ihm zum Symbol für Beständigkeit, Ausdauer, ja für Bescheidenheit und Rechtschaffenheit.

Immer am selben Ort, nicht von der Stelle kommen und sich doch fleißig und flink bewegen … Geht es ihm nicht ganz ähnlich, wenn er das ein wenig anders auf seine Verhältnisse überträgt?

Der Frisör ist nun beim Schlußakt seiner Zeremonie: Er nimmt die Flasche mit dem grünen Gummiballon von der Konsole und stäubt Haaröl über die Frisur seines Kunden. Er führt im Spiegel sein Kunstwerk vor, ist unzufrieden, weil er ein zu langes Haar entdeckt hat, das unbedingt abgeschnitten werden muß. Und abermals schnippt die Schere. Dann nimmt er seinem Kunden den Umhang ab, Kragen und Ärmel werden säuberlich abgebürstet. Der Lohn für seine Arbeit – einschließlich eines netten Trinkgelds – endet fast achtlos in einer Zigarrenschachtel auf dem Frisiertisch: „Vielen Dank, der Herr!"

Fielitz hilft dem Kunden in die Joppe, verbeugt sich und bittet Ditzen zu sich. Der bedankt sich überrascht, bleibt aber sitzen. Er ist doch noch nicht dran und kann warten.

Fielitz nickt nur und ruft: „Dann der Nächste bitte!" Zwei Bauern, die sich über Zuchtsauen unterhalten haben, unterbrechen das Gespräch kurz, einer erhebt sich und wird nun von Fielitz frisiert, während das Gespräch zwischen den beiden – nun über die Köpfe hinweg und mit gelegentlichem Scherenschnippen in der Luft – weitergeht.

Niemand hat sich beschwert, keiner gewundert. Alles geschieht ohne Aufregung, in der allergrößten Ruhe. Solche Beobachtungen versöhnen Ditzen mit der kleinen Stadt. Und als das Gespräch nach den Sauen auf die Bienen kommt, merkt er auf und mischt sich gar in die Unterhaltung ein. Er will, sobald die Umbauarbeiten abgeschlossen sind, Bienen züchten. Er hat Prospekte bekommen und Angebote eingeholt. Vielleicht kennen sie jemanden, der zur Schwarmzeit Bienen verkauft?

„Woväl Platz hemm Se denn“ fragt der Bauer neben ihm. Es klingt etwas mißtrauisch, doch kaum abweisend.

„Un wat för Beuten hemm Se denn“, will der Mann neben Ditzens Nebenmann wissen. Ditzen kann Antwort geben, er kann mitreden.

Jemand hat einen Schwager in Laeven, der einen kennt, der Weiseln züchtet. Der andere neben ihm widerspricht. Zuchtweiseln taugen nichts. Besser sind Wildfänge.

Wildfänge sind Mist, sie schleppen Krankheiten ein, beharrt der erste, man muß erst mal einen richtigen Stamm haben, was Solides, Einheimisches.

„So wat von flietigen Immen as de hett, de mien Schwager in Laeven kennt, hett kein' ein“, sagt der erste wieder. Ditzen vermittelt zwischen den beiden, bevor sie in Streit geraten.

„Beides braucht man“, sagt er; „die Wilden und die Zuchtweiseln. Daß sie sich kreuzen und immer gutes Erbgut haben.“

„Recht hett hei“, sagt der erste, und auch der zweite nickt jetzt. Ditzen fragt nach dem Namen des Imkers in Laeven. Er wird ihn bald mal aufsuchen.

Er ist angekommen bei den Männern, und sie nehmen ihn auf in ihrer Mitte. Einer, der sich mit *Kuntzsch-Zwilling* und *King-size-Beuten* auskennt und zwanzig, dreißig Völker aufziehen will, ist bestimmt kein Schwätzer. Er ist einer der Ihren, auch wenn er noch so städtisch und intelligenzlerisch ausschauen mag.

Frisiert und rasiert fühlt sich Ditzen für die Begegnungen in der Stadt gut gerüstet. Mit Godenschwegers neuem Automobil fahren sie nach Neustrelitz. So ein Auto ist doch eine feine Sache, denkt Rudolf Ditzen. Dumm nur, daß er nicht fahren kann und es auch – wegen seiner schwachen Augen – nicht lernen wird. Aber wenn Suse den Führerschein machte, könnten sie sich auch irgendwann so ein Vehikel leisten, wären in zwei, drei Stunden in Grünheide bei Rowohlt oder in weniger als einem halben Tag bei den Eltern in Leipzig.

„Fein gahn dohn deit dat“, sagt er halblaut, während sie auf der alten Poststraße dahinsausen, rechts und links die schönen Wälder zurückbleiben. Godenschweger wundert sich, daß sein Beifahrer plattdeutsch redet. Ditzen erzählt ihm von Vaters Leseabenden, und er spricht den Wunsch nach einem eigenen Auto aus.

Der Gastwirt redet ihm zu: „Wenn demnächst die Straße von Woldegk nach Strelitz gebaut wird, kommt man viel schneller als mit dem Zug in die Stadt. Aber dann müssen Sie sich was Ordentliches anschaffen“

Ditzen winkt ab: „Soweit ist es noch lange nicht, bis dahin muß ich fleißig schreiben und Rowohlt fleißig zahlen.“ Und dann muß die Frau fahren lernen. Sie haben mal darüber gesprochen, Lust dazu hätte sie.

„Na, also“, sagt Godenschweger und gibt richtig Gas. Für ihn ist immer alles so einfach. Aber Ditzen weiß, es wird viel Wasser durch die Bäk in den Carwitzer See fließen müssen, ehe er selbst so ein schnelles Auto hat.

Sie sind jetzt in Altstrelitz. Direkt an der Straße liegt das Gefängnis. Häftlinge harken einen Streifen vor der hohen Mauer; ihre Bewacher wirken entspannt. Einer steht mit einigen Männer in gestreiften Jacken beisammen, sie rauchen. Nie wieder, denkt Ditzen, nie mehr so eine Anstalt von innen sehen. Auch wenn sich in den Gefängnissen tatsächlich einiges zum Guten verändert haben sollte.

Godenschweger hat gemerkt, daß sein Beifahrer lange den Gefangenen hinterhersieht. Was weiß er? Das Schweigen wird so bedrückend, daß Ditzen froh ist, als sie sich auf dem Neustrelitzer Marktplatz trennen. Godenschweger will zu seinen Verwandten nach Güstrow weiterfahren.

„Ich kann Sie auch auf dem Rückweg hier abholen“, schlägt er vor. Aber Ditzen will mit dem Zug zurückfahren.

„Na dann, bis heute abend", sagt der Wirt und verabschiedet sich mit einem Druck auf die Hupe. Ach ja, der Stammtisch, zu dem Ditzen eingeladen ist. Ein paarmal hat er sich darum gedrückt, heute abend aber wird er auf ein Stündchen dabei sein, zur Feier des Tages, hofft er.

Ditzen zieht das Briefblatt aus der Aktentasche, um sich zu vergewissern, wo die Autorentagung stattfindet. Das Schreiben mit dem protzigen Kopf ist die Einladung zu einer außerordentlichen Tagung.

„... Reichsverband Deutscher Schriftsteller ... zu einer außerordentlichen Tagung ... Theaterklause am Schloßplatz ... die neuen Richtlinien der Reichsschrifttumskammer zur Erwerbung der Mitgliedschaft in einem der Kammer zugehörigen Fachverband ... vorgetragen vom neuen Verbandsgauleiter, Pg. Theodor Jakobs ... Ihre persönliche Anwesenheit unbedingt erforderlich ... Einladung beim Einlaß vorzuweisen ..." Was für eine schlimme Sprache: *Erwerbung der Mitgliedschaft, persönliche Anwesenheit.* Und welch ein autoritärer Anspruch, der sich dahinter verbirgt. In jedem Halbsatz eine ganze Drohung.

Ditzen kann es sich nicht leisten, fernzubleiben. Gleich nach der Machtergreifung hatte er alle seine Ausweise vernichtet, Mitgliedschaften gekündigt, um keinen Anlaß für Konflikte mit der neuen Macht zu geben. Genützt hat es ihm nichts, Hausdurchsuchung und Schutzhaft folgten Ostern dreiunddreißig. Ab sofort ist die Mitgliedschaft in der Reichskammer Pflicht für jeden Schriftsteller, Voraussetzung für jegliche Publikation.

Ditzen hat sich an Rowohlt gewandt, und der riet dringend, sofort einen Neuantrag zu stellen. Er hat es getan und hofft, heute auf der Versammlung seinen Verbandsausweis zu erhalten.

Er hat überhaupt alles getan, was nötig war, um politischen Ärger zu vermeiden. Ja, sogar mehr als das. Er hat sich von Zingler breitschlagen lassen, daß jemand von der Agentur Heinrich Hoffmann – dem prominenten Führerfotografen – ihn einen Tag lang in Carwitz begleitet und eine

Fotoserie für die Presse gemacht hat. Er ist vor den Behörden in die Knie gegangen und hat dem *Blechnapf*-Roman ein Vorwort vorangestellt. »Mit diesem Roman rennt sein Verfasser offene Türen ein … Während der Autor schrieb, verwandelte sich auch dies Stück der deutschen Wirklichkeit … kein Geschwätz von Humanität für Strafgefangene, sondern Arbeit für Strafentlassene …«.

Darüber war er mit den Verlagsleuten in Streit geraten. Die Sätze sollten die Feinde blenden, er hat ihnen einen Knochen hingehalten zum Festbeißen. Und die Freunde würden doch wohl so etwas wie Ironie heraushören?

Ernst Rowohlt und seine Lektoren fanden das Vorwort falsch, unnütz. Sie baten ihn inständig, darauf zu verzichten. Aber er hat sich durchgesetzt. Wer geht denn wieder ins Gefängnis oder gar in ein Lager, wenn etwas schief läuft, er oder die Verleger? Na also. Rowohlt hatte sich mehr als an die Stirn getippt und schließlich abgewinkt: »Ist ja sein Buch, er muß es wissen!«

Vom sternförmig angelegten Markt aus geht Ditzen in Richtung Schloß. Er ist zum ersten Mal in der ehemaligen Großherzoglichen Parkanlage. Von weitem sieht man hinterm Schloß das Theater. Und jetzt, mit jedem Schritt, kommt sogar ein wenig freudige Erwartung in ihm auf. Er hat sich nichts vorzuwerfen, und niemand kann ihm Böses wollen.

So klein die Stadt auch sein mag, sie leistet sich doch zwei Bahnhöfe, die unmittelbar nebeneinander liegen. Vom Südbahnhof geht der Zug zurück nach Feldberg. Ditzen erreicht ihn erst in letzter Minute; der Gepäckkarren wird gerade weggerollt; der Vorsteher kommt mit der Kelle vom Hauptbahnhof über die Gleise. Nur wenige Reisende wollen nach Feldberg, ein paar Marktfrauen schwatzen in dem Wagen, in den Ditzen zunächst einsteigt. Er geht sogleich über die Plattform in den nächsten. Hier nimmt er Platz, es ist ein Raucherwaggon.

Er holt Rauchzeug aus der Aktentasche und stellt eine Flasche auf das Fensterbrett. Er hat sich den *Rostocker Wei-*

zenkorn am Bahnhofskiosk besorgt. Er nimmt einen großen Schluck, die Luft gluckert in winzigen Blasen in die Flasche, ersetzt das hochprozentige Getränk darin. Dann steckt er sich eine Zigarette an und lehnt sich zurück.

So ist es gut. Der Zug fährt an; er ist allein in diesem rollenden Zimmer. Er legt die Füße samt Schuhen auf die gegenüberliegende Bank und schließt für einen Moment die Augen. Wie bequem einfache Holzbänke sein können! Wie gut sich der Korn im Hals und im Magen ausbreitet und sich über Zahnschmerzen und Hungergefühl legt.

Er hätte sich die Tagung in der *Theaterklause* nicht antun dürfen. Dieser arrogante Auftritt des Verbandsfunktionärs, die kriecherischen Erklärungen einiger Kollegen, das ängstliche Schweigen der übrigen, – das alles glich einem Befehlsempfang mehr als einem Gespräch.

Sein Name wurde weder bei der Aufzählung der „positiven, dynamischen Kämpfernaturen im Gauverband" genannt, noch bei jenen, die durch ihr „renitentes, rückwärtsgewandtes Schreiben die dargereichte Hand ausgeschlagen" hätten und die nun keine Gnade mehr zu erwarten hätten. Auch bei den Schwachen, Unentschlossenen, die sich nicht entschließen könnten, „auf der richtigen Seite zu kämpfen", tauchte der Name Hans Fallada nicht auf.

Er kam überhaupt nicht vor in der Hierarchie der neuen Literaturverweser. Und das war schlimmer als Lob und Tadel. Sie alle wurden irgendwo in die bereitstehenden Behältnissen eingetütet, die Anwesenden und die Fehlenden, die Namhaften und die Unbekannten: Hans Franck, der „mit seinen Werken erheblich zur Verbreitung völkischen Geschichtsbewußtseins beiträgt", ebenso Friedrich Griese, Max Dreyer, Ludwig Karnatz und Ernst Adolf Dreier.

Dann hielt der Verbandsgauleiter seine Strafpredigt gegen unbelehrbare Gegner: den widerspenstigen Kulturbolschewisten Ernst Barlach mit seinen wesensfremden Werken oder den „Provokateur" Ehm Welk, den man jüngst der Umerziehung in einem Lager anempfehlen mußte. Nur ungern werde man derartige Mittel einsetzen, aber wer nicht hören wolle, müsse eben fühlen. Das fordere das Gesetz der neuen Zeit …

Aufnahme in den Fachverband – damit in die Reichskammer und in die Elite der Berufsschreiber – findet ab sofort nur, wer Proben seines Könnens einreicht, die geprüft und bei den Akten der Verbandsgauleitung hinterlegt werden. Einige wenige sind davon ausgenommen, für alle anderen ist eine Talentprobe Bedingung für die Aufnahme in den Reichsverband. Wieder wurden Namen verlesen von jenen, die schnellstmöglich Belegmanuskripte einzusenden hätten. Und wieder war sein Name nicht dabei.

Endlich war er in der Liste jener, die von einer Nachweispflicht entbunden wären. Er fand sich in peinlicher Gesellschaft mit dem Verbandsgauleiter Franck, und mit Dreier und Karnatz. Die Kollegen an seinem Tisch, die er nicht kannte, schauten angestrengt auf den Boden.

Es war nicht das Ende aller Qualen. Als es zur Wahl eines neuen Verbandsvorsitzenden kam, hörte er vom Vorstandstisch her seinen Namen nennen. Er stand auf und hielt seinen einzigen, knappen Redebeitrag: Er käme für ein so ehrenhaftes Amt nicht in Frage, da er ein „unerwünschter Autor" sei. Und vollwertiges Mitglied sei er ohnehin nicht, noch ohne Ausweis. Man möge einen anderen benennen, was man ohne Umstände auch tat.

Als er am Schluß der Versammlung den Verbandsbonzen aus Berlin nach dem Ausweis fragte, schaute der in seine Liste. Hinter dem Namen stand ein Fragezeichen. Hat der Parteigenosse Fallada seinen Ariernachweis schon erbracht? Er wird demnächst Pflicht werden.

Ditzen nimmt einen Schluck von dem Weizenkorn. „Parteigenosse Arier", denkt er angewidert, das eine so unsinnig wie das andere. Was nur führt man gegen ihn im Schilde? In die NSDAP wird er nicht eintreten, das hat er sich fest vorgenommen. Und auch Suse würde es nicht dulden. Es reicht, daß er im Dorf als „förderndes Mitglied der Partei" gilt. Was kommt nach Haussuchung und Schutzhaft noch? Berufsverbot? Hans Fallada, was dann?

Die Halbliterflasche hat er bis auf einen Rest geleert; er saugt ihn genüßlich ein, hebt ihn eine Weile in der Mundhöhle auf, ehe er ihn in den Schlund entläßt. Wohlige Müdigkeit erfaßt ihn. Er sehnt sich nach Schlaf, nach einem zarten Traum, vielleicht von der Grete aus dem Gerstgrund, die in Wahrheit eine unwirkliche, ferne Märchenfee ist.

Traumwelt II

Das Rettungsboot hat Mühe, vom untergehenden Schiff wegzukommen. Immer wieder wird es in den tödlichen Sog zurückgezogen. Warum rudern die Frauen nicht mit? Er allein kann es nicht schaffen. Er legt sich ins Zeug, stemmt sich gegen den Boden. Ein wenig löst sich das Boot vom sinkenden Schiffsrumpf, der nur noch halb aus dem Wasser ragt. Aber dann geht es zurück statt vorwärts.

Wie kommt er überhaupt hierher? Es hieß doch: Frauen und Kinder zuerst! Wie konnte man ihn mit dieser Weiberschar allein lassen? Es sind viel zu viele in dem kleinen Boot. Es gibt nur eine Chance, das eigene Leben und das der übrigen Frauen zu retten: Man muß sich von einigen trennen, sie opfern.

Er sieht sie der Reihe nach an, kann sich aber nicht entscheiden: Natürlich wird die alte Mutter im Boot bleiben müssen. Und die ehrwürdige Tante an ihrer Seite ebenfalls. Wieso aber sollte es ausgerechnet die lebenslustige Gräfin treffen? Oder die schöne Anne-Marie? Und am wenigsten wird er die Mutter seiner Kinder preisgeben.

Sie alle vertrauen ihm. Dieses Vertrauen schmeichelt ihm, aber es lastet auch auf ihm wie ein schwerer Bleiklotz. Jederzeit könnte er sich in Sicherheit bringen, wenn sie nicht wären. Er erhebt sich, macht sich fertig für den Sprung ins kalte Naß. „Rette sich, wer kann!“

Der Zug macht einen großen Bogen um den Hechtsee. Immer kürzer werden die Abstände, in denen die Lok vor den Übergängen pfeift, – ein Zeichen, daß sie sich der Stadt nähern, bald am Ziel sind. Der Schaffner geht durch die Abteile. Als er den Schläfer im Raucherwagen sieht, ruft er: „Nächster Halt Feldberg. Endstation. Alles aussteigen!"

„Nein, nicht ich, die Frauen, die Frauen müssen raus", sagt Ditzen schläfrig. Der Schaffner geht verdattert weiter. „Oller Suffkopp", denkt er und setzt seinen Kontrollgang durch den Zug fort.

Der Rest des Vortages ist wie Brei im Kopf, und die Erinnerung daran verursacht Schmerzen. Ditzen versucht, sich zu erheben, irgend etwas am Knie brennt wie Feuer. So sehr er sich auch abmüht, es stellt sich nur ein unvollständiges Abbild des gestrigen Abends ein. Im *Deutschen Haus* war er gewesen, hatte dort am Stammtisch von seiner Begegnung mit der Provinzmacht erzählt.

Aber wem? Wer war dabei? Er kann sich beim besten Willen an keinen einzigen Namen erinnern. Verschwommene Gesichter tauchen auf. Einer sah mit seinem Monokel aus wie ein abgetakelter General, einer hatte ein Doppelkinn und hängende Backen, ein Schulmeister? Oder der Tierarzt? Er weiß es nicht mehr.

Die Männer hatten sich bei seinem Eintritt erhoben, und Frau Wendel stellte ihm die Honoratioren der Stadt vor: „Herr Doktor … Herr Medizinalrat …" Ditzen hatte – wie sie auch – ein *Angenehm!* gemurmelt, man rückte ihm einen Stuhl an den Stammtisch.

Und die Wendelsche muß ihn sogleich gefragt haben, wie seine erste Begegnung mit den Landesdichtern verlaufen wäre. Denn er hat sich dazu hinreißen lassen, sie haarklein wiederzugeben, wohl auch mit bissigen Kommentaren. Wenn er zu laut wurde, hatte ihn Ilse Wendel zur Ruhe ermahnt.

Viel zu langsam hatte die Wirtin Ditzens Einstandsrunde und die Revancherunden der anderen an den Tisch gebracht. Ilse Wendel, die stets in respektvoller Distanz neben ihnen stehenblieb, muß ihn irgendwann daran erinnert haben, daß er ja noch nach Carwitz müsse. Sie hatte ihm angeboten, im Hotel zu übernachten. Ditzen hatte es ärgerlich ausgeschlagen. Er sei durchaus in der Lage zu fahren, beim *Hagermann* stünde sein Fahrrad …

Er ist auch irgendwie heimgekommen, ohne Rad zwar, dafür aber mit schmutzigem Anzug und blutigem Knie. Auch an den Grund dafür erinnert er sich nicht.

Es ist heller Tag. Wie spät mag es sein? Wo ist Suse? Warum läßt sie sich nicht sehen und stellt ihn zur Rede? Sie ignoriert ihn einfach. Auf dem Tisch neben dem Bett steht das Frühstück.

Das Telefon nebenan klingelt lange. Niemand geht ran. Er erhebt sich mühsam und geht hinüber ins Arbeitszimmer. Das Knie tut weh, er hat Kopfschmerz.

Heinrich Maria Ledig vom Rowohlt-Verlag ist am Apparat, seine Stimme klingt aufreizend munter: „Habe ich Sie aus Ihren Träumen gerissen, Meister Ditzen?"

Unsinn, er hat schon gearbeitet. Ist doch Frühaufsteher. Was gibt es denn?

Ledig möchte Ditzen nun endlich – wie versprochen – in seiner Einöde aufsuchen, sich das Paradies anschauen, von dem alle schwärmen, die dort waren. Ledig hat vor, am letzten Mai-Wochenende Miss Dodd, die Tochter des amerikanischen Botschafters in Deutschland, nach Carwitz mitzubringen. Oft genug haben sie den Besuch verschoben. Miss Dodd wird langsam ungeduldig. Ihre Freundin Mildred Harnack-Fish – eine amerikanische Germanistin – und Marthas Freund – ein russischer Botschaftsrat – wollen sich anschließen. Eine bunte, fröhliche Gesellschaft. Paßt es Meister Ditzen diesmal?

Die Namen schwirren Ditzen durchs Ohr. Er unternimmt einen letzten Versuch, den Überfall auf seine Enklave zu stoppen. Es ist doch alles in Haus und Hof unfertig, überall wird gebaut, viele Provisorien. Miss Dodd, Miss Dodd … Seit Wochen hört er von Ledig nichts anderes. Was will die Dame nur von ihm?

Ledig ist viel zu begeistert von der Idee seiner Landpartie, um sich nochmals davon abbringen zu lassen. Er begreift gar nicht, daß Ditzen nicht der Gäste wegen Einwände hat, sondern um seiner selbst willen. Besucher – Kollegen gar – kann er jetzt am allerwenigsten gebrauchen. Aber er sagt es nicht direkt, und Ledigs Auskunft, sie würden ja nur ein paar Stunden bleiben und keinesfalls in Carwitz übernachten, beruhigt ihn etwas.

Und noch etwas soll er vom Verleger ausrichten: Sind die Kritiken zum *Blechnapf* angekommen? Nein, dann wird er sie heute mit der Post erhalten, im Verlag sind sie schon. Ledig soll bestellen, Ditzen möge sich nicht aufregen, alles halb so wild. Ernst Rowohlt ist unterwegs nach München. Er wird sich melden, sobald er zurück ist. Er läßt Meister Ditzen grüßen. Also dann. Ledig freut sich auf den Besuch in Carwitz.

Ditzen legt auf. Er humpelt in die Küche, sucht ein Pflaster. Der Verbandskasten steht nicht an seinem Platz. Im ganzen Haus ist es gefährlich still. Von Suse, den Kindern und den Mädchen keine Spur. Es soll ihm recht sein, aber merkwürdig ist es doch.

Er wäscht sich gründlich, steckt den Anzug von gestern in den Wäschekorb. In sauberen Kleidern fühlt er sich besser. Er setzt sich an den Küchentisch und gießt Kaffee aus der Thermoskanne in die Tasse nach. Er muß endlich diesen Teufel Alkohol besiegen. Ein paarmal hatte er ihn fast am Boden. Vielleicht hilft es, sich ein Ziel zu stellen: Zwölf Monate, ein ganzes Jahr ohne einen einzigen Tropfen Alkohohl, nichts anrühren, aus keinem Anlaß.

Nach einer Weile schlägt der Hund an, er hört Stimmen. Die Mädchen gackern heran. Dahin die Ruhe in Haus und Hof. Er sieht durch das Küchenfenster, daß eines der Mädchen ein verbogenes Fahrrad – sein Rad – neben sich herträgt. Der Hofarbeiter schaut aus dem Stall heraus. Die dralle Martha erzählt bereitwillig, ohne Aufforderung, daß sie das Rad unten am Luzinsee gefunden hat, nein, eigentlich nicht sie, Willi, ihr jüngerer Bruder hat es entdeckt. Lag zur Hälfte im Wasser. Es muß das Fahrrad vom Herrn Ditzen sein. Es stand doch manchmal im Hof.

Ein endloses Palaver. Plötzlich kommt vom Garten her Suse mit Uli an der Hand. Opa Wendt trägt das Rad in die Scheune, die Frauen stehen jetzt mitten auf dem Hof, enger beisammen, wispern und tuscheln.

Zu gern würde Ditzen ins Arbeitszimmer flüchten. Aber eines der beiden Mädchen hält die Post in der Hand, und er will sie gleich lesen. Er nimmt alle Kraft zusammen, bemüht sich, nicht zu humpeln und tritt auf den Hof. Sofort herrscht Schweigen. Das Mädchen bringt ihm die Post, überreicht sie, als ob sie einem Löwen Futter durchs Gitter reiche: unsicher, mit weit vorgestreckter Hand.

Ditzen grüßt: „Ich wünsche allseits einen freundlichen Guten Morgen!" Die Mädchen knicksen. Er verschwindet im Haus. Suse hat nur genickt. Sie hat nichts gesagt, wird ihn nicht mit Vorwürfen bedrängen. Sie kennt ihn gut genug, um zu wissen, daß er ihre Hilfe braucht, wenn er nicht wieder abrutschen will. Aber sie muß den rechten Zeitpunkt abpassen, um an den Mann heranzukommen. Nicht zu früh, aber auch keine Minute zu spät darf es sein.

Diesmal kommt Ditzen von selbst, etwa eine halbe Stunde später. Er findet sie beim Gemüseputzen. Sie schickt Martha mit einem kurzen Wink aus der Küche. Er gibt der Frau einen Kuß auf die Wange, nascht von den geschnittenen Mohrrüben, schaut in die Töpfe auf dem Herd. Er kurvt um den Tisch, schaut aus dem Fenster. Erst dann – nach einer Ewigkeit, wie es Suse erscheint – sagt er: „Jetzt haben sie mich, Suse. Und vielleicht werden wir dies alles hier bald wieder aufgeben müssen!"

„Aber was ist denn passiert, Junge?"

Er nimmt einen Papierstoß zur Hand, den er auf dem Küchenschrank abgelegt hatte: „Lies selbst, mit welchem Unmenschen du verheiratet bist. Ich muß eben einfach ausgerottet werden, und es ist eine Schande, daß das Publikum noch immer diesen Dreck liest usw. usw. Der Brief ist übrigens wieder geöffnet worden. Es wird ja wohl nicht Martha gewesen sein, die ihn auf- und schlampig wieder zugemacht hat, oder?"

„Wie mißtrauisch du immer bist, Junge“, sagt Anna, „es kann doch auch Zufall sein …“ Er hält ihr immer noch die Presse-Ausschnitte hin. Sie hebt die Hände mit den Gemüseresten und bittet ihn, vorzulesen.

Er zitiert Stellen aus der *Niedersächischen Tageszeitung*: Der *Blechnapf* ein »nicht ungeschickter Versuch, die heroische Lebensansicht unserer Zeit zu sabotieren«. „*Heroische Lebensansicht unserer Zeit*, verstehst du das?“

Suse sagt „Ja“, dann „Nein“. Sie weiß nicht, was er hören will. „Weiter“, sagt Ditzen, „im *Märkischen Courier:* »Der Blechnapf – das Lebensbild einer untergegangenen Epoche.« Und in den *Braunschweiger Nachrichten …*“

„Und die großen Zeitungen, was schreiben die“, unterbricht ihn die Frau, „das da ist doch Fliegendreck, märkisch-niedersächsischer. Was schreiben die großen?“

„Die großen“, stutzt Ditzen, und er blättert weiter: „Es sind keine großen dabei, sie schweigen noch.“

„Na also“, sagt Suse, „dann warte erst mal ab, was die schreiben. Und gewiß hast du auch nur das Schlechte vorgelesen und nicht das Positive. Na, siehst du.“

Suse putzt weiter Möhren. Und er kann nicht verstehen, wie man in solch einer Situation Möhren putzen kann. Nun ja, vielleicht sieht er zu schwarz. Rowohlt schreibt auch, daß der Verkauf gut läuft und die meisten Buchhandlungen den *Blechnapf* gut sichtbar in die Schaufenster gestellt haben. Das Ausland reagiere ebenfalls erfreulich, allein die kleine Schweiz habe 3 000 Exemplare gekauft.

So gesehen hat Suse recht, was ihn – weiß der Teufel, warum – sogar ärgert. Er will die Küche in Richtung Arbeitszimmer verlassen, bevor der gestrige Abend zur Sprache kommt, kehrt nochmals um und erzählt ihr von dem Besuch, den Ledig angekündigt hat.

Suse ist nicht begeistert. Zwei Amerikanerinnen und ein russischer Botschafter oder so ähnlich? Muß sie die etwa alle bekochen?

Das hat Ditzen gar nicht erfragt. Die Frau tut, als sei dies das Wichtigste. Dann sagt sie, bevor sich der Mann aufregen kann, etwas, was ihm sogleich einleuchtet und ihn die Sache in einem anderen Licht besehen läßt: „Wenn da lauter Diplomaten kommen“, überlegt Suse mit erhobenem Messer in ihrem unverwüstlichen Hamburger Dialekt, „dann ist das vielleicht gar nicht schlecht für dich, Junge. Dann können sie dir hier nicht so ans Bein pieschen, die kleinen Bonzen. Laß sie mal ruhig durchs Dorf rauschen, deine Russen und Amerikaner. Und wenn es sein soll, koch ich uns allen einen großen Eintopf, der hat noch jedem Gast geschmeckt.“

Er ist sprachlos. Diese einfache, bestechende weibliche Logik, dieses Zusammenrühren von Hochbrisantem und Banalem. Suse-Eintopf, denkt er und umarmt seine Frau.

„Übrigens“, sagt er von der Tür her, „mir ist gestern Abend auf dem Rückweg ein Maikäfer ins Auge geflogen. Sie sind dieses Jahr wie verrückt. Natürlich bin ich mit dem Rad gestürzt und hab mir ein bißchen weh getan. Das kannst du den dummen Weibern da draußen sagen.“

Ungerührt antwortet Suse, ohne von den Möhren aufzusehen: „Das mach mal fein selber, Junge, wenn du meinst, daß sie das wissen müssen.“

Lange hält die Euphorie nicht vor. Zahnschmerzen machen eine Kieferoperation notwendig. Neue Besucher haben sich angekündigt, und es werden immer mehr. Es ist nicht nur der Preis des Ruhms, den er nun zahlt, sondern auch die Pflicht gegenüber Verwandten und Bekannten: Suses Nichte und Marga Kenter, Suses Neffe Adi und dessen Freund, die eigenen Schwestern Margarethe und Elisabeth haben sich mit ihren Männern angesagt, Kagelmacher will und soll kommen … Die Liste wird immer länger.

»Manchmal möchte ich davon erzählen, wie plötzlich die ältesten Freunde, die seit vielen Jahren nichts von mir haben wissen wollen, plötzlich eine heiße Liebe zu mir entdecken«, schreibt er den Eltern, »wie die Pumpbriefe kommen, die Filmgesellschaften mir Angebote machen, wie der Neid der lieben Kollegen immer wächst …«

Es ist nicht nur die allgemeine Abneigung gegen Fremde, gegen das Besuchtwerden, die damit verbundene Unruhe. Je näher der Tag kommt, an dem Ledig mit seinen Begleitern kommen will, desto größer werden die Bedenken, die die Ditzen gegen den Besuch haben. Am Ende ist der Schaden größer als alles andere: Amerikaner und Russen sind nicht gerade die Lieblingsmenschen der Nazis. Amerika gilt als Hort der Finanzoligarchie und Sowjetrußland ist das Reich des Bösen und des Bolschewismus.

Rowohlt und Ledig werden doch wohl wissen, was sie machen? Die Ditzens halten es für besser, diese Dinge nicht telefonisch zu besprechen und den Besuch in aller Stille über sich ergehen zu lassen.

Am späten Vormittag des 27. Mai sind sie da. Und die Aufmerksamkeit, die die große offene Limousine bei der Fahrt durch Carwitz erregt, ist so groß, wie von Suse vorausgesagt. Und wie von Ditzen befürchtet.

„Wenigstens das Verdeck hätten sie schließen können“, denkt Ditzen. Er hatte einige Zeit vorm Haus gewartet, war dann den Gästen ein Stück entgegengegangen. Nun hat Ledig auch noch hupen und anhalten lassen, als er Ditzen entdeckt. Er soll mit einsteigen, geht aber lieber die letzten Meter zum Haus allein zurück. Größer hätte das Aufsehen bei der Ankunft nicht sein können.

Der sportliche Ledig ist als erster ausgestiegen und hilft den beiden Damen. Dann kommt auch der Fahrer, ein kräftiger, großer Mann mit hellem Anzug und Schirmmütze, zu den anderen. Ledig stellt vor: „Das ist unser lieber Meister Ditzen, Hans Fallada. Sie kennen seine Bücher …“ Die kleine zierliche Frau mit den dunklen Haaren ist Martha Dodd, die andere, blonde mit den weichen Gesichtszügen heißt passend Mildred, Harnack-Fish mit Nachnamen. Der kräftige Herr mit der Schirmmütze ist der russische Botschaftsrat. Ledig nennt einen slawischen Namen, irgendwas mit Wino …

Dasselbe kurz vorm Haus nochmals, als Suse herauskommt. Und diesmal wird Anna Ditzen bei der Vorstellung von Ledig gebührend herausgestrichen: „Unser *Lämmchen*, Falladas Muse, seine gute Fee, eine wunderbare Hausfrau und großartige Köchin. Und wer sie besonders gut kennt, darf zu ihr Suse sagen.“

Was charmant wirken soll, wird der Frau viel zuviel und sie winkt ab: „Nu lassen Sie mal den Schmus, Herr Ledig, sonst wachsen mir noch Flügel.“

Sie lacht und nimmt die beiden jüngeren Frauen am Arm, sie gehen voran, die anderen folgen, zum See. Der Besuch soll erst die Schokoladenseite des Anwesens sehen.

Die Gäste loben die Landschaft, durch die sie gekommen sind. Ditzens loben das gute Wetter, das die Gäste aus Berlin mitgebracht haben.

Am Ufer bleiben sie stehen, das Staunen ist groß, das Entzücken international. Ditzen glaubt, aus dem Munde des Russen gar slawische Laute zu hören. Zuerst wird in Richtung auf den See gestaunt, dann würdigen die Frauen Suses Kaffeetafel direkt am Wasser.

„Der alte Brauch ist ungebrochen: Hier können Familien Kaffee kochen“, sagt Ditzen scherzhaft. Das verstehen die Amerikanerinnen und der Russe nicht. Ledig erklärt, dies sei ein Werbespruch der Berliner Ausflugsgaststätten, wo man einkehren, den mitgebrachten Kaffee aufwärmen oder kochen könne, um Geld zu sparen. Auch hier sei vorher solch ein Restaurant gewesen, nicht wahr?

Die Ditzens bestätigen es und lassen es dabei. Sie werden den Wehrles keinen Stein hinterherwerfen. Man nimmt Platz, Suse hat Apfelstrudel gebacken und Sahne dazu schlagen lassen. Über dem Kaffeetrinken werden die Eß- und Trinkgewohnheiten der Deutschen und der Amerikaner beredet. Die Neugier der beiden jungen Frauen für deutsche Bräuche auf dem Lande scheint schier unerschöpflich zu sein.

Martha Dodd fragt, ob sie einige Fotos machen darf. Die anderen stimmen zu. Ihr Freund bietet an, er würde fotografieren, dann ist auch sie mit auf den Bildern. Der Apparat wird zu dem Botschaftsrat weitergereicht.

Nach dem Kaffeetrinken folgt der Rundgang. Ditzen prahlt nicht, aber Stolz schwingt mit, wenn er die Veränderungen an Haus und Grundstück aufzählt: „Sie hätten das alles mal vor einem Jahr sehen sollen“, sagt er, „es war ziemlich heruntergewirtschaftet. Wir haben viel verändert, aber den bäuerlichen Charakter wollen wir beibehalten.“ Alles einfach, zweckmäßig. Nur den Luxus mit einem Anbau zum See hin – einen Wintergarten und darüber einen Balkon – werden sie sich noch leisten.

Während der Besichtigung haben sich zwei Gruppen gebildet: Ditzen bleibt mit Mildred Harnack zurück, die als einzige noch seinen Erklärungen zum Umbau folgt.

Anna ist mit den Herren und Martha Dodd in den Garten weitergegangen. „Sie wird ihnen nun jedes Beet und jedes Pflänzchen darauf vorführen“, sagt Ditzen lächelnd. Aber er überläßt Suse gern das Feld und bleibt mit der jungen Frau in einigem Abstand stehen. Mildred Harnack fragt, woran er zur Zeit arbeite.

Ditzen setzt eine Zigarette in Brand, zögert mit der Antwort. Er macht eine einladende Handbewegung, und sie gehen am Seeufer entlang. Die Frau hat ihm die bei Lesern beliebteste, aber unter Schreibern meistgehaßte Frage gestellt. Was soll er darauf erwidern, wenn er doch nett zu ihr sein möchte? Bevor das Schweigen peinlich wird, sagt er ein paar belanglose Sätze über Kindergeschichten und kleine Episoden vom Landleben, die sich angesammelt haben. Aber ob es daran Interesse gibt?

„Alles, was Hans Fallada schreibt, ist interessant“.

Ditzen bleibt stehen, zieht an der Zigarette und lächelt. „Hab ich etwas Falsches gesagt“, fragt die Frau. „Nein, es ist ein Unterschied, ob etwas von *mir* interessant ist oder ob mein Verleger *daran* interessiert ist.“

„O weh, die deutsche Sprache ist so schwer“, stöhnt sie.

Er stimmt ihr zu. Und weil er gern mehr über die Frau erfahren möchte, fragt er, wie sie in diesem für sie fremden Land zurechtkomme.

Es ist eine private Geschichte. Mildred Harnack erzählt von ihren Studien in den USA, dem Aufenthalt in Deutschland, um ihre Promotion vorzubereiten. Dabei habe sie Arvid – ihren Mann – kennengelernt. Vor acht Jahren haben sie geheiratet, seitdem leben sie in Berlin.

„Arvid, ist das ein Fish oder ein Harnack", fragt er lächelnd. So fragt man Leute aus.

„O, mein Mann, Arvid Harnack, ist ein Militär, ein deutscher Offizier, leider. Er ist – wie sagt man bei Ihnen? – ein hohes Tier beim Reichsminister für Wirtschaft. Sie sollten ihn kennen." Es bleibt für Ditzen unersichtlich, ob dieser Harnack so berühmt ist, daß er ihn kennen müßte oder ob die Frau wünscht, sie sollten sich kennenlernen. Lieber nicht. Er bringt die Sprache zurück auf die Sprache: „Wie ist das, sprechen Sie deutsch, denken aber englisch?"

„O nein", sagt sie, „ich glaube, alles geschieht deutsch: Sprechen, Denken, sogar die Träume." Sie strahlt ihn an. Er wirkt plötzlich sehr ernst, als er sagt: „Ich könnte es nicht."

Das Strahlen fällt zusammen: „*Was* könnten Sie nicht?"

„In einer fremden Sprache denken, schreiben, gar träumen. Nein, das geht nicht, nicht für mich." Er versucht zu erklären, daß er ein zutiefst deutscher Bücherschreiber sei und sich nicht vorstellen könne, woanders zu leben. Die Sprache, die Landschaft, die Menschen, ihre Geschichte und Gegenwart sind das Feld, das er bestellt. »Ich kann nicht wie andere Helden mich ins Ausland setzen und da Literatur schreiben. Ich sitze hier so fest im Norddeutschen, daß ich keine andere Umgebung zum Produzieren mir denken kann.«

Er kann sich nicht vorstellen, ringsum nur Fremdes zu sehen und zu hören und in der eigenen deutschen Sprache zu schreiben.

Mildred Harnack hört ihm zu, ohne ihn zu unterbrechen. Als er eine Pause macht, um sich eine neue Zigarette anzuzünden, fragt sie: „Kann einem sensiblen Menschen nicht das eigene Land auch fremd werden?" Und dann erläutert sie, was sie unter Fremdsein versteht: „Was man erlebt, was einen umgibt, wird plötzlich anders, kompliziert, unübersichtlich, unheimlich, nicht mehr beherrschbar."

Ditzen schaut die Frau an. Sie hält seinem Blick stand und sagt: „Vielleicht, Herr Ditzen, ist es gar nicht so wichtig, *wo* man lebt, sondern vielmehr, *wie* man lebt."

Ditzen ist über diese Direktheit, die ihm wie ein Angriff erscheint, erstaunt. Er schweigt. Und die Frau bohrt weiter: „Kann man hier und heute überhaupt so schreiben, wie man es möchte?"

„Es kommt darauf an, was man darunter versteht", antwortet Ditzen. „Natürlich kann man uns Bücherschreibern eine Menge Schwierigkeiten und Vorschriften machen. Man kann uns dieses oder jenes Wort verwehren, aber das sind doch Ausnahmen, Äußerlichkeiten. Eine Sprache läßt sich nicht verbieten. Sie ist etwas Lebendiges, das den Menschen gehört wie ihr Herz oder Hirn.

Außerdem kann man Menschen außerhalb des eigenen Landes erreichen. Der *Kleine Mann* wurde kürzlich sogar in Brasilien verlegt. Und in den USA kommt gerade der amerikanische Film zum Buch in die Kinos. Ja, ich glaube, man kann auch hier und heute schreiben, wenn man die geltenden Spielregeln beachtet und nur ein wenig nachgibt. Nicht in den wichtigen Dingen, versteht sich."

Alles, was er sagt, klingt wie eine Rechtfertigung, über die er sich ärgert. Muß er sich dafür entschuldigen, daß er nicht – wie dieser oder jener Kollege – dem Druck ausweicht und emigriert, sondern ihm zu trotzen versucht? Schließlich lebt auch sie in diesem Land, wo man die Amerikaner nicht mag, sie als dekadent und minderwertig ansieht.

„Ich hatte nicht vor, Sie zu verletzen", sagt Mildred Harnack und wendet sich um, will zu den anderen zurück. Dann zögert sie, will etwas loswerden: „Wir haben in Berlin einen Gesprächskreis gegründet, wo wir uns einmal im Monat über alles Mögliche unterhalten, über Zeitgeschichte, Kultur und Kunst, ganz zwanglos. Es gehören führende Personen aus Wirtschaft und Politik dazu. Hätten Sie Lust, sich daran zu beteiligen?"

Ditzen lehnt dankend ab. Er ist gerade erst aus der Großstadt geflohen, weil er dort Schiffbruch erlitten hat. Ledig wird ihr davon erzählt haben. Nun ist Robinson auf seiner Insel angekommen. Er hat einen Staketenzaun um sein Reich errichtet und hofft, daß der Schutz bietet, – nicht nur vor der Neugier der Mitmenschen, sondern auch vor Ablenkungen und Versuchungen von außen. Was dahinter geschieht, geht nur ihn und Suse etwas an. Das möchte er nicht aufs Spiel setzen.

Die junge Frau reicht ihm überraschend die Hand: „Ich wünsche Ihnen Glück auf Ihrer Insel, Herr Ditzen, und ich hoffe, daß der Zaun hoch genug ist und Sie vor Angriffen von außen schützt."

Sie gehen zurück zu den anderen, die ein Gruppenfoto machen wollen. Nur Suse verschwindet im Haus. Der Botschaftsrat kann sie nicht überreden, für das Foto zu posieren. Sie wird sich um das Mittagessen kümmern.

Ditzen findet es geradezu leichtsinnig von der jungen Frau, ihn mit solch einem orakelhaftem Satz zurückzulassen. Was weiß sie? Gibt es neue Attacken gegen ihn? Hat sie mehr Informationen als er? Bewegt sich etwas, und wenn ja, in welche Richtung? Er muß unbedingt mit Ledig unter vier Augen sprechen.

Wie auch dieser ungewöhnliche Tag seine Fortsetzung findet, was sie auch unternehmen, Ditzen ist nicht recht bei der Sache, ertappt sich beim Grübeln und schilt sich selbst: Hat das junge Ding ein Recht, ihn zu belehren? Gehört sie nicht zu jenen Vaterlandslosen, die dem bequemen Leben hinterherreisen, ohne daß ihnen Richtung oder Ziel wichtig sind? Sie hat gut reden, wenn der Ehemann selbst die Hebel der Macht bedient.

Nach dem Mittagessen machen die beiden Amerikanerinnen mit Suse und *Mücke* einen Spaziergang. Die jungen Frauen nehmen Lore an die Hand. Die Männer hören sie schwatzend und lachend vom Hof gehen. Ditzen und Ledig schauen ihnen nach, Ledig sagt: „Wenn man sie so sieht, käme niemand auf den Gedanken, daß sie zwei hoffnungsvolle, ernst zu nehmende Talente der amerikanischen Literatur sind, von denen noch viel zu erwarten ist."

Dies erinnert Ditzen daran, daß ihm Martha Dodd eine kleine Erzählung mit der Bitte gegeben hat, sie zu lesen und seine Meinung zu sagen. Ein guter Grund, sich für eine Weile ins Arbeitszimmer zurückzuziehen. Die Erzählung der Amerikanerin von einer Liebe zwischen Geschwistern liest er unkonzentriert, muß neu beginnen, um die Handlung zu verstehen. Er wird der Dame ein paar freundlich-aufmunternde Worte sagen. Das ist alles, was er tun kann. Es fällt ihm so schwer, etwas zu den Arbeiten anderer Kollegen zu sagen.

Dann kommt Ledig, und Ditzen fragt nach Neuigkeiten im Verlag, meint aber die Reaktionen auf den *Blechnapf*. Es ist wenig, was ihm Ledig an Neuem sagen kann. Denn daß die *Vossische Zeitung* vierzehn Tage nach Monty Jacobs' positivem Artikel über Falladas Buch verboten wurde, hat Ditzen doch wohl mitbekommen?

Die alte, ehrwürdige *Tante Voß*? Nein, es hat ihm niemand gesagt.

Ditzen ist aufgesprungen: „Und ich bin schuld?"

Ledig beruhigt ihn. Das eine hat mit dem anderen nichts zu tun, oder nur sehr indirekt: Den Nazis ist es nicht gelungen, Montys freches Feuilleton zum Schweigen zu bringen. „Gleichschalten" nennt man das heutzutage. Das ist der Grund für das Verbot der Zeitung. Aber – wie gesagt – es hat nichts mit Ditzen und seinem Roman zu tun.

Die Freude an den Besuchern aus Berlin ist Ditzen gründlich vergangen. Er ist froh, als sich die Gäste am späten Nachmittag bedanken, das Auto mit den Gästen den Berg hinaufrollt und seinen Blicken entschwindet. Suse und Mücke winken immer noch; die Frau sagt: „Das war doch endlich mal ein netter Besuch, Junge."[1]

Es ist Sommer geworden. Am Haus sollen neue Fenster eingesetzt werden, der Stall und die Scheune sind fast umgebaut. Suse kann die Bauarbeiter mit eigenem Gemüse versorgen. Das Ende aller Provisorien und Einschränkungen durch die Baumaßnahmen ist in Sicht.

Beim Bauherren will keine Freude aufkommen. Das Kesseltreiben gegen ihn, immer befürchtet und doch – in dieser Brutalität – nicht erwartet, hat begonnen. Die Meute ist von der Kette. Die Jagd ist eröffnet. Die Pressemappe zum *Blechnapf* ist in den letzten Tagen angeschwollen. Wohin Ditzen auch schaut, welchen der Ausschnitte er auch zur Hand nimmt, der Verriß des Romans erfolgt wie auf Kommando, abgesprochen und bestellt.

»Ein in vieler Hinsicht peinliches Buch, schlecht und gewissenlos gemacht. Arbeit auf Bestellung.« (Will Vesper: *Die Neue Literatur*), »Was ein derartiges Buch im nationalsozialistischen Deutschland soll, bleibt unverständlich.« (Karl Rauch: *Die literarische Welt*). Der Nazi-Autor Heinz Steguweit verwahrt sich gegen die Benutzung seines Familiennamens im Roman und glaubt, dies sei eine Retourkutsche für eine frühere, kritische Rezension.

Im *Völkischen Beobachter*, in der *Berliner Börsenzeitung* und in der *Bücherkunde der Reichsstelle zur Förderung des deutschen Schrifttums* Verriß auf Verriß. Der Verfasser dieser offizösen Beiträge ist stets derselbe: der gefürchtete Literaturpapst des Reiches Hellmuth Langenbucher. Er hat eine Reihe wichtiger Ämter zur Literaturverwaltung an sich gerissen: Er ist Hauptschriftleiter des *Börsenblattes des deutschen Buchhandels*, Cheflektor des *Amtes für Schrifttumspflege* und stellvertretender Leiter der einflußreichen *Reichsstelle zur Förderung des deutschen Schrifttums* und wer weiß was noch. Langenbucher urteilt kalt: »Kufalt ist einer von jener Sorte degenerierter Menschen, für die wir heute Sicherheitsverwahrung haben.«

Diesmal sind es die großen Stimmen, die ein Machtwort sprechen. Ditzen sagt sich, als er den Gleichklang der Äußerungen bemerkt: Schlimmer als jetzt kann es nicht mehr kommen. Dies ist das Ende seines *Blechnapf*-Buches. Langenbuchers Angriffe, von einigen Provinz-Zeitungen nachgedruckt, enden mit der unverhohlenen Aufforderung an

Buchhändler und Leser, den Roman zu boykottieren und sich »anständigen deutschen Büchern« zuzuwenden.

Welcher Buchhändler wird sich noch trauen, das Buch anzubieten, es ins Schaufenster zu stellen, wenn Langenbucher dem Handel vorwirft, er sorge dafür, »daß Falladas *Blechnapf* eine Auflage bekommt, die zu erreichen zehn dichterisch wertvollen Werken zusammengenommen nicht gelingt«. Er schließt die Tirade mit der drohenden Frage: »Wie lange noch?«

Es ist ja gar nicht nur der finanzielle Schaden, der dem Autor – und wohl auch Rowohlt – entsteht. Der *Blechnapf* sollte den Boden bereiten für sein besseres, sein eigentliches Buch, den *Kind*-Roman, den er nun wohl auch abschreiben kann.

Hans Fallada muß als Fall herhalten. Am „Beispiel Fallada" soll reichsdeutsche Literaturpolitik demonstriert werden. Es geht nicht um ein bestimmtes Buch, es geht um »rückwärtsgewandtes Schrifttum«, das »keinen Platz hat« in der neuen Zeit. Die Rezensionen sind damit eine offene Kriegserklärung an alle andersdenkenden Autoren, Buchhändler, Literaturkritiker und Verleger.

Ditzen aber nimmt alles persönlich, bezieht jeden der Sätze einzig und allein auf sich. Der Bannstrahl trifft ihn unvorbereitet, obwohl er sich über die neuen Herren an den Schalthebeln der Kunst keine Illusionen gemacht hat. Er hat sich aber bisher der trügerischen Hoffnung hingegeben, mit seinen Themen außerhalb des Fadenkreuzes der Nazis zu bleiben, und im toten Winkel Carwitz ungesehen seinem Schreiben nachgehen zu können.

Nun muß er einsehen, daß es keine menschenleeren Inseln im nazideutschen Reich gibt. Auch der kleinste Fleck ist – nach kurzer Übergangsphase – besetzt von den neuen Verwesern. Sie haben es verstanden, in einem guten Jahr die wichtigsten Positionen im gesamten Literaturbetrieb an sich zu reißen.

Anna und Rudolf Ditzen lassen, als Ende September die Bauarbeiten im wesentlichen abgeschlossen sind, alles stehen und liegen, fahren für ein paar Tage nach Berlin, um sich beim Verlag umzuhören und mit Kollegen zu reden. Zu einseitig waren sie in den letzten Monaten auf sich allein gestellt, zu sehr hat Ditzen sich auf die Informationen der Rowohlts verlassen. Besser ist es, sich selbst ein Bild davon zu machen, wie weit der Sack über einem bereits zugezogen ist.

Ditzen hat so viele Fragen, die ihm weder Ledig noch Suse hinreichend beantworten können: Warum bringt Rowohlt sein neues, besseres Buch nicht ganz schnell unter die Leute und macht den Eindruck wett, der durch den Gefängnis-Roman von seinem Autor entstanden ist? Warum will er das Buch erst zu Weihnachten herausbringen? Will er ihn durch den Vorabdruck in der *Berliner Illustrirten* nur beruhigen? Oder gibt es interne Kenntnis neuer Hiobsbotschaften, die man ihm vorenthält?

„Dann laß uns doch einfach ein paar Tage hinfahren", hatte die praktische Suse gesagt, „dann werden wir ja hören, was los ist. Vielleicht redest du dir auch nur was ein. Rowohlt wird schon wissen, was das Beste für dich ist."

Der Verleger Ernst Rowohlt würde dem besten Pferd in seinem Stall gern „business as usual" vorführen. Und dazu gehört, daß Autoren und Lektoren nach getaner Arbeit zu gutem Wein und Essen bei *Peltzer* in die Neue Wilhelmstraße eingeladen werden. War schon zuvor in den Verlagsräumen und auf den Korridoren eine gedrückte Atmosphäre zu spüren gewesen, so will dann auch beim Abendessen keine rechte Stimmung aufkommen.

Rowohlt erzählt zwar Witze über Gott *Bedolf* und Teufel *Hinkepoot*. Wie stets lärmend und unbekümmert. Doch das Lachen der anderen klingt nicht echt. Nicht nur Anna Ditzen sieht sich immer wieder verstohlen um, ob die anderen Gäste nicht aufmerksam werden.

Ditzen sitzt Joachim Ringelnatz gegenüber. Oder ist er es nicht? Er ist kaum wiederzuerkennen seit ihrer letzten Begegnung, die gerade mal zwei Jahre zurückliegt. Noch hagerer ist er geworden; aus dem blassen, schmalen Gesicht sticht die Nase hervor. Auffälliger aber sind die Veränderungen seines Wesens. Er ist still, folgt den Gesprächen am Tisch beinahe teilnahmslos. Was ist mit ihm geschehen?

Ditzen erfährt es am nächsten Tag nach einem Einkaufsbummel über den Ku'damm. Suse hat bei *Wertheim* für alle Wäsche und für Uli warme Schuhe gekauft. Ditzen hat sich unter dem Vorwand, die Kartons ins Hotel zu bringen, vorzeitig verabschiedet. Ihm geht das Wiedersehen mit Ringelnatz nicht aus dem Kopf.

Noch vor wenigen Jahren hatten *Ringels* Besuche zu den Höhepunkten des Verlagsalltags gehört. Hatte er sich angekündigt oder kam er unerwartet, so standen alle Räder still. Von der jüngsten Praktikantin bis zum Seniorchef eilten alle herbei, um den großen, immer etwas linkisch wirkenden Dichter in Rowohlts Vorzimmer beim Vorführen neuer Spiele zu erleben.

Ringelnatz bastelte mit Vorliebe mechanisches Spielzeug; Fahrzeuge, die sich an Gummibändern bewegten, bunte Hampelmänner mit den Visagen von Politikern und anderen Zeitgenossen. All das führte *Ringel* mit großem Ernst zum Gaudium der Verlagsleute vor. Dazu deklamierte er – nicht minder ernst – seine neusten Verse über so gewaltige Gegenstände wie die Pellkartoffel oder das Pissoir. Zurück blieben, wenn er ging, ein paar seiner Karikaturen und ringsum fröhliche Gesichter.

Von Paulchen Mayer erfährt Ditzen beim Essen, was Ringelnatz so verändert hat. Er ist lungenkrank, aber sehr viel mehr zehrt das Berufsverbot an ihm, das die Nazis über ihn verhängt haben. Seine beliebten, geliebten Vortragsreisen darf er nicht mehr machen, seine Lyrik gilt als *entartet*, das Prosabuch *Als Mariner im Krieg* wurde verboten; Auftritte als Kabarettist sind ihm untersagt.

„Man hat ihm all die Instrumente gezeigt, derer sich die moderne Inquisition bedient“, sagt Paul Mayer. So müssen sie ihn wohl nicht mal mehr in eines ihrer schrecklichen

Lager stecken und ihn dort zu Tode quälen, wie sie es mit Erich Mühsam und vielen anderen getan haben.

Von jenem verhängnisvollen Zusammenstoß mit den neuen Machthabern hört Ditzen, der sich erst vor ein paar Monaten – gleichfalls hier bei *Peltzer* – zugetragen hat. Eine Verlagsmitarbeiterin erzählt hinter vorgehaltener Hand, als sei sogar der Bericht gefährlich oder strafbar: Rowohlt hatte Alfred Rosenberg auf den Fall Ringelnatz aufmerksam gemacht. Und der einflußreiche „Chefideologe" Hitlers hatte versprochen, den Fall zu prüfen.

Rowohlt wollte die beiden zwanglos beim Mittagessen zusammenbringen. Ringelnatz erschien pünktlich zur vereinbarten Zeit, näherte sich dem Tisch, an dem der Verleger mit Rosenberg saß, bis auf wenige Schritte. Dann blieb er stehen, sagte laut und deutlich „Nein", wandte sich um und verließ das Lokal.

„So ein Dickkopf", sagt die Verlagsangestellte, „hätte er die paar Schritte nicht auch noch gehen können? Was hat er nun davon? Er muß sich freihalten lassen und weiß nicht, wovon er sonst leben soll."

Wie gut Ditzen den Kollegen versteht, wie sehr er ihn um seinen Mut beneidet. Den Rücken durchdrücken, sich grademachen vor dem Thron der neuen Herrscher, – das hat auch er sich viele Male vorgenommen. Aber das *Nein* wurde dann allerhöchstens ein *Jein* beziehungsweise ein *Ja, aber*, und am Ende doch wieder ein *Ja*.

Ditzen mag sich nicht einmal mehr vornehmen, etwas daran zu ändern, und so denkt er darüber nach, wie man dem Kollegen helfen kann. Die Verlagsleute sagen, jede Hilfe sei willkommen, selbst regelmäßiges Essen und das geliebte Rauchzeug seien nicht mehr gewährleistet.

Da faßt Ditzen den Entschluß, Ringelnatz eine monatliche Geldsumme zukommen zu lassen. Mag er sich dadurch auch unnötig exponieren. Irgend etwas muß der Mensch haben, um sich nicht vor sich selbst schämen zu müssen. Vielleicht ist auch der Wunsch da, daß im Falle, es ginge ihm einmal so schlecht wie *Ringel* – was er nicht hofft – ein

Kollege bereit sei, ihm ein Mittagessen oder eine Schachtel Zigaretten zu spendieren.[2]

Soweit wird es hoffentlich nie kommen müssen, denkt Ditzen. Zur Klage übers Geld gibt es (noch?) keinen Grund. Gerade geht der Vorabdruck des neuen Romans in der *Berliner Illustrirten Zeitung* seinem Ende entgegen. Verstümmelt zwar hat man sein *Kind*, um die Hälfte verkürzt, aber immerhin als sein liebstes noch erkennbar. Nach dem *Blechnapf*-Verriß tut der Abdruck in dem renommierten Blatt gut. Nun müßte ganz schnell das Buch in einer Leinenausgabe kommen, um das Ganze kennenzulernen.

Rowohlts Erklärung, es sei besser, jetzt nicht sofort das Buch nachzuschieben, sondern zu warten, bis sich der Rauch über den *Blechnapf* verzogen habe, befriedigt Ditzen nicht. War der Verleger nicht stets der Meinung, ein Buch sei ein guter Hefekuchen, der Buchhandel aber der Backofen. Und wie beim Backen müsse es beim Büchermachen zugehen: Hat die Hefe den Teig getrieben, so wird der Ofen mit dem Vorabdruck in einer möglichst großen Zeitung angeheizt. Dann muß der Kuchen – bevor er wieder zusammenfällt – in den Ofen, der die rechte Hitze hat.

Aber der Verleger Ernst Rowohlt sieht bekümmert drein, als ihn Ditzen an seine eigenen Weisheiten erinnert: „Heutzutage gelten andere Vorschriften. Es gibt die neue Reichs-Backverordnung, und die alten guten Hausmanns-Rezepte sind passé. Nein, lieber Meister Ditzen, es bleibt dabei: Wir warten bis zum Weihnachtsgeschäft, bringen Ihren Wälzer frühestens Anfang November. Meinetwegen auch mit Ihrem Brief an mich als Vorwort, Sie wissen schon: »Alles Vogelgetier schwätzt und lärmt und freut sich schon und ist hoffentlich so glücklich wie Ihr Hans Fallada … geschrieben am 4. März, im Meckelnbörgischen, in der Welteneinsamkeit …«

Dann wendet er sich an Anna Ditzen: „Und Sie, gnädige Frau Suse, bestellen uns schon immer mal die passende Weihnachtsgans zum großen Festschmaus. Die braten wir uns. Braun wie ein ganzes Schock Nazis muß sie sein. Dann wollen wir futtern und uns die Nase begießen. Und tüchtig lachen werden wir über all den Unfug der Reichsvölkischen. Das heißt, wenn sie dann überhaupt noch in ihre Sessel furzen. Vielleicht machen sie es ja gar nicht mehr so lange."

Beim Abendessen beobachtet Anna Ditzen einen älteren Herrn, der wie ein Studienrat aussieht. Er hat die *Berliner Illustrirte* vom Zeitschriftenhaken genommen und liest sie am Nebentisch. Als er die Doppelseite mit der Romanfortsetzung nicht überblättert, sondern sich darauf festliest, stößt Anna ihren Mann an: „Denk mal an, Junge", sagt sie, „das ist doch schön. Du könntest dem Herrn dort auf die Schulter klopfen und sagen: Das da habe ich geschrieben. Wie finden Sie es?"

Sie weiß wohl selbst, daß dies ein sehr unwahrscheinlicher Fall ist und schränkt dann ein: „Aber ein bißchen stolz könntest du doch wenigstens sein." Sie will ihrem Mann Mut machen und ihm gerade in diesen schwierigen Zeiten die angenehmen Seiten seines Berufs vor Augen führen.

Es wäre doch zu schön, sagt sich Suse, wenn Rowohlts Prognose zuträfe und der Spuk bald vorbei wäre. Der Verleger sitzt ja an der Quelle, er verfügt über gute Verbindungen nach ganz oben. Und wenn er sich auch nicht gerade stubenrein ausgedrückt hat: Die Hauptsache ist, er behält recht. So recht daran glauben mag sie nicht. Von den Schwestern in Hamburg hat sie ganz andere Nachrichten und Gerüchte gehört.

Auch Ditzen scheint dem Frieden nicht zu trauen. Jedenfalls ist es – für Anna – kein gutes Zeichen, daß er soeben den dritten Korn bestellt und sich nach dem Essen noch mit einigen Bekannten aus dem Verlag und einem Filmmann verabredet hat. Suse ist dazu nicht eingeladen. Sie hatte sich von den Berliner Tagen und dem geplanten Besuch bei den Gundermanns in München versprochen, daß sie beide einander wieder näherkommen würden. Sie ist nicht sicher, daß dies gelingt. Suse wird, ganz egal was noch alles geschieht, morgen vormittag nach München weiterreisen und am Wochenende nach Carwitz zurückfahren. So ist es mit den Gundermanns in München und mit dem Kindermädchen abgesprochen. Und dabei bleibt es.

Was soll er jetzt in Carwitz? Den Herrn spielen, wo er doch nur für die Narrenrolle taugt? Den Glotzaugen zum Trotz mit den Nachbarn freundlich tun? Den Kindern einen fröhlichen Vater vorgaukeln?

Wenn er wenigstens für ein paar zusammenhängende Tage zum Luftholen, zum Nachdenken käme, ohne daß man ihn mit Alltagskleinkram ablenkt und stört.

Ditzen hat – in einem Anfall von Selbstmitleid und Unzufriedenheit – im Kopf einen Ort äußerster Entfernung gesucht und gefunden, an dem er glaubt, erst einmal zur Ruhe zu kommen: Hiddensee, – ein Punkt, der in kürzester Zeit erreichbar und doch nahezu unzugänglich ist.

Suse ist nach Carwitz zurückgefahren. Sie wird dort die Stellung halten und alles Notwendige tun. Die Frau ist tüchtig. Er bewundert sie. Doch sie sind beide Dickschädel und haben sich in Berlin im Streit getrennt. Sie wollte heim, er ist geblieben.

Ditzen bleibt einfach in dem Zug sitzen, als der in Neustrelitz hält. Carwitz kann warten. Nun ist die Karre einmal im Dreck. Ob er einen Tag früher oder später wieder an seinen Schreibtisch sitzt, darauf kommt es nicht an. Er löst eine Fahrkarte bis Stralsund nach, erreicht den Dampfer nach Neuendorf und ist am Abend auf der Insel.

Um diese Jahreszeit eine Pension zu finden, ist nicht schwierig. Der Bootsführer hat ihm geraten, gleich im zweiten Haus am Hafen nach der Familie Gau zu fragen, die vermietet Zimmer. „Wenn er keine großen Ansprüche stellt, wird er zufrieden sein."

Der Mann – dem Aussehen nach ein Kapitän aus besseren Zeiten – mustert Ditzen und gibt ihm noch einen Tip mit auf den Weg: „Wenn er eine anständige Partie Skat spielt, kann er abends auch einmal im *Strandkorb* vorbeischauen. Dort treffen sich die Einheimischen, Fischer, Pensionäre. Aber er muß ein gutes Blatt spielen können."

Ditzen wird den *Strandkorb* vormerken. Seltsam, denkt er, diese Anrede: zwischen *Du* und *Sie* erst einmal ein vorsichtiges *Er* zu setzen. Bei der Familie Gau hat er Erfolg. Er hat einige Zeit gebraucht, bis er das richtige Haus gefunden hatte: Hier heißen viele Leute Gau.

Im Dachgeschoß ist ein Zimmer frei. „Mit schönem Blick aufs Wasser und den Hafen", wie die Wirtin sagt. Jetzt ist es bereits stockdunkel, und Ditzens Interesse an einem guten Ausblick ohnehin begrenzt.

Ditzen läßt sich in ein fremdes, weiches Bett fallen und schläft sofort ein.

Traumwelt III

Im Staat herrscht eine strenge Ordnung, wenn es auf den ersten Blick auch anders aussieht. Alle wissen, wo's langgeht und was sie zu tun haben. Nur von außen betrachtet, herrschen Anarchie und Gesetzlosigkeit.

Doch eines Tages kommt Unruhe auf, überträgt sich von einem auf den anderen. Die Aufregung pflanzt sich fort bis in die letzten Winkel. Einer teilt dem anderen mit: Gefahr im Verzug, „Save the Queen"!

Aber die Königin ist nicht mehr zu retten. Sie ist alt und schwach und krank, muß sterben. Sie ordnet ihre Verhältnisse, um den Staat vor dem Untergang nach ihrem Tod zu bewahren. Sie läßt den ersten besten, den die Soldaten ergreifen können, vor ihren Thron schleppen und bestimmt: „Du übernimmst die Herrschaft und regierst das Volk, ab jetzt, sofort!"

„Es geht nicht", sagt der erste beste erschrocken, „ich bin ein Drohn, ein Nichtsnutz!"

„In Notzeiten fragt man nicht nach Herkunft und Art, jeder muß allen dienen können. Regiere!"

„Aber wie kann ich eine Königin sein, ich bin doch ein Mann", fragt der erste beste.

„Das ist freilich schlimm, aber nicht zu ändern. Es eilt!“

Er macht einen letzten Versuch: „Ich habe es nicht gelernt, im Leben zu herrschen. Ich bin ein Schreiberling, ein Bücherwurm!“

„Wir werden auch mit Würmern fertig“, sagt einer der Soldaten drohend. Da liegt die gute alte Königin bereits im Sterben. Sie kann ihm nicht mehr helfen. Er ist verloren, ein Fremdling im Staat der Bienen.

Am Morgen dauert es eine Weile, ehe Ditzen nach dem Erwachen weiß, wo er ist. Eine freundliche alte Dame hat an die Tür geklopft und ihn, als er nicht reagierte, geweckt: „Guten Morgen, der Herr, das Frühstück ist fertig!“

Ditzen hat den Eindringling angeblinzelt, nach der Brille gesucht, und dann, als die Erinnerung einsetzte, gedankt. Nun sitzt er im Wintergarten, der eigentlich nur ein Windfang ist – kein Vergleich mit dem eigenen daheim – und raucht, was nur in diesem Vorbau erlaubt ist.

Der erste Weg führt ihn nach dem Frühstück zur Poststelle. Wenigstens muß er Suse sagen, wo er jetzt ist. Sie macht sich Sorgen, und ein wenig wird sie es auch verstehen, daß er einmal abschalten, sich den Wind um die Nase wehen lassen muß.

Die Stimme am anderen Ende der Leitung ist undeutlich, kommt ihm aber bekannt vor. Grete, die Gänsemagd? Ja, sie hat nun doch den Hullerbusch sausen lassen und bei Ditzens angeheuert. Zunächst mal bis zum Jahresende, zum Schweineschlachten und zum Weihnachtsputz.

Ditzen fragt nach seiner Frau. Sie ist mit dem anderen Mädchen in der Waschküche. Soll Grete sie holen?

Er verneint, läßt Suse grüßen und ausrichten, es gehe ihm gut. Die *Olsch* soll sich keine Sorgen machen, er geht nicht unter. Brief folgt. Der Grete sagt er, er freue sich auf das Wiedersehen, und werde sich nun ganz schnell mit dem Erholen beeilen.

Dann folgt ein langer Spaziergang am Ufer entlang. Auf der anderen Seeseite, gar nicht weit entfernt, liegen die

Stätten seines anderen, früheren Lebens: Altenkirchen und Gudderitz, die schöne, unbeschwerte Zeit mit Kagelmacher.

Das Leben ist schon kurios: Während er jetzt hierher in den äußersten Winkel des Landes geflüchtet ist, hat sich Kagelmacher für eine Weile nach Carwitz zurückgezogen. Ditzen hat ihn nicht im Haus, sondern im Dorf beim Gemeindevorsteher einquartiert. So viel Ditzen dem Freund auch verdankt, so lästig ist ihm das stete Gerede über Vorzeichen, Symbole und Übersinnliches. Es ist besser, ihn nicht ständig um sich zu haben.

Nach dem Reinfall mit dem *Blechnapf* muß vieles neu überlegt werden. Wenn die Verhältnisse nun einmal so sind wie sie sind, hat es keinen Sinn, sich gerade zu machen und immer nur „Nein" zu sagen. Wenn man es auch gern möchte. Er ist ja nicht nur für sich selbst verantwortlich. Fast ein Dutzend Menschen vertraut ihm, hängt von ihm ab. Er muß Geld für sie alle verdienen, Monat für Monat, Jahr für Jahr.

Längst ist Ditzen davon überzeugt, daß Carwitz nicht die menschenferne Insel im ringsum tosenden Meer sein kann. Und er sehnt sich mitunter nach einem ferneren Platz, weit weg von Familie, von Pflichten und Zwängen, die man als Arbeitgeber, Ernährer, als Gatte und Vater hat.

Wenn man alle seine Lasten mitschleppen muß, hängt man wie ein Sträfling an der Kette, und die schönste Insel nützt nichts. »Es ist ja – trotz aller Welteneinsamkeit und Ferne – kein ganz unbelebtes Haus«, hatte er im März an Kagelmacher geschrieben, »und manchmal muß ich an den ollen Kapitän Shotover denken, der auf die Frage, ob er denn das Leben in diesem Haus aushalte, antwortet: Ich habe im Taifun auf der Brücke gestanden. Hier ist es lebhafter. Aber ich halte es aus«.

Früher einmal hat er Kagelmacher um seine Freiheiten beneidet. Wie ungebunden der auf seiner Rügener Insel lebte. Hatte alles hinter sich gelassen: Familie, Haus und Hof. Mußte sich nicht länger um Personal kümmern, kein Vieh versorgen, keine Äcker bestellen, kannte kein Finanzamt mehr und natürlich auch keine Verlags- und Filmleute, die alles besser wissen, selbst aber keine einzige Manuskriptseite zustande bringen.

Inzwischen ist Kagelmacher nicht mehr zu beneiden. Er braucht selber Hilfe. Die Behörden sind ihm auf den Fersen, wollen ihn zur Untersuchung seines Geisteszustandes zwangsweise in eine Klinik einweisen. Und eigentlich ist es ohnehin nicht Kagelmachers spartanisches Leben, das Ditzen vorschwebt. Ein bißchen Abwechslung, etwas Komfort gehören dazu, auch eine Familie muß sein. Am besten wäre es, man hätte eine Frau und viele Kinder für das eine Leben und für das andere zum Ausgleich Ruhe, Stille, Frieden. Und in die Einsamkeit darf höchstens ab und zu eine Märchengrete vordringen.

Den Betrieb in Haus und Hof kann und muß er reduzieren; die Arbeiten besser verteilen, strenger überwachen. Acht Leute sind viel zu viele. Schade, daß Dora Preisach nicht ganz nach Carwitz kommen kann. Sie wäre die ideale Hilfe gewesen, Sekretärin, Kindermädchen, Freundin der Familie in einer Person. Aber die Preisach ist Jüdin und sieht keine Chance in Deutschland. Sie will dorthin gehen, wo Menschen wie sie willkommen sind: nach Palästina. Und er kann es ihr nicht verdenken.

Ditzen spürt, wie beruhigend der sachte Wind im Gesicht, das Plätschern der Wellen auf ihn wirken. Er bückt sich nach Muscheln und sammelt ein paar besonders schöne Exemplare für *Mücke* ein. Dann findet er einen Bernstein. Es ist ein tüchtiger Brocken, fast walnußgroß, leider ohne Einschlüsse. Er wird eine schöne Brosche hergeben, die er Suse auf den Weihnachtstisch legen kann. Vielleicht hat er Glück und findet einen weiteren Stein, mit dem er der Märchengrete eine Freude machen kann.

Ein streunender Hund ist das Glück. Es entläuft und kehrt heim, wie es will. Wenn der Hans denkt, er hat es fest gepackt, ist es ihm längst entwischt, und er steht mit leeren Händen da.

3. Kapitel
Schaf unter Wölfen

»Da mir aber doch nie eine dicke Haut wachsen wird, warum in aller Welt sollte ich also so tun, als hätte ich eine?!«

Mit jedem Kilometer, den der Eilzug Leipzig hinter sich läßt, entfernt sich Ditzen weiter von seinem Vater. Diesmal ist der Abschied endgültig. Der Reichsgerichtsrat Wilhelm Ditzen ist im Alter von 85 Jahren nach kurzer Krankheit eingeschlafen.

Die Stimmung auf der Rückfahrt ist bedrückt. Jeder der beiden Männer im Abteil ist mit sich beschäftigt. Rowohlt hält einen Manuskriptstapel auf dem Schoß, schielt immer wieder zu seinem schweigsamen Gegenüber. Der Verleger hatte an der Beisetzung teilgenommen, stand seinem Autor zur Seite, und er begleitete ihn auf dem Rückweg.

Ditzen ist mit den Gedanken beim Vater. Ihn zu überleben, hat dem Sohn eine Menge Kraft abverlangt. Der alte Herr war zu seinen Kindern streng und unnachsichtig; aber besonders zum ältesten Sohn Rudolf. Unversöhnlich hat er am einmal gefällten Urteil über ihn festgehalten, fügte nur Nuancen hinzu, revidierte es – allen Erfolgen des Sohnes zum Trotz – nie.

Er konnte nie verzeihen, daß der Sohn mit der Familientradition gebrochen hat und dem Vater nicht auf den Richterstuhl gefolgt ist. Und der Sohn konnte nicht vergessen, daß der Vater nach dem Rudolstädter Jugendsündenfall* seine Entmündigung angestrebt hatte. Er hat ihm von der

* Rudolf Ditzen hatte im Oktober 1911 in einem als Duell inszenierten Doppelselbstmord-Versuch einen Mitschüler erschossen und wurde selbst schwer verletzt. Ditzen wurde verhaftet und wegen Totschlag angeklagt. Durch den Eingriff seines Vaters und aufgrund eines Fachgutachtens wurde ihm der § 51 des StGB zuerkannt und die Einweisung in die Heilanstalt Tannenfeld verfügt, wo ihn von Februar 1912 bis September 1913 Tante *Ada*, eine Schwester des Vaters, betreute und erzog.

Ehe mit Suse – von jeder Heirat und eigenen Kindern – abgeraten.

Von dem Pseudonym *Fallada* erfuhr er aus dem Amtsblatt, bevor noch sein erstes Buch erschienen war, und er hat bis zuletzt darauf geachtet, daß der Sohn keine Namen aus dem näheren oder weiteren Bekanntenkreis der Eltern in seinen Büchern verwendete.

Seine Einwände, Wünsche und Forderungen übermittelte stets die Mutter. Die Briefe, die ihm der Vater geschrieben hat, kann er an einer Hand abzählen. Aber er ist immer anwesend gewesen, und nun über den Wolken.

„Wenn es so etwas wie Haß-Liebe zwischen Vater und Sohn gibt, dann war es das, was zwischen uns herrschte", sagt Ditzen in das Schweigen hinein.

Rowohlt schaut auf, läßt ihn reden: „Er hat uns in den ersten Ehejahren unterstützt, aber gerade so, daß es zum Nötigsten reichte. Selbst seine Geschenke waren wie Darlehen. Ich mußte einen Vertrag mit ihm schließen und monatlich Rechenschaft ablegen. An jedem 5. eines Monats mußte die Bilanz des Vormonats bei ihm sein. Jeder Tag später war eine Verzögerung, die erklärt werden mußte.

Ich war auch mit fünfunddreißig Jahren noch der Schuldner und er der Gönner. Wenn ich im Leben etwas erreicht habe, dann darum, weil ich dem Vater beweisen wollte, daß ich es kann: Schreiben, Kinderzeugen, Geld verdienen, eine Familie ernähren, ohne seine Hilfe leben.

Und dann hat er mir einfach übel genommen, daß ich es aus eigener Kraft geschafft habe. Wissen Sie, daß er nie mit meiner Mutter in Carwitz war? Alles, was wir uns aufgebaut haben, hat er nicht gesehen. Er wollte nicht wahrhaben, daß sich der Sohn gründlich geändert hatte. Wir hatten mal einen Vater", sagt Ditzen nachdenklich, leise, „man sucht sich im Leben wohl sogar seine Väter selbst, nicht wahr, Vater Rowohlt?"

„Sie sehen es jetzt nur von der schlechten Seite, Meister Ditzen", sagt Rowohlt, der umständlich eine Zigarre ansteckt, „und es hört sich grad so an, als ob sie nur aus Trotz gegen Ihren Herrn Vater noch lebten. Ich will Ihnen einmal was sagen: Ihr alter Herr hat immer großen Eindruck auf mich gemacht.

Es mag Ihnen nicht gepaßt haben, aber er war auf seine Art logisch, konsequent, berechenbar, – der ideale Gesetzeshüter. Ein Mann, der Gesetze schrieb und dafür gesorgt hat, daß sie eingehalten wurden. Auch und vor allem vom eigenen Fleisch und Blut. Friede seiner Asche!

Und davon, wie er mit Ihnen umging, habe sogar ich Rabenvater mir einiges abgeschaut: Dem eigenen Sohn nichts nachsehen, ihn fest an die Kandare nehmen, zu seinem Besten. Wenn er tüchtig ist, will er nichts geschenkt haben, möchte aus eigener Kraft vorankommen. Und taugt er nichts, dann soll er ruhig auf die Nase fallen, dann schadet's ihm nichts."

Ditzen lächelt, Väterchen Rowohlt ist so mit der Zigarre beschäftigt, daß er es nicht merkt. Gewiß denkt er an den eigenen Sohn.

Rowohlt und Ledig, – Stoff für immer neue Legenden und Gerüchte im Verlag. Alle wissen, daß sie Vater und Sohn sind[3], nur Rowohlt weiß nicht, daß es alle wissen. Und Ledig gibt vor, daß er es nicht weiß.

Die beiden schenken sich nichts. Der Verleger hat Ledig in seinen Verlag aufgenommen, doch er behandelt ihn wie jeden anderen Mitarbeiter, eher strenger: „Ich behalte Sie ledig, kleingeschrieben, weil mir Ihr armer Vater leid tut, denn sonst sind Sie ja ein maller, fauler Kopp", putzt er ihn schon mal vor anderen herunter.

Nur Eingeweihte erkennen hinter der vorgeblichen Kritik Koketterie und versteckten Stolz, wenn Rowohlt etwa spottet: „Das will ein Mann sein: Heinrich Maria und Josef und was weiß ich. Und auch noch Ledig. Bloß gut, daß ich nichts damit zu schaffen habe."

Rowohlt blättert lustlos in dem Manuskriptstapel, er kann sich nicht konzentrieren und legt ihn zur Seite: „Was gibt's Neues auf'm Bau, Meister Ditzen?"

Das ist die zwischen ihnen übliche Art, das Thema zu wechseln. In diesem Fall ist Ditzen gern bereit, sich nicht weiter in seinen Kummer über – vorgeblich oder tatsächlich – fehlende Vaterliebe zu versenken: „Hab ich Ihnen erzählt, daß meine Klause, wie Sie zu sagen belieben, kürzlich Ziel eines barbarischen, heimtückischen Bombenangriffs war?"

„Nein, haben Sie nicht. Bauern, Bonzen und Bomben in Carwitz?"

Ditzen lächelt: „Vorerst nur eine Luftschutzübung. Das Dorf als Angriffsziel feindlicher Barbaren, unsere Büdnerei als Bombenabwurfplatz mit angenommenen Toten und Verletzten, die Kirche als provisorisches Feldlazarett. Vorher alles streng geheim. So geheim und verschwiegen, daß unser Mädchen Friedel eine Woche vorher davon erfahren und uns alles haarklein berichtet hat.

Als dann die hohen Luftschutzherren aus Feldberg und Neustrelitz anreisten und Alarm gaben, hat alles so vorzüglich geklappt, daß wir wohl künftig von solchen Kinderspielen verschont bleiben werden."

„Hoffentlich bleibt es bei Planspielen." Rowohlt sieht ungläubig drein. „Für die Leute in Spanien war es kein Spaß. Und den Westwall werden sie wohl auch nicht bloß zum Vergnügen hochbuddeln."[4]

Nun sind sie doch wieder bei den Hiobsbotschaften. Es ist so schwer, ihnen aus dem Weg zu gehen in diesen Tagen; man begegnet ihnen allenthalben und allerorten. Wenn Ditzen auch oft dazu neigt, eigenes Leid zu überschätzen, so entgeht ihm nicht, daß vielen anderen weitaus Schlimmeres widerfährt.

Mutter Sorge pocht an die Tür, schaut zum heimatlichen Fenster herein: Zu Hause liegt ein unbeantworteter Brief von Frau Palitzsch, die in den letzten Jahren fast so etwas wie Suses Freundin geworden ist. Sie ist Halbjüdin und muß sich scheiden lassen, wenn der Mann weiter in der *Reichskulturkammer* bleiben will. Was sollen sie der Frau schreiben, womit sie trösten?

Und die Volljüdin Dora Preisach, die für alle im Hause mehr als Ditzens Tippfräulein war, ist mit ihrem Vater nach Palästina ausgewandert, sehnt sich aber nach der alten Heimat. Soll er ihr etwa raten, zurückzukehren?

Und Kagelmacher, der gerade für eine Woche in Carwitz war, ist vom Erbgesundheitsgericht als Schizophrener eingestuft und zur Zwangssterilisierung verurteilt worden, erwartet dringend seine Hilfe. Aber wie ist ihm zu helfen?

Halbjüdin, Volljüdin, Erbgesundheit, Zwangssterilisierung. Was für eine verrückte Welt? Wieviel Idiotie steckt in all diesen Konstruktionen, von kranken Hirnen erdacht?! Wieviel menschliches Leid verbirgt sich dahinter?!

Ditzens eigene Stellung als Bücherschreiber im deutschen Reich ist auch alles andere als gesichert. Das im September – begründungslos – verhängte Berufsverbot gegen ihn wurde im Dezember – ebenso ohne Begründung – wieder aufgehoben.

Niemand, nicht einmal Rowohlt, konnte sagen, ob alles nur ein Irrtum war oder ob er zum Spielball zwischen verschiedenen Nazi-Ämtern geworden war. Man fühlte sich ausgeliefert, wehrlos. Die Unsicherheit blieb, Krankheit, Depression, Störung des Seelen- und Hausfriedens folgten und sind längst nicht überstanden.

Auch der Verleger Ernst Rowohlt ist – trotz Bauernschläue und Spielerglück – nicht von Rückschlägen und Anfechtungen verschont geblieben. Es hat ihm nichts genützt, daß er eine Flut unpolitischer, unverfänglicher Bücher gedruckt hat, um eine falsche Spur zu legen, um dann Anderes, Wichtigeres verlegen zu können. Er ist unter Beschuß geraten, muß die Aufsicht über den Verlag mit anderen teilen und, wenn es so weitergeht, ganz abtreten. Wozu taugt ein Verleger, wenn man ihm den Verlag wegnimmt und er nichts mehr zu verlegen hat? Dann wird er wohl oder übel das Weite suchen müssen.

Ditzen hat vor Mutter Sorge die Tür fest verschlossen, und sich hinter seinem neuen Roman verschanzt. Er hat Rowohlt zu Jahresbeginn gebeten, ihn gegen alle Störungen abzuschirmen. »Ich bin Ihnen sehr dankbar, wenn Sie Dinge wie schlechte Kritiken, Angriffe, Buchbeschlagnahmen von mir fernhalten. In den meisten Fällen werde ich gar nichts dazu können, diese Dinge zu ändern. Sie erledigen das alles ruhiger und besser als ich. Ich aber bin sehr ängstlich geworden. Ich lese keine Kritiken mehr, weder gute noch schlechte. Ich muß und ich will weiter arbeiten, und ich habe auch die Lust dazu, wenn ich mich nicht stören lasse.

Wie ich vor dem Teufel Alkohol auf das Land ausgerissen bin und mich dabei eigentlich recht gut befinde, so möchte ich mich jetzt ganz schneckenhaft von allem, was in der Welt vorgeht, abschließen – und ich glaube auch eigentlich, meiner Arbeit wird das nicht schlecht bekommen. Ich bin mimosenhaft empfindlich, und leider werde ich es immer mehr.

Da mir aber doch nie eine dicke Haut wachsen wird, warum in aller Welt sollte ich so tun, als hätte ich eine?! Ich denke, Sie überlassen mich vorläufig lieber meiner selbstverordneten Einsamkeit, ohne mir das übel zu nehmen.«

Dieser Ausbruch gerade zu jener Zeit kam nicht zufällig. Rowohlt wurde von seinem Autor dafür „bestraft", daß er mit seinem *Narrenbuch* nichts anfangen konnte, es auch nicht publiziert hat.[5]

Rowohlt hat sich den Wünschen Ditzens gefügt, ihn nicht bedrängt. Er kennt manche Marotte seiner Autoren, und dieser hat davon besonders viele. Lange Zeit hat der Verleger nichts von der Existenz, vom Fortgang und Inhalt des neuen Romans erfahren.

Er ahnt mit seiner berühmten Nase für Literatur nicht einmal, daß hinter der Carwitzer Schweigemauer etwas Besonderes entsteht. Er glaubt seinen wichtigsten Autor mit der Brotarbeit einer Übersetzung aus dem Englischen und mit Kindergeschichten befaßt.

Nun, da sich Rowohlt und Ditzen ausgesprochen und versöhnt haben, wird der Verleger den *Wolf* zu sehen bekommen, als erster natürlich.

Dem Verleger entgeht nicht, daß sich in den zurückliegenden Monaten manches in Haus und Hof verändert hat. Ditzens haben die Wirtschaft eingeschränkt, beschäftigen noch drei Leute. Außer den beiden Mädchen Trudchen und Friedel, die ihr Pflichtjahr im Haushalt absolvieren, ist nur Opa Wendt da. Grete hat nach einigen Monaten gekündigt, Ditzen und sie haben jede Begegnung unter vier Augen vermieden.

Was Ditzen gern als eigene Standfestigkeit verbucht hätte, war wohl eher dadurch bedingt, daß Grete einen Freund im Nachbardorf hatte, der sie mitunter abholte und sie argwöhnisch bewachte. Und natürlich war auch Suse immer in der Nähe, wenn er mit den Mädchen redete.

Die Tage, an denen Rowohlt – allein oder mit seiner Frau Elli und der Tochter *Baby* – Carwitz besuchte, waren nie allein Arbeitstage. Rowohlt, der Gourmet, der Spaßvogel, der Lebemann verstand es, jedem Tag angenehme Seiten abzugewinnen.

Er steckte Kinder und Erwachsene, Familienmitglieder und Angestellte mit seiner guten Stimmung an, suchte die Gesellschaft der anderen, war nur ungern allein. Er schaute der Hausfrau beim Kochen zu, spielte mit den Kindern, redete mit Wendt oder den Mädchen. Wo der große, massige Mann auftauchte, stand er sogleich im Mittelpunkt, faszinierte alle mit seinem Charme.

Diesmal ist Rowohlt nachdenklicher, konzentrierter, verläßt das Gästezimmer nur zu den Mahlzeiten und zum obligatorischen Spaziergang am späten Nachmittag. Er liest sich fest an der Handschrift, blättert zurück, prüft, liest erneut. Und kommt aus dem Staunen nicht heraus: Die gesamte Handlung ist aus einem Guß, die Abfolge logisch, die Figurenfülle ist erdrückend.

Es ist alles da, was die Leser haben wollen: Helden, die über ihnen stehen und Menschen, mit denen sie sich vergleichen können; viel Heimat und Bodenständigkeit, nicht zu viel Politik; dafür Spannung, Kampf, Intrige, und vor allem ein bißchen Liebe, – eine ideale Mixtur.

Anders als beim *Kind*-Roman schwimmt nichts davon; es herrschen innere Ordnung und geistige Disziplin. In zwei Teilen hat Ditzen den Handlungsstrom gebändigt. Wie er die verschiedenen Fäden scheinbar unabhängig voneinander führt, sie dann verwebt und verstrickt, – das ist vom feinsten und besten, was der Verleger je gesehen hat.

Ditzen hat an dem neuen Roman gearbeitet wie selten zuvor an einem Buch: Nach 90 Arbeitstagen ist der erste Teil mit 600 Seiten fertig; und er ist mitten im zweiten.

Alles ist einzig und allein in seinem Kopf entstanden: Er schöpfte aus eigenen Erfahrungen als Gutssekretär im Inflationsjahr 1923 auf dem Rittergut Radach, schuf eine Vielzahl von Figuren aus Erlebtem und Erfundenem. Die Episoden schienen ihm nur so zuzufließen, verschmolzen zu einem einheitlichen Ganzen.

Eine mit *Weihnachten 1936* datierte Vorrede soll möglichen Einwänden vorbeugen und dem Schreiber das Gefühl von Freiheit bei der Arbeit geben: »… *Wolf unter Wölfen* ist ein Buch von sündigen, sinnlichen, schwachen, irrenden, haltlosen Menschen, von Kindern einer zerfallenen, irren, kranken Zeit. Aber auch von einigen Aufrechten, Mutigen, Gläubigen …

Nicht überflüssig scheint dem Verfasser noch die Bemerkung, daß dieses Buch ein Roman ist, also ein Gebilde der Phantasie. Alles in diesem Buch: Figuren, Geschehnisse, Orte, Namen – ist erfunden … Unter Verzicht auf alle äußere Ähnlichkeit wollte der Autor ein Bild jener Zeit malen, die so nahe und doch so völlig überwunden ist …«

Nun gut, das ist überflüssig wie ein Kropf, sagt sich Rowohlt. Ähnlich geheuchelt wie die *Blechnapf*-Vorrede, aber sicher ist sicher. Und hier wird man nicht nur diese Sicherungsleine brauchen, um nicht abzustürzen, das weiß der erfahrene Verleger bald.

Ditzen nennt das Buch – von Beginn an – seinen *Wolf*-Roman. Der Titel *Wolf unter Wölfen* begleitet ihn bei der gesamten Niederschrift; ist mehr als eine Hausnummer, wird zum Hauptmotiv.

Wolf(gang) heißt der Held Pagel mit Vornamen, seine Freundin Petra Ledig (»es gibt solche Namen, die ein Schicksal zu sein scheinen«). Die Zeit macht aus Menschen reißende Wölfe. Der Held wird zum Wolf unter Wölfen und heult eine Weile mit ihnen, ehe er sich aus ihren Klauen befreien kann.

Das vielschichtige Geschehen rankt sich um drei ehemalige Weltkriegsteilnehmer. Sie vertreten unterschiedliche Gesellschaftsschichten: Neben Wolf Pagel – »Granaten-Pagel, Fahnenjunker a. D. und Spieler am Ende« – agiert der frühere Oberleutnant von Studmann, zunächst erfolglos als Empfangschef eines Hotels, später – ebenso erfolglos – als Geschäftsführer des Ritterguts Neulohe; ein »Unglückshuhn, das sich für einen Eckstein des Weltgebäudes hielt«.

Dritter im Bunde der Kriegsveteranen ist Rittmeister Joachim von Prackwitz, »alter Offizier und Rekrutenabrichter«, Pächter des Gutes, abhängig von seinem Schwiegervater, dem Rittergutsbesitzer von Teschow.

Die drei ehemaligen Regimentskameraden haben sich nach dem Weltkrieg aus den Augen verloren und treffen erst 1923 in Berlin wieder aufeinander, als sie von der galoppierenden Inflation bereits kräftig gebeutelt wurden.

Mit sicherem Blick fürs Wesentliche hat Ditzen ein entscheidendes Jahr in der Geschichte und geographische Knotenpunkte zu Schauplätzen des Geschehens gemacht. Er läßt das ganze Arsenal der *Schwarzen Reichswehr* gegen die junge Weimarer Republik aufmarschieren; jene Bataillone, aus denen sich später Hitlers Schlag- und Stoßtrupps rekrutieren. Welche Brisanz, welch ein Sprengstoff!

Ernst Rowohlt merkt nach der ersten Lektüre der bisher geschriebenen Seiten, daß er diesem Roman nicht mit seinem üblichen Instrumentarium beikommen kann. Hier müssen andere Werkzeuge her. Dieses Buch zu dieser Zeit wird sein gesamtes Verlagspotential an Geist und Technik brauchen. Er wird die ganz große Trickkiste öffnen und leeren müssen, um es überhaupt herausbringen zu können.

Die Nazis haben keine zentrale Manuskriptprüfung, keine Vorzensur eingeführt, sondern „nur“ die spätere Haftung des Verlegers mit einer Fülle von möglichen Sanktionen – Boykotten, Verboten, Beschlagnahmen, Strafen – gegen Verfasser und Hersteller.

Es wird also darauf ankommen, das Vorfeld gründlich zu bestellen. Das „Geheimunternehmen“ *Wolf*-Roman nimmt in diesen drei Carwitzer Tagen seinen Anfang. Von der Abschrift des Manuskripts über Lektorat, Satz und Druck plant der Verleger sein wichtigstes literarisches Vorhaben der nächsten Monate stabsmäßig.

Der Autor selbst wird dabei kaum hilfreich sein. Sein psychischer Zustand ist labil, die Depressionen wollen nicht weichen. Er hat noch etwa vier Wochen am zweiten Teil des *Wolf*-Romans zu schreiben, jede erdenkliche Ablenkung ist ihm zuwider. Trotz Schlafstörungen und einer permanenten Niedergeschlagenheit hält er das tägliche Schreibpensum ein, steigert es gar bis zu seinem absoluten Rekord von 125 Seiten in nur einer einzigen Woche.

Wie will er dieses Kolossalgemälde zu Ende führen, fragt sich Rowohlt. Er hat keine Ahnung, aber er weiß, sein Autor wird es schaffen. Der Verleger kann nur einen vorsichtigen Hinweis geben: „Mir schwant, verehrter Meister, Sie planen den Weltuntergang. Wenn ich mir was wünschen darf, so bauen Sie eine kleine Arche, lassen Sie darin ein paar Leute leben am Ende …“ Es ist ein vorsichtiger Rat, den Ditzen gerade noch verträgt, weil er ohnehin auf seiner Linie, in seiner Absicht liegt.

Das hohe Lob des Freundes für das bisher Geschriebene tut ihm gut. Es motiviert ihn für die Schlußphase. Und es setzt ihn gleichzeitig – vielleicht nicht ganz ungewollt – unter Druck. Rowohlt will das Buch; er will es ganz und so, wie es in Ditzens Kopf vorgeformt steht. Und er will es so bald wie möglich.

Ernst Rowohlt ist nach Berlin zurückgefahren, um alles für die Abschrift und Drucklegung vorzubereiten. Er wird Ditzen eine tüchtige Kraft zum Abtippen schicken, für Mitte Mai ist die Abgabe an den Verlag vorgemerkt. Zum Abschied hat Rowohlt seinem Autor Mut gemacht: „Wir werden das Ding schon schaukeln, Meister Ditzen. Und es ist abgemacht: zu niemand ein Wort. Vor allem nicht zu Pressefritzen und Vereinsbonzen. Die Wölfe lauern überall. Und sie sollen nicht zu früh aufheulen."

Im Juni ist Rowohlt mit seiner Frau wieder in Carwitz. Der Freund und Verleger begeht seinen 50. Geburtstag. Wenn er auch um ein pompöses Festgelage in seinem Grünheider Haus nicht herumkommen wird, so will er den Tag selbst in Carwitz mit seinem wichtigsten Autor feiern. Und der hat ihm mit dem *Wolf*-Roman das schönste Geburtstagsgeschenk gemacht, das sich der sensible Büchermacher wünschen kann.

Ditzen ist mit der Niederschrift pünktlich fertig geworden, und natürlich ist auch der zweite Romanteil wieder seine 600 Seiten stark. Er hat ihn beendet mit der Illusion von Zufriedenheit in einer unzufriedenen Welt und in einer friedenlosen Zeit.

Ein bißchen gehetzt wirkt das Ende, als sei nicht nur ihrem Schöpfer, sondern auch den Helden die für sie reservierte Zeit davongelaufen: »Wir haben einen weiten Weg gehabt, oft haben wir uns aufhalten müssen unterwegs – nun haben wir es eilig! Als wir anfingen, war es Sommer, fast ein Jahr ist seitdem vergangen«, resümiert der Autor die Handlungsspanne. Genau ein Jahr – 150 Arbeitstage zwischen seinem 43. und 44. Geburtstag – hat Ditzen zur Niederschrift gebraucht.

Petra Ledig und Wolf Pagel finden auf großen Umwegen und nach langem Suchen ihr kleines, privates Glück: »Es ist kein Glück, das von äußeren Dingen abhängig ist; es ruht in ihr, wie der Kern einer Nuß. Eine Frau, die liebt und sich geliebt weiß, kennt das Glück, das immer bei ihr ist, wie ein seliges Geflüster im Ohr – den Lärm des Tages übertönend. Eine liebende Geliebte ist das ruhige Glück, dem nichts mehr zu wünschen bleibt.«

Im Spätsommer macht sich der *Wolf* auf leisen Sohlen auf den Weg. Ernst Rowohlt hat Wort gehalten, und er hat sich diesmal selbst übertroffen. Die Zeitspanne zwischen der Niederschrift und dem Erscheinen des Buches war extrem kurz. Er beschaffte das nötige Kontingent für den »papierfressenden Wolf«, er ließ den Text in zwei Druckereien gleichzeitig setzen und drucken. Ende September, ein Vierteljahr, nachdem der Autor die letzte Zeile an den Verlag abgeliefert hatte, konnten beide Leinen-Bände in je 10 000 Exemplaren bereits an den Buchhandel ausgeliefert werden. Eine großartige editorische Leistung.

Umsichtig und mutig hat sich der alte Fuchs dem Wolf genähert. Rowohlt bezog ungewöhnlich viele Mitarbeiter in die Überarbeitung ein, erlegte ihnen jedoch strengstes Stillschweigen auf. Auf 16 Seiten machten sie ihre nicht gravierenden, aber taktisch klugen Änderungsvorschläge.

Die ganz große Werbetrommel hat Rowohlt nicht geschlagen. An die Presse gingen spät und in geringer Anzahl Belegexemplare. Alle sind sich des Wagnisses bewußt, das sie eingehen. Der Verlagslektor und Schreiberkollege Friedo Lampe schließt sein Gutachten mit dem Satz: »Wenn der Verlag wirklich an diesem Buch zugrunde geht, so ist er wenigstens an etwas zugrunde gegangen, für das es wert war und nicht an irgendeiner nationalsozialistischen Gemeinheit.«

Ein Hinweis darauf, wie bewußt sie sich der Gefahren sind, denen sie sich aussetzen. Sie haben ihr Bestes getan. Nun können sie nur warten; sie alle: die Lektoren, die anderen Mitarbeiter, der Verleger – und der Autor.

Es geschieht, womit selbst Optimisten nicht gerechnet haben: Die ersten Nachrichten über den neuen Roman sind positiv, vielversprechend. Eine bedeutsame, autoritäre Stimme hat sich Anfang November im *Reichssender Berlin* zu Wort gemeldet und den Ton angegeben: Der Schauspieler Matthias Wieman spricht zur *Woche des deutschen Buches*, vergleicht im *Echo des Abends* den Roman mit »Dantes Göttlicher Komödie und Balzacs vierzig Bänden der

Menschlichen Komödie«, stellt ihn nicht neben, sondern gar über diese Meisterwerke. »Ein Gott hat dem Dichter die Feder geführt«, ruft Wieman emphatisch aus.

Wenn Ditzen dies auch für übertrieben hält, so freut er sich über das Lob und den Vergleich doch. Wer würde es jetzt noch wagen, mit großem Kaliber auf den Wolf zu schießen, fragt er sich, wenn Matthias Wieman, der »große Mann, Staatsschauspieler, alter PG, Spezialfreund des Ministers Goebbels«, sich derart schützend vor ihn stellt?!

Am nächsten Tag fährt Ditzen nach Berlin, weil Rowohlt ihn telegrafisch zu einem Gespräch über ein mögliches Filmprojekt gebeten hat. Im Verlag erfährt er von der Sekretärin, daß der Verleger mit den Filmleuten in der *Mampestube* zum Mittagessen ist. Rowohlt, Fritsch, der Direktor der *Tobis-Klang-Film*, und Emil Jannings erwarten Ditzen dort. Das sieht nach großem Geschütz aus, das die Film-Gesellschaft da auffährt.

Emil Jannings, wie Matthias Wieman angesehener Staatsschauspieler mit besten Beziehungen zur Kulturbürokratie, hat mit dem Dorfrichter Adam im *Zerbrochenen Krug* und dem Professor Unrat in Carl Zuckmayers Film *Der Blaue Engel* seine Glanzrollen gehabt. Suse und Ditzen haben den Film in Berlin gesehen. Interessiert sich der einflußreiche Mann für die Verfilmung des *Wolf*-Romans?

In einer Ecke der *Mampestube* sitzt Ernst Rowohlt mit seinen Gästen. Sie werden einander vorgestellt; Rowohlt wendet sich wieder den beiden Männern zu. Offenbar sind sie mitten in einem Gespräch, das den Verleger so zu faszinieren scheint, daß er sich – gegen seine Gewohnheit – keine Zeit nimmt, sich bei Ditzen nach Frau, Gesundheit und Reiseverlauf zu erkundigen. Er bittet statt dessen Emil Jannings fortzufahren.

Der Mann mit dem einprägsamen Gesicht und den großen Gesten ist mitten in einer alten Geschichte: „Und dieser Kerl, den se bloß den *Eisernen Justav* nennen, will partout nich uff de Autotaxen umsteijen. Eisern bleibt er bei seine Kutschen un Zossen. Nu kommt det Dollste: Achtundzwanzig, ick gloobe, im Frühjahr wart, fährt er mit seine Pferdedroschke von Berlin nach Paris, einfach so, aus Daffke. Und um zu zeijen, det er und sein Jaul noch zu wat nutze sind.

Überall jroßer Jubel, erst in Paris und denn in Berlin, als er zurückkommt. Hat ooch in alle Zeitungen jestanden. So als Fall von Völkerversöhnung. Aber det hält nich lange an, denn is er vajessen, jeht pleite und vakoft bloß noch'n paar Ansichtskarten von sich und sein' Pferd. Keen Aas kümmert sich mehr um ihn; arm und vasoffen valebt er seine letzten Tage.

Da jehört natürlich noch ville mehr dazu: Frau, Kinder, Familie, det janze Umfeld ebend. Na, is det wat?"

Der massige Mann ist bei seiner lebhaften Rede, die er mit ausladenden Gesten unterstrichen hat, ein wenig außer Atem gekommen. Erwartungsvoll schaut er in die Runde.

Ditzen kann sich dunkel an die Droschkenfahrt des Gustav Hartmann nach Paris erinnern. Die Presse hatte in rührseligen Beiträgen darüber berichtet. Soll das etwa der Stoff für einen abendfüllenden Film werden, denn darum geht es doch wohl?!

Jannings, der die Zweifel von Ditzens Gesicht abzulesen scheint, wendet sich nun direkt an ihn: „Wenn Se mir die Justav-Rolle uff'n Leib zuschustern, Fallada, mein Dank würd Ihnen ewig nachschleichen. So'n Baliner Original, Kutscher mit Leib und Seele bei sein' Jeschäft. Und am Ende karjole ick mit de Kutsche in'n Himmel. Jroßet Kino, jroßet Finale mit allem Brimbramborium. Det müssen Se mir machen, Fallada!

Wat ick in de nächste Zeit zu spielen hab, det stinkt mir. Jetzt soll ick een Arzt und Kemiker spiel'n. Ewig und ewig werd ick bloß in't Mikroskop starren müssen, det is nischt for'n Schauspieler, immer bloß kieken. Ick will wat zu spielen haben."

Ditzen, noch immer nicht überzeugt, daß hier für ihn ein Stoff anfällt, wendet ein, daß er keine Drehbücher schreiben könne. Einen kleinen Roman über das Ereignis traue er sich zu. Wenn man die Paris-Fahrt zu einer zentralen Episode macht, rings herum aber anderes gruppiert, die Biographie des Mannes, Nachbarn, Kollegen, vor allem die Familie, Frau und Kinder, dann könnte mehr daraus werden.

Doch er fürchtet, daß es wiederum eine triste, düstere Geschichte werden könnte, die seine Leser verschreckt. Er hat eben mit einem anderen, heiteren Buch begonnen, etwas völlig Unverfängliches, im luftleeren, zeitlosen Raum.

„Fallada, Sie können det! Schreiben Se mir den Justav“, sagt Jannings eindringlich und verfällt sogar ins Hochdeutsche, „den Durchschnitt des deutschen Schicksals von 1900 bis in die zwanziger Jahre. Bürgertum, Weltkrieg, Rechtschaffenheit, Tugend, einfach alles. Sie verstehen schon.“ Seine Worte klingen eindringlich, fast bittend.

Jetzt schalten sich auch Rowohlt und Fritsch in das Gespräch ein. Es stellt sich heraus, daß die parallele Erarbeitung von Buch und Film vereinbart worden ist. Um das Drehbuch braucht Ditzen sich nicht zu kümmern, das besorgt ein Stab der Filmgesellschaft. Das Ganze sei als repräsentativer deutscher Film geplant. Ein beträchtlicher Fonds steht bereit. Man werde den Plan dem Herrn Minister Goebbels persönlich vortragen und von ihm absegnen lassen, läßt Direktor Fritsch durchblicken, also überhaupt kein Risiko für den Autor.

Rowohlt hat Ditzen während des Gesprächs mehrmals aufmunternd zugezwinkert. Das soll heißen: „Machen Sie man, meinen Segen haben Sie.“ Ditzen nimmt den Auftrag an, weil das Buch bei Rowohlt eine sichere Bank ist; vielleicht auch, weil es ihn reizt, dem großen Emil Jannings eine Rolle auf den Leib zu schreiben und weil für das Projekt viel Geld bereitsteht.

Am allerwenigsten jedoch treibt ihn der Wunsch, sich 1938 an einem repräsentativen deutschen Film zu beteiligen. Das Filmgeschäft wird ihm ewig ein unwägbares, unheimliches Abenteuer bleiben, von dem man sich besser fernhalten sollte.

Während er mit dem Zug nach Feldberg zurückfährt, wird die eine – nichtssagende, heitere – Geschichte vorerst aus dem Kopf verbannt und die neue bereits darin hin- und hergewendet. Er wird sich die Illustrierten- und Zeitschriftenberichte über die Fahrt besorgen. Da kann man sicher vieles wahrheitsgetreu übernehmen. Aber alles andere muß man erfinden.

Wie kam Hartmann auf die Idee, nach Paris zu fahren? Trieb ihn Ehrgeiz oder Not? War mit den Droschkenfuhren wegen der Konkurrenz durch das Auto kein Geschäft mehr zu machen und die Existenz der Familie in Gefahr? Hatte Hartmann Kinder? Wieviele Kinder wird sein Gustav haben? Vier? Nein, besser fünf, das bringt noch viel mehr gesellschaftliche Breite und Fächerung in die Handlung.

So könnte daraus ein großer Entwicklungsroman werden, die Geschichte vom Zerfall einer deutschen Familie, die Fortführung der *Buddenbrooks* in einem anderen Milieu, eine breitangelegte Familiensaga. Am Preußengeist, am Krieg und Nachkrieg, an der Inflation wird die Familie zugrunde gehen.

Der Alte könnte an den eigenen Tugenden und Schwächen – eiserner Selbstdisziplin, Dickköpfigkeit, Rücksichtslosigkeit gegen sich selbst und andere – zerbrechen. Auch seine Kinder leiden unter dem Vater, scheitern ebenfalls. Nur einem seiner Söhne, dem jüngsten vielleicht, soll ein Licht aufgehen. Er wird es besser machen als sein Vater und – wie andere seiner Helden – ein stilles, bescheidenes Glück finden.

Unmittelbar nach seiner Rückkehr aus Berlin leitet Ditzen die Vorarbeiten für die *Gustav*-Geschichte ein: Er besorgt sich die Presseberichte und studiert sie gründlich. Wenig Verwertbares ist dabei; nur ein von Ernst Toller geschriebenes scharfsinniges Feuilleton in der *Weltbühne* aus dem Jahre 1930 überragt journalistisches Mittelmaß und das Sensationsbedürfnis der Boulevardblätter.

Auf mehreren Seiten notiert Ditzen stichpunktartig den Weg Gustav Hartmanns bis zu seiner Paris-Fahrt und die

Rückkehr nach Berlin. Eine Woche später beginnt Ditzen mit der Arbeit und berichtet seinem Verleger: »Ich habe heute morgen den *Eisernen Gustav* gestartet und werde heute abend damit fortfahren. Das wird ein richtiggehender Roman von schätzungsweise 450 Seiten Umfang – ich habe mir aber ausgerechnet, daß das bei guter Gesundheit – toitoitoi! – und Fleiß bis 28. 2. inkl. Tippen zu schaffen ist. Der Herr halte seine Hände über mich!«

Vierzehn Tage später hört Rowohlt von seinem Autor: »*Der Eiserne Gustav* marschiert. Augenblicklich bin ich freilich wieder einmal der Ansicht, daß alles unbrauchbarer Mist ist. Die historische Figur ist übrigens nicht zu gebrauchen. Kinder, ist das alles dumm und trottelhaft – wenn man etwas für eine amerikanische Filmgroteske schreiben wollte, dann, ja dann!«

Aber dann schreitet der Eiserne Gustav Hartmann, der inzwischen Gustav Hackendahl heißt, wirklich unaufhaltsam voran. In einem Zug wird die Geschichte geschrieben, wie alle guten Bücher Ditzens. Nur gelegentlich kommt er aus dem Rhythmus, als neue, verwirrende Nachrichten über die Resonanz auf den *Wolf*-Roman eintreffen.

Matthias Wiemans Lobgesang bleibt ein Solo. Die Presse hat sich danach mit ähnlich euphorischen Wertungen zurückgehalten, reagiert aber zunächst verhalten-positiv. Die Ränkeschmiede tragen ihren Krieg gegen den ungeliebten Autor vorerst auf einem – scheinbar unbedeutenden – Nebenschauplatz aus: Im *Völkischen Beobachter*, dem Sprachrohr der Nationalsozialisten, wird eine Notiz abgedruckt, »der Fallada sei nun doch ein Jude«.

Ditzen erkennt sofort, daß dies leicht zur Hauptkampflinie gegen ihn werden kann, und er wehrt sich. Er will einen Anwalt einschalten, Schwester Elisabeth muß für den „Ariernachweis" schnellstens den Stammbaum der Familie zusammenstellen und ihm schicken.

Eine Woche später ist alles wieder ganz anders: Im selben *Völkischen Beobachter* liest er nun, der Roman *Wolf unter Wölfen* sei »ein grundanständiges Buch, das neben seinem Temperament und seiner typisch 'falladesken' Meisterschaft auch eine nicht zu unterschätzende zeitgeschichtliche Aufgabe erfüllt«.

Was soll man davon halten? Zieht jemand bewußt die verschiedenen Fäden an der Marionette Fallada, oder geschieht alles ganz unkoordiniert, aus notorischer Blödheit einiger Neidhammel, wie Rowohlt meint? Ditzen ist mißtrauisch, sieht »den Blitz immer wieder in der Wolke«, das Gewitter am Horizont. Wird es auf- oder abziehen?

Es läßt sich Zeit, aber dann schlägt der Blitz um so heftiger ein, als alle die Gefahr bereits überwunden glauben: Das Filmprojekt für die *Tobis* schreitet voran. Die Buchausgabe von *Wolf unter Wölfen* verkauft sich gut; Rowohlt kommt mit dem Neudrucken kaum nach.

Da erscheint im Januar 1938 in der *Bücherkunde*[6] ein anonymer Beitrag unter dem Titel »Wirrwarr einer zügellosen Phantasie«.

Der Blitz fällt nicht nur auf den Autor, sondern auf »alle Stimmen zu Falladas Lob«. Auch die Fürsprache »aus dem Munde eines bekannten Staatsschauspielers« wird gerügt. Was der Verfasser seine Figuren erleben läßt, »sind die Auswüchse einer vom wirklichen Erleben völlig losgelösten, durchaus unwahren und zuchtlosen Phantasie«. Dabei werde »bewußt auf die Dummheit und Denkfaulheit« der Leser spekuliert. Es finde sich in dem ganzen Buch »kein Satz, der auch nur einen klugen Gedanken enthielte oder etwas Gültiges aussagte«.

Der anonyme Schreiber fühlt sich – allen Erfolgen des Autors zum Trotz – berufen, »gegen literarische Machwerke wie die Falladas auf das schärfste die Stimme zu erheben«. Dies ist keine Rezension mehr. Abgedruckt in der Spalte „Rumpelkammer", ist es ein Verdikt, das die weitere Linie für die Pressebesprechungen vorgibt.

Nach dem ersten Einschlag entlädt sich ein ganzes Gewitter über dem Autor. Vier Wochen nach Beginn der Kampagne erscheint in derselben *Bücherkunde* der *Wolf*-Roman in der Rubrik *Gutachtenanzeiger* in der Liste »nicht zu fördernden Bücher«. Sein Schicksal ist besiegelt.

Schlagartig sinken die Verkaufszahlen, der Titel verschwindet aus den Schaufenstern der Buchhandlungen, von den Bestell-Listen der Sortimenter. Es ist alles wie beim *Blechnapf* und beim *Kind*-Roman gehabt.

Ditzen, mit der Niederschrift seines *Gustav*-Romans fast am Ende, klammert sich an dieses nächste Buch. Auch über die Verfilmung gibt es günstige Nachrichten. Er hat einen Brief von Emil Jannings bekommen, der ihm mitteilt, daß es für das Projekt grünes Licht von ganz oben gibt. »Jannings hat mit Staatssekretär Funk, mit Goebbels, mit dem Führer von unseren Filmplänen gesprochen, und alle sind begeistert und gespannt. (Ich leider nicht)«, teilt Ditzen seiner Mutter mit.

Ende Januar 1938 ist er mit der Niederschrift fertig und liefert sie ab, an Rowohlt natürlich. Es ist dessen Sache, mit den Filmfritzen weiter zu verhandeln. Zum Abschreiben kommt wieder eine Kraft aus Berlin. Es ist nicht die umgängliche Frau Plötz vom *Ullstein Verlag*, sondern Frau Bakonje, eine selbstbewußte junge Frau mit strengem Dutt, die ihn spüren läßt, daß sie einst bessere Zeiten gesehen hat. Sie ist nicht wirklich schön, eher das, was man attraktiv nennt. Sie pflegt sich und versteht es, ihre Weiblichkeit einzusetzen.

Ditzen hat es gern, wenn das dienstliche Verhältnis auch durch private Sympathie ergänzt wird. Man bleibt ja einige Zeit von früh bis spät auf engstem Raum zusammen, das Abschreiben ist Vertrauenssache. Er ist auf die Mithilfe der Schreiberin angewiesen. Es muß ein gewisser Rhythmus gefunden werden. Ist die Frau zickig und tippt ganz mechanisch, so stört es ihn, und er kommt aus dem Takt.

Zwischen den beiden herrscht kühle Distanz. Er hat die Frau am ersten Tag gefragt, wie er sie nennen solle, denn Else-Marie sei doch ein gar zu umständlicher Name, und klinge wie zwei Hausmädchen in einem.

„Wie wäre es mit Frau *Bakonje*", fragt sie pikiert zurück. Da hat sich die Eisdecke aber zwischen ihnen fast geschlossen.

Er versucht noch einmal, sie aufzubrechen, als er ihr beim Diktieren über die Schulter schaut und ihr Parfüm riecht.

„Mandelblüte", fragt er.

„Kalt", sagt sie, sieht nicht auf, schreibt weiter.

„Veilchen", fragt er, und er berührt mit seiner Nase fast ihren Dutt.

„Warm", sagt sie, ist fertig, wartet darauf, daß er den nächsten Satz diktiert. Sie hält die Finger über den Tasten im Anschlag.

„Ich hab's, Maiglöckchen!"

Sie nickt.

„Also werde ich Sie *Maiglöckchen* nennen", sagt er zufrieden.

Die Frau sagt nichts, zuckt nur die Schulter. Er gibt auf: „Also schreiben Sie, Sie Eisblume …"

Es ist, als ob die Bakonje dem Mann zeigen wolle, wie ihr dieser Aufenthalt in dem Kaff, fern der Großstadt, zuwider ist. Aber sie ist eine schnelle Schreiberin, sie tippt nicht mechanisch nieder, was er diktiert. Sie denkt mit, fragt nach, wenn sie Unstimmigkeiten zu erkennen glaubt und äußert eine eigene Meinung. Das gefällt ihm, und es ist ihm unheimlich.

Aber am wichtigsten ist doch, daß er jetzt schnell zu einem Ende kommt, – so oder so. Denn wieder einmal ist er überzeugt, daß alles nur Mist ist, was er gerade schreibt. Und wieder mal erreicht er das Ziel – die rettende Abschrift vom Manuskript – gerade noch.

Anderthalb Monate Schweigen sind eine ewige Zeit im Leben eines hektischen, äußerst verunsicherten Autors. Es sind sechs lange Wochen ohne Antwort auf die entscheidende Frage: Wie geht es weiter mit dem laufenden Filmprojekt? Denn inzwischen weiß er ja längst, daß das Buch und der Film nicht voneinander zu trennen sind. Wohl und Wehe des neuen Romans hängen von Erfolg oder Mißerfolg des Filmplans ab.

Es sind sechzig einzelne Tage, an denen sich der Autor abwechselnd einredet: Alles wird gut! und: Alles geht schief! Der überarbeitete, überreizte Mann läßt sich in Depression und Krankheit fallen, – seine Art, diesen auskunftslosen Zustand zu überleben.

Was tut sich in den Kulissen der unergründlichen Filmstadt? Wer zieht oben auf dem Schnürboden die Fäden und in welche Richtung wird gezogen? Dabei könnte doch alles so einfach sein: Man gibt dem Herrn Reichspropagandaminister – wenn es denn sein muß – die Romanvorlage zu lesen, der segnet sie ab oder auch nicht. Jede Entscheidung wäre besser als keine.

Er fragt in Berlin nach, und die *Tobis*-Filmleute belehren ihn, so könne das Manuskript dem Reichsminister Goebbels nicht unter die Augen kommen. Zuvor müsse hinzugefügt, getilgt, geändert werden, was nach den Vorschriften der *Reichsfilmkammer* noch fehlt, zu viel oder falsch ist. Man werde eigene Autoren hinzuziehen, die das Buch nach möglichen Fallen durchforsten. Er muß sich aber darum nicht kümmern, sich keine Sorgen machen, auch Geld spielt keine Rolle. Schließlich soll doch etwas Großes dabei herauskommen.

Ditzen ist unzufrieden, ruhelos streicht er durch Haus und Hof, pusselt hier und da etwas umher, macht Rohbilanzen, legt Bücherverzeichnisse an, klebt Fotos in Familienalben, bestellt Sämereien. Aber all das ist bald getan. Und es ist kein Ersatz für wirkliche Arbeit.

Im März – es ist immer noch keine Antwort von der *Tobis* da – kommen alle möglichen Krankheiten auf die Familie nieder, die am Ort nicht zu behandeln sind.

Ditzen fährt mit Frau und Kindern nach Berlin, macht die Pension Stössinger erneut zum „Basislager“ der Familie: *Mücke* wird mit einer Infektion in die Charité eingeliefert, und auch Uli steckt sich an. Sein 8. Geburtstag, allein mit dem Vater, ist nicht nach seinem Geschmack. Suse hat eine schwere Angina und muß ihren 37. Geburtstag in der Berliner Augustinus-Klinik verbringen.

Es kommt alles zusammen. Jetzt, wo sie so nötig gebraucht wird, fällt Suse aus. Sie war für die Fahrschule angemeldet und sollte den Führerschein machen.

Der lange geplante und sorgsam vorbereitete Umzug der Mutter Elisabeth Ditzen von Leipzig zur Tochter nach Celle, bei dem Ditzen helfen wollte, muß ohne ihn vor sich gehen. Er kann die auf Krankenstationen verstreute Familie nicht allein in Berlin zurücklassen.

In Carwitz steht unbenutzt und führerlos ein blitzneues großes Auto, von dem Geld gekauft, das die *Tobis* überwiesen hat. Ein *Ford* mit 90 PS, 8 Zylindern, 5 Sitzen, 140 km/h Spitze, ein »Traum aus Lack und Leder«. Sie haben sich diesen Traum erfüllt, als sie den Wagen auf der Berliner Automobil-Ausstellung entdeckt und ihn kurzerhand bestellt haben.

Es ist ein übereilter, unbedachter Kauf. Ditzen weiß wohl, daß er das Geld für schlechtere Zeiten aufheben müßte. Und überhaupt: »So wie ich nicht fahren lernen wollte, so wollte ich eigentlich auch kein Auto besitzen. Niemand in meiner Familie besaß ein Auto. Wozu brauche ich ein Auto? Ich konnte mir immer ein Auto mieten, es gab genug Mietautos auf der Welt«, fragt er sich dann, viele Jahre später – 1943 – in seinem Erinnerungsbuch *Heute bei uns zu Haus*.

Wer am meisten dazu beiträgt, daß das Auto dennoch angeschafft wird, ist unklar. Ditzen schiebt die Verantwortung dem achtjährigen Sohn Uli zu, der auf der Automobilschau drängte und bettelte. Und ein wenig der Frau, die sich vom *Ford*-Stand auf der Ausstellung nicht trennen konnte und sich vom Verkäufer zu einer Probefahrt überreden ließ. Am allerwenigsten will er selbst zum Kauf beigetragen haben.[7]

Wie auch immer, der Wagen ist da, und seine künftige Fahrerin, die noch nicht Autofahren kann, liegt in der Klinik und kehrt erst Anfang April heim, – jetzt aber mit dem Führerschein im Gepäck.

In den nächsten Wochen übt Anna Ditzen täglich ihre Fahrpraxis bei Ausfahrten mit dem Mann in die nähere Umgebung. Ende April wollen sie dann nach Bad Mergentheim zur Kur fahren. Und es gibt so viel zu lernen: Schalten, Kuppeln, Rückwärtsfahren, und – am schwierigsten – die Garageneinfahrt. Ditzen begleitet seine Frau auf den Übungsfahrten und lobt ihre Fahrkünste. Suse behält in jeder Situation ihren kühlen Hamburger Kopf.

Einen wichtigen Effekt hat die Sache außerdem noch: Suses Selbstbewußtsein erholt sich mit jedem Kilometer, den sie unfall- und störungsfrei zurücklegt, ebenso wie ihre Gesundheit. Dieses technische Monstrum zu beherrschen, ist doch etwas Anderes als Kinderaufzucht und Hausarbeit. Und siehe da: Der Mann neben ihr kann erstaunlich geduldig sein, wenn sie mal vergißt, die Kupplung zu treten und der Motor mitten auf der Straße verendet.

Bevor sie die große Reise nach Mergentheim antreten, will Suse für sich einen Mantel und Schuhe kaufen. Und der *Junge* braucht auch mal was Neues. Sie hat von einem der Hausmädchen gehört, daß man in Fürstenberg gut einkaufen kann. So wollen sie die Probe- mit einer Besorgungsfahrt verbinden. Über Gräpkenteich und Triepkendorf geht es nach Lychen und von dort weiter durch die herrlichen Wäldern, entlang der Seenkette.

Kurz vor Fürstenberg wird das Auto gestoppt. Ein Soldat steht mitten auf der Straße, hebt eine Kelle und winkt die Fahrerin an den Straßenrand.

„Was soll das bedeuten“, fragt Suse, aber Ditzen weiß es auch nicht. Wahrscheinlich eine Wehrmachtsübung, rechts und links der Straße standen Warnschilder am Waldrand. Er wird den Posten fragen, wie lange es dauert.

Ditzen öffnet die Tür, will aussteigen, der Posten schnauzt ihn an: „Bleiben Sie gefälligst im Fahrzeug!“ Es ist dieser Ton, der jede Erwiderung erstickt, bei dem man zusammenzuckt, auch wenn man sich nicht schuldig gemacht hat. Es ist der schneidig-forsche Ton der Studmanns und Prackwitz'. Ditzen steigt wieder ein. Plötzlich sind andere Uniformierte da. Sie müssen aus dem Wald jenseits der Straße gekommen sein. Sie gehen in Reihen, die Gewehre geschultert. Zwischen ihnen laufen Zivilisten in gestreiftem Zeug. Sie tragen Schaufeln und anderes Gerät.

„Es sind alles Frauen", sagt plötzlich Anna, „siehst du das, Junge?" Ditzen will es nicht glauben. Die meisten haben kurzgeschorenes Haar. Wie kann man da wissen, daß es Frauen sind? Aber bei den Jüngeren sieht er schmale Brüste unter den Jacken, und auch die Bewacher an den Seiten sind ebenfalls überwiegend Frauen.

„Es werden Kriminelle sein, die hier in Ravensbrück ein Lager errichten", sagt Ditzen. Er möchte es glauben, und auch Suse sagt: „So wird's wohl sein. Aber so viele? Und waren nicht auch alte Frauen dabei?"

Die Gruppe ist hinter den Bäumen verschwunden. Alles hat sich so schnell abgespielt, war wie ein Spuk.

Den beiden Ditzens ist die Lust an der Besorgungsfahrt vergangen. Obwohl der Posten jetzt zur Seite tritt und herrische Zeichen gibt, weiterzufahren, wendet Suse den großen Wagen und fährt zurück nach Carwitz. Die beiden sind unterwegs sehr schweigsam.

Die nächste Fahrt ist wesentlich länger, und sie verläuft störungsfrei. Uli wird in ein Kinder-Sanatorium nach Sankt Peter Ording gebracht. Auch das bewältigt Suse ohne Probleme. Dann treffen sie Vorbereitungen für die Reise nach Süddeutschland.

Mücke bleibt in Carwitz und wird von der gemeinsamen Freundin Lore Soldin betreut. Ditzen instruiert die Hausarbeiter, ja das Schwärmen der Bienen nicht zu verpassen. Sie sollen ruhig ein paar Baurahmen mehr als nötig schneiden. Man weiß ja nie, wie sich die Völker teilen.

Anna und Rudolf Ditzen machen sich gemeinsam auf den Weg. In mehreren Tagesetappen von zwei- bis dreihundert Kilometern fahren sie über Berlin, Wittenberg, Eisenberg, Bayreuth, Nürnberg, Schwabach und Rothenburg nach Mergentheim.

Sie verleben schöne, beinahe harmonische Wochen in Süddeutschland. Suse kuriert sich mit Heilwassertrunks und Fango-Packungen, Ditzen beginnt am zweiten Tag mit der Überarbeitung des *Eisernen Gustav*, schafft täglich etwa 40 Seiten.

Ende Mai kann er aufatmen: »Fertig, Begleitbrief, Fort!« Nun nimmt er sich die Kindergeschichten vor, dosiert die Überarbeitung aber so, daß ihnen genügend gemeinsame Freizeit bleibt.

Ausflüge führen sie nach Heidelberg und in die bayerischen Voralpen. Zurück geht es ab 16. Juni über Göttingen, Hildesheim, Celle, wo die Mutter bei ihrer Tochter Elisabeth lebt. Am 21. Juni kann Ditzen seinem Arbeitskalender den Seufzer anvertrauen: »Endlich wieder daheim!«

Im Haus ist es ungewöhnlich still. Suse ist mit den Kindern und dem Hausmädchen nach Feldberg gegangen. Auf dem Amtswerder haben die Dreharbeiten zu dem neuen *Ufa*-Film *Altes Herz geht auf die Reise* nach Ditzens gleichnamigem Roman begonnen.

Es ist die sentimentale Geschichte des alten Berliner Professors Gotthold Kittguß, der nach Mecklenburg reist, weil ihn seine Nichte um Hilfe bittet. Sie wird vom bösen Ehepaar Schlieker bedroht, das sie um ihr Erbteil bringen will. Der naive, weltfremde Professor macht traurige Erfahrungen mit den Menschen, ehe am Ende – wieder einmal – fast alles gut wird.

Die Filmleute haben sich im *Mecklenburger Hof* einquartiert. Die ersten Dreharbeiten finden auf dem Feldberger Amtswerder statt. Später wird auch Carwitz mit dem alten Friedhof um die Kirche Schauplatz sein.

An den Drehorten stehen die Leute dichtgedrängt hinter den Absperrungen und beobachten stundenlang das Spektakel. Viele von ihnen, vor allem Kinder, sind als Laiendarsteller engagiert. Auch Ulis Freund hat eine kleine Rolle und wird sogar einige Tage zum Drehen nach Berlin mitreisen. Zum ersten Mal ist der Junge unendlich stolz auf seinen Vater, der diese Geschichte geschrieben hat. Uli und *Mücke* haben vergeblich versucht, Ditzen zu überreden, doch mitzukommen und sich das Filmen anzusehen.

Rudolf Ditzen will an die rührselige Herz-Schmerz-Geschichte, die er zwei Jahre zuvor geschrieben hat, so wenig wie möglich erinnert werden. Die Filmleute haben sie immer mehr verändert, sie ist kaum wiederzuerkennen: Nun ist der gute, weichherzige Professor ein energischer Herr, der Ohrfeigen austeilt. Mehrere Personen wurden zusammengelegt, andere dazu erfunden. »Also ein fürchterlicher Kohl – man weiß gar nicht, warum eigentlich. Ich werde mich nun recht zurückhalten. Film ist ja eben doch ein schlimmes Geschäft«, schreibt er der Mutter.

Bei einer kurzen Stippvisite hat er gespürt, daß es Mißhelligkeiten zwischen dem Regisseur Junghans und der Dramaturgie gibt, die Atmosphäre im Filmteam ist gespannt. Ditzen fühlt sich in seiner Ansicht bestätigt, daß dieses Metier ihm kein Glück bringt.

Dennoch sitzt er wieder an einem Filmauftrag. Er ist dabei, den *Eisernen Gustav* zu überarbeiten, und dies ist der wirkliche Grund für seine Unzufriedenheit. Das *Reichspropagandaministerium* akzeptiert die Vorlage nicht. Goebbels hat das Manuskript gelesen und es mit vielen Anmerkungen versehen, »dick mit Bleistift hingeschmiert und mit zwei, drei Ausrufezeichen und auch mit einem Fragezeichen versehen, das Wort: *Juden* !?!« Dem Kulturwächter fehlen antisemitische Episoden und Ausfälle.

In langen Gesprächen mit Emil Jannings und dem *Tobis*-Direktor Fritsch wird ihm das Machtwort des Ministers übermittelt und interpretiert: Für die Produktion des auf zwei Abende berechneten Spielfilms stehen eineinhalb Millionen Reichsmark aus einem Sonderfonds zur Verfügung, – eine riesige Chance.

Doch nur unter einer Bedingung darf weitergearbeitet werden: Entweder wird die Handlung aus dem Jahre 1928 bis zur Machtergreifung der Nationalsozialisten 1933 fortgeführt, oder das Projekt scheitert.

»Wenn der Fallada noch immer nicht weiß, wie er zur Partei steht, dann weiß die Partei, was sie von Fallada zu halten hat«, soll Goebbels gesagt haben. Der Minister hat angeboten, dem Schriftsteller seine Einwände und Wünsche in einer Audienz persönlich zu erläutern.

Ditzen wehrt schaudernd ab. Er hat es ertragen, in Ungnade zu leben und ein unerwünschter Autor zu sein, aber in die Sonne Goebbelsscher Gunst zu kommen, das erscheint ihm denn doch als ein Ikarus-Schicksal.

Unversehens ist er in den Brennpunkt höchster politischer Interessen geraten. Seine Lage hat sich gefährlich zugespitzt, er muß sich entscheiden. Schnell und ganz allein; selbst Rowohlt kann ihm nicht (mehr) helfen. Denn was Ditzen weit mehr schmerzt als ein etwa scheiternder Filmauftrag ist die Erkenntnis, daß mit dem Goebbelschen Verdikt auch das Urteil über sein Buch gesprochen wurde. Satz und Druck werden sofort gestoppt.

Der Eiserne Gustav sollte das letzte Buch werden, das Ernst Rowohlt noch drucken wollte. Der Verlag muß seine Selbständigkeit aufgeben. Rowohlts eigene Lage – und seine Verfassung – sind dementsprechend trostlos. Zum 1. Januar nächsten Jahres wird der renommierte Verlag von der *Deutschen Verlags Anstalt* Stuttgart übernommen werden. Die Nationalsozialisten wollen die totale Herrschaft auch über unbotmäßige, kreative Verleger erlangen.

Ditzen entschließt sich nach kurzem Zögern, den Zusatzauftrag anzunehmen und die hohen Wünsche zu erfüllen. Er hat Verantwortung für Frau und Kinder, und ihm fehlt der Mut, den Rücken gerade zu machen und *Hinkepoot* ein „Nein“ entgegenzuschleudern, wie es Joachim Ringelnatz einst tat.[8]

Nach seiner Rückkehr stellt er Material über die Geschichte der NSDAP zusammen, macht einen Plan für den neuen Romanschluß. Er bittet Ledig, ihm einige Bücher zu schikken, die er nicht in seiner Bibliothek hat, »etwa 10 Werke des Schrifttums der NSDAP … also jedenfalls Hitlers *Mein Kampf*, dann etwas von Goebbels, Göring, Röhm, Rosenberg usw. Sie werden schon wissen.«

Dann geht es ans Schreiben. Es ist eine mühsame, unangenehme Arbeit. Wie soll er, der die rohe, unkultivierte Art der *Braunen* haßt, nun Parteihelden beschreiben, eine Handlung fortsetzen, die in sich längst abgeschlossen ist?

Während er sich innerlich weigert, diesen Kobolz zu schlagen, sorgt seine Routine als Bücherschreiber bereits dafür, daß sich ein neuer Handlungsstrang aufbaut und eine „Weiterentwicklung" stattfindet. Der neue Schluß bekommt einen eigenen Namen, heißt nun bezeichnend: *Ein Mann hält aus*. Im August schreibt er täglich sein Pensum.

Es bereitet ihm keine große Mühe, die Geschichte der Familie Hackendahl über fünf Jahre hinweg weiterzuführen. Doch die Bekehrung des alten, knorrigen Gustav zu einem überzeugten Nazi? Sie würde die ganze Romanidee ins Gegenteil verkehren, dem Charakter des Alten zuwiderlaufen. Wie soll man das glaubhaft darstellen?

Wo gab es das bisher in seinen Büchern, daß die Handlungslösung im Beitritt des Helden zu einer politischen Partei liegt? Hat er nicht immer darauf gesehen, daß seine Figuren ein kleines Glück finden, im Stillen, abseits vom Schlachtenlärm der Parteien? So sollten die Kinder Heinz und Irma einen neuen Anfang inmitten des großen Zusammenbruchs finden, wie Pinneberg und sein Lämmchen, wie Wolf Pagel und Petra Ledig …

Nein, er wird das Spiel nicht mitspielen und der *Tobis* eine Absage schreiben. Sein Gustav soll kein Nazi werden! Während Ditzen im Kopf den Text dieser Ablehnung formuliert, fragt er sich: Und was dann? Wird er irgend jemand damit nützen, daß er den Auftrag zurückgibt? Sie werden einen anderen dummen Film machen, oder sie werden das Buch ohne ihn weiterführen, und er wird sich obendrein unnötig gefährden. Muß ein Bücherschreiber nicht auch das können: Erfinden wider besseres Wissen? Es ist vielleicht besser, das Messer, das den Schnitt tun soll, selbst zu führen – wenn die Operation einmal sein muß.

In einem Anfall von Selbstzerstörung zertrümmert Rudolf Ditzen das Werk Hans Falladas. Ohne Rücksicht auf die Charaktere und ihre bereits angelegten moralischen und sozialen Haltungen. Zunächst nimmt er sich Hackendahls Lieblingssohn Heinz vor. Er ist der einzige, der am Ende aus dem Schicksal des Vaters Konsequenzen für das eigene Leben ableiten und anders als er leben sollte.

Gerade hat Heinz erklärt: »Ich will kein Schwein werden, ich schwöre es. Die Brüder mögen aufstellen, was sie wollen: Ich – will – kein – Schwein – werden!«, da geht er auch schon zu den Nazis über: zunächst nur, um die eigene Untätigkeit, die Verzweiflung als Arbeitsloser zu überwinden, dann jedoch, weil er dort eine *Kameradschaft* und *Gemeinschaft* zu finden hofft.

Daraufhin breitet sich der Nazigeist wie eine schlimme Seuche von Heinz auf alle anderen Familienmitglieder aus: Heinz „bekehrt" Irma zu dem neuen *Glauben*, die sieht, daß Heinz jetzt *Mut* und *Vertrauen* hat. Und Irma wiederum überredet den alten Hackendahl, der auch keine *Aufgabe* für sich mehr sieht.

Als Heinz und dessen Naziführer vor dem Elternhaus von acht finsteren Gestalten – offenbar *Roten* – mit Schlagringen und dicken Bleirohren angegriffen werden, reißt der alte Gustav Hackendahl den verrosteten Säbel von der Wand und stürzt sich mit dem Ruf in den Kampf: »Also denn, mit euch!«

Die acht Feinde fliehen vor dem Droschkenkutscher, und dieser reicht den beiden Nazis die Hand: „Also denn – mit euch!" *Sieg Heil!* auf der ganzen Linie.

Ditzen weiß, daß ihm die „Korrekturen" und Ergänzungen immer mehr zur Persiflage des eigenen Romans geraten sind. Aber er gibt nicht eher Ruhe, als bis er das Ganze gründlich verdorben hat. Er häuft nichtssagende Schlagworte an, um das Handeln seiner Figuren zu „motivieren"; er strapaziert den Zufall, um Personen miteinander in Verbindung zu bringen, die aus dem Romangeschehen längst entlassen waren.

Er ist so müde, unendlich müde. Und doch läßt ihn der Nachtschlaf im Stich. Gesichter, Fratzen, Gestalten halten ihn in der Schwebe zwischen Wachen und Schlafen.

Traumwelt IV

Der alte Mann hat ihn vor seinem Haus im Heidberg erwartet. Nur noch selten melden sich bei ihm Gäste, noch seltener empfängt er sie. Diesmal hat ihn auch Marga nicht davon abhalten können, es zu tun.

Der Alte steht, beide Hände auf den Knotenstock gestützt, den Oberkörper vorgelehnt, – ein vom Sturm gebeutelter Wandersmann.

Er schaut den Besucher an. Es scheint so, als lege der Alte Wert darauf, sich an das von ihm selbst gezeichnete Abbild zu halten: der Toten-Schädel, die tiefliegenden Augen mit den Tränensäcken darunter, der graue Bart. Auf dem Kopf die abgegriffene Schiffermütze.

Sie erkennen sich sofort. Der Alte macht einen Schritt nach vorn, reicht ihm die abgearbeitete Knochenhand: Na, denn kommen Sie man rein.

Er geht voran ins Atelier: Sie dürfen sich nicht über all das Zeug wundern, das hier rumsteht. Er macht mit dem Stock eine unbestimmte Bewegung über Skulpturen, Werkzeuge und Material: Ich räum hier all lang nich mehr auf!

Suse hatte ihn gewarnt: Was willst du dort? Ihr werdet euch nichts zu sagen haben, ihr seid beide Wasserkantenmenschen und Eigenbrötler.

Dann, als er sich nicht umstimmen ließ, hat sie die Sache in einem anderen Licht gesehen: Vielleicht ist es ganz gut, wenn du hier mal rauskommst, Junge. Ist ja nicht mehr zum Aushalten mit dir, seit du an diesem Schiet schreibst. Vielleicht hättest du doch ablehnen sollen.

Er flieht, mag das, was er sich selbst hundertmal gesagt hat, nicht aus ihrem Munde noch einmal hören. Er reagiert, wie er es bei Kritik zu tun pflegt: Er läuft davon, geht einfach los, ohne festes Ziel, ohne Absicht zunächst.

Da wendet sich der Alte zu ihm, sagt fast ärgerlich: Hat man seine Kinder erst mal in die Welt gesetzt, so kann man nichts mehr für sie tun. Sie beginnen ihr eigenes tolles Leben. Und es ist immer ein ganz anderes, als wir es für sie vorgesehen, von ihnen erwartet haben ... Der Besucher weiß, was der Alte meint. Es ist ihm mit seinen Büchern ebenso ergangen, daß die Leute sie anders beurteilt haben als er selbst. Sie haßten seine Lieblingskinder und haben die unfreiwillig in die Welt gesetzten Bankerte geliebt.

Der alte Mann hat keine Antwort abgewartet: Unsere Kinder haben sich unterm Vorgang der Zeugung und ihrer Geburt so verändert, daß wir sie hernach kaum wiedererkennen. Und wir können sie nicht bändigen oder etwa zurücknehmen. Sie sind nun einmal unsere Kinder. Sie gehen von uns, wir können sie nicht mehr mit unserem Mantel gegen Kälte schützen, denn wir frieren selbst, und sie wollen unseren Schutz nicht ... Aber wir sind die Väter.

Der Alte steht vor einer Holzfigur inmitten des Raums, – ein Mann in weitem Gewand, mit einem grüblerischen Gesicht, dem Alten nicht unähnlich, die Arme nach unten gestreckt, die Hände gefaltet.

Der Alte hebt seinen Stock, stößt ihn gegen die Figur, schlägt auf sie ein. Er ruft: Diebe, Mörder! Lumpenpack! Lebend kriegt ihr mich nicht, und tot bin ich all lang!

Der Besucher will dem Alten in den Arm fallen, ihn an seinem Zerstörungswerk hindern. Er läßt es bleiben. Welches Recht hätte er, ausgerechnet er, dem Alten seinen Zorn zu rauben, diese letzte Waffe der Ohnmacht?

Die Familie sitzt beim gemeinsamen Frühstück auf der Veranda. Es ist Sonntag, ein schöner Spätherbsttag. Draußen ist es schon etwas kühl, aber die Sonne erwärmt den hellen Raum hinter den großen Glasfenstern.

Mücke schmatzt genüßlich, ihr Mund ist honigverschmiert. Eigentlich müßte der Vater sie ermahnen. Er unterläßt es, soll sich Suse mit ihr anlegen. Er blättert lustlos in der Zeitung vom Vortag. Warum nennt sich das Käseblatt *Tageszeitung*, wenn es am Sonntag gar nicht erscheint? Nichts ist so alt wie die Zeitung von gestern.

Da entdeckt er eine kleine Notiz auf der Gauseite, die Nachricht vom Tod des Bildhauers und Dramatikers Ernst Barlach, gestorben in Rostock am Freitag, im 68. Lebensjahr. Eine kleine Zehn-Zeilen-Notiz, keine Würdigung, nichts über die Umstände von Krankheit und Tod. Und erst recht nichts über seine Verdienste, sein Werk.

Hat er nicht letzte Nacht von dem Güstrower Eremiten geträumt? War er nicht bei ihm zu Gast? Gibt es doch so etwas wie Gedankenübertragung? Verschieben sich nun schon im Alltag Phantasie und Realität? Oder hat ihm Suse gestern von der Todesnachricht erzählt?

Das ist es also, was von einem bleibt, wenn ein in Ungnade Gefallener geht: zehn Zeilen auf der Gauseite. Wie mag er wohl gelebt haben, dieser Grübler in seiner Einsiedelei? Man hätte ihn einmal aufsuchen, ihm Mut machen sollen, zu Lebzeiten.

Ditzen tröstet sich mit dem Gedanken, daß auch den offiziellen Prüfern seine Flickschusterei am *Eisernen Gustav* nicht entgehen wird. So hat er zwar den Auftrag erfüllt, das Honorar zu recht bekommen, aber das Ergebnis ist nicht dazu angetan, danach einen „repräsentativen deutschen Film“ zu drehen.

»Ich hatte erwartet, daß man mein blödes Gehandwerkere mit einiger Entrüstung aufnehmen würde, aber es erfolgte ein vorläufig noch gedämpfter Befriedigungsschrei, gedämpft, weil erst noch der Minister schreien mußte ... Der Minister schrie, der Minister wies endgültig anderthalb Millionen an. Der Film kam in Gang, sie machten die ersten Entwürfe, Ateliers wurden gemietet, Schauspieler engagiert ...«

Rowohlt muß wohl oder übel den neuen Schluß auch in die Romanfassung übernehmen. Eine zum Film unterschiedliche, gegensätzliche Version herauszubringen, käme einem Selbstmord gleich. Er läßt den angehängten Nazischluß radikal um fast hundert Seiten kürzen, so daß der Eindruck entsteht, als hätten es alle sehr eilig gehabt, als könnten sie nicht schnell genug die Seite wechseln, als liefen sie den Nazis blindlings in die Arme.

Doch damit ist das Schicksal des Films noch immer nicht entschieden. Eine erneute Wendung tritt ein, als das *Amt Rosenberg* eine nochmalige Prüfung vornimmt und Rosenberg erklärt, ein repräsentativer deutscher Film mit dem Namen Hans Fallada auf dem Programm sei untragbar. Fallada sei als »Kulturbolschewist anzusehen, und seine Ausrottung im höchsten Maße wünschenswert!« So dramatisch jedenfalls beschreibt Ditzen seiner Mutter die Reaktion Alfred Rosenbergs.

Mag diese Lebensbedrohung von Ditzen auch eher subjektiv empfunden als objektiv gegeben sein: Damit ist das letzte Wort gesprochen, dem niemand zu widersprechen wagt. Plötzlich – von einem Tag auf den anderen – ist es, als habe es den *Gustav*-Filmplan nie gegeben.

Als Rudolf Ditzen im November 1938 noch einmal die Ateliers besucht, findet er sie verlassen; an den Wänden hängen die Dekorationen für Hackendahls Wohnung. Ditzen tritt an das Fenster, aus dem sich der *Eiserne Gustav* lehnen sollte, wenn unten auf der Straße die acht „roten“ Schläger seinen Sohn überfallen: „Also denn – mit euch!“

Ditzen weiß, wieder einmal viel zu spät, daß mit *denen* kein Bund zu flechten ist. Mit dem Rosenberg-Diktat freilich wird das Schlimmste verhindert: daß ein Nazifilm mit ihm als Autor das letzte Vertrauen des Publikums in den „Dichter des kleinen Mannes“ erschüttert. Und immerhin hat sich Rowohlt entschlossen, das Buch zu drucken, ehe sich hinter ihm die Türen seines Verlages schließen.

Ditzen geht durch das abendliche Berlin zum Bahnhof zurück. In der Nähe eines Juweliergeschäfts am *Oranienburger Tor* trifft er auf eine Gruppe von Männern. Jemand schreibt mit weißer Farbe etwas auf ein Ladenfenster, die anderen stehen dabei und rauchen. Ditzen achtet nicht auf sie und will vorübergehen.

Da greift aus der Gruppe ein Arm nach ihm, hält ihn fest. Eine unangenehm hohe Stimme sagt: „He, Männekken, wat biste for eener, ooch Unjeziefer?" Ditzen will sich freimachen, er sagt: „Lassen Sie das doch!" Er sieht sich in der dunklen Straße nach Hilfe um, aber da ist niemand, der ihm helfen könnte.

Die anderen Männer der Gruppe sehen unbeteiligt oder hämisch grinsend zu, wie der Mann mit der Fistelstimme den Fremden hin und her beutelt: „Also, sach schon, wat biste for eener? Wat haste hier zu suchen? Willste zu dem Löwenthal da oben?" Ditzen schüttelt den Kopf: „Ich kenne keinen Herrn Löwenthal."

Die anderen lachen und äffen ihn nach. Da endlich – Ditzen kommt es wie eine Ewigkeit vor – sagt einer der anderen: „Laß ihn laufen, der is nich unsere Kragenweite! Feiner Pinkel, siehste doch! Weitermachen!" Es klingt bestimmt, ist ein Befehl. Der Mann läßt Ditzen los. Der eilt davon. Hinter ihm, dort, wo er eben stand, klirren Fensterscheiben; erst vereinzelt, dann auch an anderen Stellen. In den Wohnungen über den Geschäften wird hier und da Licht gemacht, Gardinen werden vorsichtig zur Seite geschoben. Dann verlöschen die Lichter in den Wohnungen wieder.

Ditzen ist froh, als er einen Zug erreicht, der ihn aus der Stadt herausbringt. Auch auf der Heimfahrt hört er immer wieder die unangenehme Fistelstimme, er spürt den Griff nach seinem Jackett: „Wat biste for eener?"

Ja, was für einer ist er? Einer von denen gewiß nicht, und daß sie jetzt so brutal gegen die Juden vorgehen, ist ihm verhaßt, weil er nichts gegen diese Menschen hat. Im Gegenteil. Er hat Freunde und Bekannte, von denen er weiß, daß sie Juden sind, und er hat Bekannte, von denen er nicht weiß, ob sie Juden sind. Er sortiert Menschen anders: in freundliche und gehässige, hilfreiche und neidische, fleißige und träge. Und die gibt es unter allen Hautfarben, allen

Nationen und Religionen. Nie wird er sich dazu hergeben, etwas gegen die Juden zu schreiben. In diesem Punkte wird er hart bleiben. Komme, was da wolle!

In der heimatlichen Höhle, ganz allein mit sich und einem Gläschen Schnaps, muß er eine weitere erschütternde Nachricht verarbeiten, und er muß sie schonend auch Suse beibringen: Rowohlt hat seine Ankündigung überraschend schnell wahrgemacht. Er hat mit seiner aus Brasilien stammenden Frau und den beiden Kindern Deutschland verlassen und will über Zürich, Paris, London und Rotterdam nach Rio Grande ins brasilianische Exil gehen, wo der Bruder seiner Frau lebt. Selbst Freunden und guten Bekannten hat er den Zeitpunkt und das Ziel seiner Flucht nicht mitgeteilt, um sie nicht mit diesem Wissen zu belasten.

Suse, die den großen, tapsigen Bären mag, weint, als ihr Ditzen die Nachricht mitteilt. Auch ihm selbst »ist es schwer ums Herz … Wieder ein Freund weniger. Der schon so klein gewordene Kreis um den lebendigsten Freund« ist fast zerschlagen, in alle Winde verstreut.

Ernst Rowohlt blieb kaum ein anderer Ausweg. Im Oktober wurde er aus der *Reichsschrifttumskammer* ausgeschlossen, weil er Bücher jüdischer Autoren – unter „arischem“ Pseudonym – publiziert hat und sich trotz Aufforderung nicht von seiner jüdischen Sekretärin trennen wollte.

Zudem habe er „unerwünschte Autoren“ gefördert. Namentlich werden im Beschluß der Kammer genannt: Joachim Ringelnatz – seit vier Jahren tot – und Hans Fallada.

Von Goebbels muß sich Rowohlt die Maßregelung gefallen lassen, er habe die »Ehre des deutschen Verlegers mit Kot besudelt«. Für Ernst Rowohlt bedeutet dies nicht nur Berufsverbot und das (vorläufige?) Ende all seiner Mühen um die deutsche Literatur. Selbst der Eintritt in die Nazipartei half ihm und seinen Autoren nicht mehr. Er muß für Leib und Leben fürchten. Eine „Befragung“ in seinem Grünheider Haus hat er noch über sich ergehen lassen, auf eine Verhaftung will er es nicht mehr ankommen lassen.

Für Ditzen ist die Ausreise des Verlegers und Freundes ein schwerer Schlag, der seine Existenz erschüttert. »Erst da ich Sie verliere, spüre ich so recht, was ich an Ihnen gehabt habe«, schreibt *Meister* Ditzen seinem *Väterchen* Rowohlt hinterher. Und prophetisch: »Ich werde nie wieder einen Verleger wie Sie bekommen.«

Rowohlt hat mit der Großmut des Geschäfts- und Lebemannes über alle Launen seines Autors hinweggesehen, hat ihn – auch in persönlichen Dingen – gut beraten, ihn gegen falsche Freunde und echte Feinde abgeschirmt. Er war immer da, wenn man ihn brauchte. Und wenn es ans Feiern und Trinken ging, war Rowohlt kein Spielverderber, wußte aber immer, wann man damit aufhören mußte und hatte auch in dieser Hinsicht auf Ditzen großen Einfluß.

Was soll er ohne ihn beginnen? Wer wird sich nun um ihn kümmern? Wird damit auch sein eigenes Schicksal als Schriftsteller besiegelt? Werden die neuen Verlagsherren den Vertrag erneuern, der Ende des Jahres ausläuft? Oder wird der geschundene, verkrüppelte Gustav Hackendahl die letzte literarische Figur sein, die er seinen Lesern vorstellen konnte? Rowohlt hat zwar, so gut er konnte, für Ditzen vorgesorgt. Aber werden seine Nachfolger die mündlichen Zusagen einhalten?

Im Dezember 1938 wird allen Autoren, Mitarbeitern und Freunden des *Rowohlt Verlages* offiziell die amtliche Verlags„neuordnung“, das Ausscheiden Ernst Rowohlts als Geschäftsführer und Gesellschafter, bekanntgegeben. Die Leitung des Restverlages geht auf Heinrich Maria Ledig über, der sich in der Folgezeit – meist vergeblich – bemüht, zu Rudolf Ditzen jenes herzliche Verhältnis herzustellen, das sein Vater besaß.

Ledig wendet sich in der stockenden Filmangelegenheit des *Eisernen Gustav* noch einmal an Emil Jannings mit der Bitte um Fürsprache. Inzwischen hat nämlich auch, wie Ledig dem Staatsschauspieler mitteilt, das Trommelfeuer gegen den Roman eingesetzt. Vielleicht kann man die Buchausgabe retten, wenn dazu der Film erscheint.

Dem Brief legt der Verleger eine Auswahl von Pressestimmen bei, darunter einen bösartigen Artikel der *Berliner Börsenzeitung*, und Ledig schreibt ergänzend: »Vertraulich kann ich Ihnen mitteilen, daß der Presse anscheinend Anweisung gegeben wurde, das Buch nicht mehr zu besprechen, jedenfalls ist dieses Gerücht über Buchhändler zu uns gelangt. Es ist von manchen Gauleitungen wohl auch darauf hingewirkt worden, daß der Roman nicht mehr in die Auslagen gelangen soll.«

Jannings kann nichts mehr bewirken. Er ist selbst in großer Bedrängnis. Die NS-Knülche haben, wie Jannings sich ausdrückt, gemerkt, daß er in dem Film *Der zerbrochene Krug* mit dem Dorfrichter Adam den Reichsleiter Goebbels verspottet hat. Lange genug haben sie gebraucht, es zu merken. Dabei hat er seinen Klumpfuß doch besonders auffällig vorgezeigt und geschwenkt. Nun haben sie seine Anspielungen auf *Hinkepoot* begriffen, den Film abgesetzt, und Jannings steht selbst auf der Abschußliste.

Heinrich Maria Ledig ist sicher, daß Goebbels und Rosenberg ihren Machtkampf auf dem Rücken Falladas austragen. Beweisen läßt sich natürlich nichts. Alles geschieht hinter gepolsterten Türen, die sich weder für Jannings noch für Ditzen öffnen. Es wird damit keinen Film mit Fallada als Autor – und Jannings als Gustav Hackendahl – geben. Zu alledem paßt, daß auch der Film *Altes Herz geht auf die Reise* verboten wird, weil darin gegen zahlreiche kleinliche Bestimmungen der *Reichsfilmkammer* verstoßen wird.[9]

Die Mittagsstunde ist eine scharfe Zäsur im Tagesablauf. Sie teilt den gesamten Tag in zwei fast gleich große Abschnitte. Nachmittag und Abend gehören der Familie, der Arbeit in Haus und Hof, dem Lesen oder Musikhören.

Die frühen Morgen- und die Vormittagsstunden aber sind für die Niederschrift reserviert. Sie sind heilig, Störungen sieht Ditzen allenfalls seiner Tochter nach, die auch mit ihren fünf Jahren nicht begreift, warum sie mal zum Papa darf und dann wieder nicht.

Der Arbeitskalender gibt den Takt vor, diktiert Rhythmus und Tempo, dem Ditzen folgen muß. Ist die Melodie – mit dem ersten Satz oft bereits – erst einmal angeschlagen, so hat er ihr zu gehorchen. Wenn alle im Haus, alle Filmfritzen und Literaturbonzen und besonders die Kritikaster bei den Zeitungen es nur begreifen würden, daß nicht er Herr über die Dinge ist. Er untersteht dem Gesetz des Schreibens, das über ihn herrscht.

Er ist nun längst das altgediente Arbeitspferd, das seinen Weg kennt. Wenn es vorankommen, nicht nach links und rechts ausbrechen soll, setzt man ihm Zäune, hält es auf dem vorgezeichneten Weg, treibt es voran, immer vorwärts, über Berg und Tal, Unebenheiten und Hindernisse. Je näher es dem Stall kommt, desto schneller läuft es, trabt und galoppiert schließlich. Und da niemand es aufhalten kann, ist es am Ende erschöpft und kraftlos, – das treue, geschundene Schimmelpferd „Falada“.

Läuft am Anfang alles wie geschmiert, so schafft er sein Pensum bald. Und das doppelte Tagessoll und das Dreifache und auch noch einen kleinen Vorlauf für den nächsten Tag. Das Tagespensum ist keine fixe Zahl. Es variiert und ist doch nicht beliebig. Es wird durch einen komplizierten Automatismus geregelt. Zu Beginn sind es drei Seiten, die er sich vornimmt. Sie werden leicht überboten, weil er den Anfang viele Male im Kopf geschrieben hat, ehe er mit dem Aufschreiben überhaupt beginnt.

Sind es also vier Seiten geworden, so dürfen es natürlich am zweiten Tag nicht weniger als am ersten sein; das Tagespensum heißt vier. Diese vier Seiten sind zu schaffen oder zu überbieten. Hat er die Fünf und die Sechs erreicht, so sind diese fünf oder diese sechs Seiten fortan das Minimum. Und immer so fort.

Es ist nicht ausgeschlossen, daß bei dieser Treibjagd am Ende zwanzig oder dreißig Manuskriptseiten täglich entstehen, in seiner großen, steilen Schrift, geschrieben mit verkrampfter Hand, die nur einen dicken Federhalter umgreifen kann.

Und geht es mal nicht so voran, so darf darunter das Pensum nicht leiden. Es wird erst einmal weitergeschrieben, auch wenn alles „Mist“ ist. Vielleicht irrt er sich ja, und andere finden den Mist ganz brauchbar. Er hat sich so oft geirrt.

Und dann gibt es Tage wie heute, an denen nichts gelingt, an denen er am liebsten vom Schreibtisch aufstehen und davonlaufen würde. Es ist fast Mittagszeit und das Blatt, das vor ihm liegt, ist noch nicht einmal voll beschrieben. Es ist die erste Seite des Tages, und die Aussicht, auch nur eine einzige weitere zu schaffen, ist gering. Gleich wird die Tür aufgehen, und man ruft zum Essen.

Neben dem angefangenen Blatt liegt die Erstausgabe von *Bauern, Bonzen und Bomben*. Ledig will Ditzen – und dem Verlag – aus der finanziellen Klemme helfen, die durch den Boykott des *Gustav*-Romans entstanden ist. Er setzt sich dafür ein, den *Bauern*-Roman noch einmal herauszugeben und hat Ditzen gebeten, dazu ein neues Vorwort zu schreiben.

Neun Jahre sind seit Erscheinen des Buches im Jahre 1929 vergangen. Es hat sich vieles verändert seither, kaum etwas zum Guten. Natürlich wollen Ledig und die Buchbonzen das Gegenteil hören: »Während ich dies schreibe, empfinde ich wieder das Glück von damals, als ich die Welt des Schreibens entdeckte.« Soweit – so gut, doch wie nun weiter?

Er liest, was auf dem Papier folgt: »Aber ich empfinde ein noch stärkeres Glück heute, daß dieses mein ältestes Kind nun in einem neuen Gewande erscheint. Als ich eben auf das Titelblatt der ersten Ausgabe sah, erschrak ich fast, wie wenig Zeit seitdem verflossen ist – wie gewaltig hat sich Deutschland in so kurzer Zeit verändert ...«

Das mag man verstehen, wie man will, es ist ja nicht falsch. Aber es sagt nicht, was man von ihm hören will. Er sucht nach einem passenden Wort, um auszudrücken, daß er mit den „Veränderungen“ einverstanden ist, nach einem starken Wort, das keine Zweifel läßt, aber auch nicht zu sehr übertreibt. Und dann schreibt er doch: »Das beglückt mich: nur neun Jahre, und alles wurde anders!«

Eine faustdicke Lüge, und so platt wie der *Gustav*-Schluß. Doch er will um jeden Preis vom Glatteis herunter und an der seichten Geschichte weiterschreiben, die auf dem Schreibtisch unter diesem Blatt liegt. Es ist eine Story, die er *Väterchen* Rowohlt nie zugemutet hätte. Aber irgend eine noch existierende Illustrierte wird sie ihm abnehmen, oder eine Filmmeute dreht sich ein Buch daraus zurecht, das darum „Drehbuch" heißt. *Dies Herz, das dir gehört*, – selbst der Titel lohnte nicht die Niederschrift. Aber er steht nun mal da und ein paar Seiten von der Vorwoche sind auch vorhanden. Also zurück zu dem verdammten Vorwort …

Nein, stop. Fast hätte er übersehen, daß es bereits nach zwölf Uhr ist. In seinem Hause wird pünktlich um zwölf gegessen. Hat ihn jemand gerufen und er hat es überhört? Er macht einen dicken Strich über die Seite. Vielleicht kann er nach dem Mittagsschlaf ein Stündchen herausschinden und etwas Ordentliches zustande bringen.

Ditzen geht hinüber in den Speiseraum. Der Tisch ist nicht fertig gedeckt; es fehlen die Bestecke. Am Tisch sitzt nur der alte Lewerenz. Wo ist die Neue, wo *Mücke*? Ist es nicht mehr üblich, daß in seinem Hause pünktlich gegessen wird? Kann neuerdings jeder kommen und gehen, wie er will? Wozu hat er eingeführt, daß alle gemeinsam – das heißt: an einem Tisch, zu einer Zeit – essen?

Die Tür zur Küche steht offen. Dort wirtschaften emsig die Frauen. Suse und das Mädchen fühlen die Spannung in ihrem Rücken, sie beeilen sich. Das Mädchen gießt das Kartoffelwasser ab. Die Frau bringt die Bestecke, sagt: „Licht war da, wegen der Waschmaschine. Sie geht jetzt wieder. Dafür hat er den Kühlschrank mitgenommen. Wir mußten alles rausnehmen. Lilo ist noch beim Aufräumen."

Es ist eine hinreichende Erklärung, wie sie meint. Nicht für ihn. Wahrscheinlich hat er nur darauf gewartet. Und ebenso wahrscheinlich hätte sie sagen können, was sie wollte. Es hätte nichts anderes bewirkt: Als Lilo, das neue

Hausmädchen, nicht gerade eilig zur Tür hereinkommt, springt er auf, die Stuhllehne schlägt gegen den Schrank. Die beiden Frauen sind erschrocken und drehen sich um.

Er hat die Taschenuhr in der Hand und rechnet – gefährlich leise – vor: „Es ist jetzt viertel eins. Oder – um es den Herrschaften deutlicher zu sagen – zwölf Uhr fünfzehn. Oder – wie manche hier sagen – viertel nach zwölf. Es ist aber nie und nimmer zwölf Uhr! Wenn diese Verspätungen in meinem Hause Mode werden, verliere ich täglich fünfzehn Minuten Arbeitszeit, das sind: fünfzehn mal dreißig mal zwölf: rund gerechnet 5 400 Minuten im Jahr. Das sind, durch sechzig: 90 Arbeitsstunden oder – berechnet auf meine täglichen sechs Arbeitsstunden – 15 Arbeitstage, die mir verlorengehen. Gibt es jemand unter den Herrschaften, der mir diese Zeit ersetzt oder sie bezahlt?"

Er hat seine Rechnung langsam, stockend hervorgebracht. Er schaut sich um. Lewerenz hält den Kopf gesenkt, Lilo steht staunend an der Tür, sie ist noch nicht lange da und erlebt dies zum ersten Mal mit. Suse stemmt die Hände in die Seite und sagt mit ehrlicher Bewunderung: „Wie du das so schnell rausgekriegt hast, Junge."

Er hört einen nicht vorhandenen Spott heraus, erfaßt den Teller auf seinem Platz, setzt ihn so hart auf den Tisch, daß er zerbricht. Er will aus dem Raum, der Stuhl versperrt den Weg. Er stolpert, stößt mit dem Ellenbogen gegen die Glasscheiben des Schranks; Glas splittert. Da schlägt er mit all seiner aufgestauten Wut in die andere Glasscheibe. Es kommt nicht mehr darauf an. Von der Hand tropft Blut. Er bemerkt es nicht, flüchtet hinauf ins Gästezimmer. Auf dem Steinfußboden der Küche bleibt eine Blutspur zurück.

Nach der *Kristallnacht* und der Ausreise der Rowohlts überlegen Anna und Rudolf Ditzen ernsthaft, ob nicht auch sie das sinkende Schiff verlassen sollen. Legal wäre das kaum noch möglich, aber der englische Verleger Putnam hat angeboten, ein Boot über die Nordsee zu schicken und Ditzen mit seiner Familie nach England zu holen.

Ort und Zeit werden verabredet, die Koffer gepackt. Die Kinder erfahren – und verbreiten in der Nachbarschaft –, die Familie wolle für eine Weile zu Suses Schwestern nach Hamburg reisen.

Dann macht Ditzen einen einsamen Spaziergang zum Bohnenwerder, um Abschied zu nehmen. Und um noch einmal mit sich Rat zu halten. Als er nach Stunden zurückkehrt, werden die Koffer wieder ausgepackt. Er kapituliert vor den praktischen Fragen, die mit der Flucht verbunden sind, ebenso wie er vor allen anderen Konsequenzen zurückschreckt.

Alles, was in fünf Jahren aufgebaut wurde, aufgeben? Es ist ja nicht nur das mit großem Aufwand umgebaute Haus mit all den modernen Geräten, die man auf dem Lande kaum kennt: Waschmaschine, Kühlschrank, Dosenautomat, Wäschemangel, Obstpresse. Sie haben in all den Jahren Gemüse, Obst, Honig und Fleisch zur Selbstversorgung gehabt. Was wird mit der Bibliothek, Stück für Stück liebevoll zusammengetragen? Kostbare Erstausgaben darunter; insgesamt wohl an die 3 000 Bände.

Und natürlich stellt er sich die Frage, was soll aus Uli und Lore in einem fremden Land werden? Und was aus ihm selbst? Er wird dort nicht schreiben können, – glaubt er zu wissen. Zu sehr ist er im Norddeutschen verwurzelt, zu sehr in der deutschen Sprache verhaftet.

Ist es da nicht gleichgültig, wo man schweigt? Nein, er kann aus Deutschland nicht fortgehen. Lieber will er künftig wie in einem Totenhaus ausharren, – tot und doch nicht gestorben, lebend und doch nicht lebendig.

4. Kapitel
Hölle im Paradies

»Der Traum, ein großer Künstler zu werden, ist ausgeträumt. Ich bin auch nur ein Bücherschreiber wie so viele. Vielleicht habe ich zu sehr nach Geld und Erfolg geschielt, ich weiß es nicht.«

Das Oberkommando der Wehrmacht (OKW) braucht den Schriftsteller Hans Fallada! Es hat sich – in Gestalt eines Hauptmanns Graff – bei ihm gemeldet. Man erwartet, daß er ein paar Wochen lang mit dem *Reichsarbeitsdienst* (RAD) »einen bestimmten Frontabschnitt bereist, um dort einschlägiges Material zu sammeln, kleine Vorlesungen heiteren Charakters zu halten, wo bei der Truppe eine gute Gelegenheit dazu besteht«. Und er soll, wie sich im Verlauf der weiteren Verhandlungen herausstellt, ein Tagebuch über den RAD schreiben und veröffentlichen.

Ditzen reißt sich nicht um diesen Einsatz, ganz im Gegenteil. Er hatte dem OKW alles mitgeteilt, was einer Verwendung hinderlich erschien, und allzu viel mußte er nicht erfinden: Er sei kränklich, leide unter permanenten Schlafstörungen, sei menschenscheu, eigne sich nicht fürs Lagerleben, halte keine größeren Strapazen aus, sei für den RAD eher eine Last. Nur einen Beinbruch, der ihn am Gehen hindere, hat er hinzu gedichtet. Und vorlesen kann er schon gar nicht, weil er »nach einer Viertelstunde Lesens stockheiser« wird.

Es hat alles nichts genützt; der Marschbefehl ist da. Von Mitte Mai 1943 an wird er den RAD durch Südfrankreich begleiten. Jede weitere Ausflucht kann leicht zur Gefahr werden. Und was soll er noch vorbringen? Selbst einen Beinbruch kann er nicht mehr erfinden, wenn er sich nicht den Hals brechen will. Mitgefangen – mitgehangen.

Allenfalls einige Extrawürste läßt er sich noch braten: Er wird für die Zeit seines Einsatzes zum *Sonderführer im Majorsrang* ernannt, darf aber Zivilkleidung tragen, bekommt eine Ordonnanz zur persönlichen Verfügung, und kann – statt in Feldlagern – in Hotels logieren und einen größeren Reichsmarkbetrag in Devisen für private Einkäufe umtauschen.

All das schmeichelt dem Zivilisten Rudolf Ditzen, der 1914 mit Gewalt zum Militär wollte, um seine Männlichkeit zu beweisen, und der nach kaum zwei Wochen beim Kommiß all seine Kraft daran setzte, wieder die Entlassung zu erreichen. Seither steht *bedingt tauglich* in seinem Wehrpaß, d. h.: jedoch nicht unbedingt frei, jederzeit reaktivierbar. Kein Freibrief. Also wird er in den sauren Apfel beißen und wenigstens diesen Sechs-Wochen-Einsatz mitmachen müssen.

Dann ist alles halb so wild, der Apfel gar nicht sauer. Landschaft und Klima zwischen Golf von Biscaya und Mittelmeer lassen den Krieg fast vergessen. Es gibt viel zu sehen im feindlichen Land, das so friedlich und schön wirkt. Wohin man blickt – Oliven-, Feigen- und Lorbeerhaine. Wenn das Wetter anhält, wird man sogar im Meer schwimmen können.

Ditzen ist erst zum zweiten Mal in seinem Leben im Ausland. Außer zu einer kurzen Wandervogel-Fahrt nach Holland hat er Deutschland nie verlassen. Nun kommt er viel im besetzten Frankreich umher, fast täglich wird er zu einem anderen RAD-Lager gefahren, um die Ausbildung kennenzulernen.

Das bedeutet fast jeden Tag einen anderen Ort, ein anderes Bett, jeden Abend ein anderes Gasthaus mit Wehrmachts-Offizieren, RAD-Führern und gutem französischen Wein. Der Krieg – fast eine Badekur, fernab der Front, mit Besuch eines Stierkampfes, Reiterspielen, Sportwettkämpfen, Skatabenden. Er hat am Ende – wie er Ledig schreibt – »ungefähr 4 000 km Eisenbahn oder Auto hinter sich und jeden Tag ca. 20 bis 40 neue Menschen kennengelernt«.

Ditzen notiert, was er sieht, und er tut, als ob er notiere, was er sieht. Ob es ein RAD-Reisetagebuch wird, wie es das Oberkommando erwartet, ob es überhaupt je ein gedrucktes Buch wird, steht auf einem anderen Blatt, das erst später geschrieben wird. Carpe diem! Ditzen hat gut zu trinken und zu essen, es gibt genug Rauchzeug. Er kann für die Familie daheim allerlei Nützliches einkaufen.

Im Überschwang der Gefühle schreibt er Postkarten und Briefe an Bekannte in Deutschland. Er will sich mitteilen, seine Hochstimmung verkünden. Er preist die Landschaft, und ihm entwischen Sätze wie diese: »Wir müssen an den Sieg glauben, sonst ist alles sinnlos. Wir sind die Herren der Welt, bestimmt von Europa.« Auf einer offenen Postkarte, – an die ungeliebte Sekretärin Else-Marie Bakonje. Er wird später Mühe haben, solche Ausbrüche als Ironie oder als „für die Postzensur bestimmt" abzutun.

Nach sechs Wochen kehrt Ditzen zurück, so schwer beladen mit Kartons und Taschen, daß ihn seine Ordonnanz, Oberfeldmeister Prange, nach Carwitz begleiten und beim Tragen helfen muß.

Es wird ausgepackt, was Ditzen in der Auvergne zusammengekauft hat: Wäsche für die Frau, Schuhe für *Mücke*, eine Hose für Uli, dazu Lebensmittel, vor allem Kaffee, Kakao, Schokolade, Olivenöl und kleine Geschenke für alle im Hause. Was er sich selbst geschenkt hat, trägt Oberfeldmeister Prange hinüber ins Gärtnerzimmer über dem Stall: eine Kiste französischen Rotwein. Die Freude ist groß bei jung und alt; es wird gelacht und gescherzt wie in diesem Hause schon lange nicht mehr.

Für eines der beiden Hausmädchen hat Ditzen etwas Besonderes. Er gibt ihr mit den Augen ein Zeichen, ihm zu folgen. Bei der ersten Gelegenheit kommt sie zu ihm hinüber ins Gärtnerzimmer. Er schließt Anneliese, die einst Ulis Spielgefährtin war und nun eine zwanzigjährige, frühreife Frau ist, in die Arme, küßt sie und legt ihr ein buntes Brokkattuch über die Schulter.

„Für mich", fragt Anneliese und dreht sich vor dem kleinen Spiegel über der Waschkommode, „das kann ich doch nicht annehmen, Väterchen, Sie sind so lieb zu mir."

Sie gibt ihm einen Kuß auf den Mund, nimmt das Tuch ab, will gehen. Er hält sie fest: „Ich muß zurück", sagt das

Mädchen, „sonst merkt sie was, und ich bin meine Stelle los. Dann sehe ich Sie überhaupt nicht mehr, Väterchen.“

„Das soll *sie* nur wagen, da habe ich auch ein Wort mitzureden“, sagt Ditzen, läßt sie aber los: „Heute abend können wir uns nicht sehen. Ich muß im Haus schlafen, hier ist der Oberfeldmeister einquartiert. Aber morgen reist er ab, also dann bis morgen nacht ... “

Er hebt eine Weinflasche an, gibt dem Mädchen einen Klaps auf den Hintern; sie läuft kichernd die Treppe hinunter, – und Anna Ditzen in die Arme. Vor Schreck läßt Anneliese das Tuch fallen, rafft es auf und läuft weiter. Die Frau sagt nichts, hält sie nicht auf, stellt sie nicht zur Rede. Das Tuch hat Suse vorher in seinem Gepäck gesehen. Trägt das Mädchen es im Hause, dann Gnade ihr Gott!

Beim ersten Rundgang mit Prange stellt Ditzen fest, wie tüchtig Suse gewesen ist. Im Garten und auf den Feldern wächst eine gute Ernte heran, das Vieh gedeiht prächtig. Und seine größte Sorge, daß die Frau mit den ausfliegenden Bienen nicht fertig werden würde, war ebenfalls unbegründet. Suse hat neue Baurahmen geschnitten und, sie hat auch – gemeinsam mit den bienenscheuen Hausmädchen – 30 Völker eingefangen, – eine Glanzleistung, der er seinen Respekt zollt.

Ditzen sieht den Kalender durch, den Suse exakt geführt hat: Es fehlen nicht die Wetterdaten, es sind die Arbeiten in Haus und Hof aufgelistet, die Besucher eingetragen. Sogar seine Marotte – das wöchentliche Wiege-Zeremoniell – hat Suse in seiner Abwesenheit beibehalten.

Mit *Väterchen Stalin*, dem polnischen Zwangsarbeiter Matjä, hat Suse wieder Ärger gehabt. Er muckt auf, verweigert die Arbeit oder kommt morgens gar nicht erst. Dann wieder ist er tagelang fleißig. Der Grad seines Arbeitswillens hängt offenbar vom Frontverlauf ab. Je mehr die Deutschen im Osten zurückweichen, desto mehr gewinnt der Pole Oberhand, sieht sich wohl gar schon zu Hause. Ditzen nimmt sich vor, ihn zur Räson zu bringen. Gleich morgen wird er mit Wachtmeister Stark reden.

In der Post liegt ein Brief von Rowohlt aus Grünheide, der ihn freut und zugleich beunruhigt Rowohlt, der heimgekehrte, zum Heer abkommandierte Emigrant ist aus dem Kaukasus nach Berlin zurückbeordert, „wegen politischer Unzuverlässigkeit“ degradiert und aus der Wehrmacht entlassen worden.* In seinem Brief deutet er nur an, was man ihm vorwirft, eine uralte Geschichte, zum Lachen, wenn sie nicht so ernst wäre. Alles andere mündlich.

Rechtzeitig zu seinem 50. Geburtstag kann Ditzen sein zweites Erinnerungsbuch, *Heute bei uns zu Haus*, in Empfang nehmen. Er versendet die ersten Belegexemplare, viele davon an seine neuen Freunde vom RAD.

Im Juli wird es lebhaft im Hause. Die alliierten Luftangriffe auf das Rheinland haben eine Evakuierungswelle ausgelöst, die nun auch an Mecklenburgs Gestade schwappt. Ursprünglich sollte Carwitz 100 Leute aufnehmen, es sind am Ende 84. Feldberg hat es schlimmer getroffen. Dort kommen auf 1 600 Einwohner mehr als »1 000 fremde Köpfe«, wie Ditzen der Schwester in Celle schreibt.

Auch die Ditzens müssen zwei junge Frauen – Schwestern – mit ihren Kleinkindern aufnehmen. Ditzen zieht wieder ins Haupthaus um; die Fremden machen es sich im Gärtnerzimmer bequem. Ihnen wurde gesagt, sie seien „Gäste des Führers“ und brauchten nicht für ihren Unterhalt zu arbeiten. Mithilfe in Haus und Garten lehnen sie ab.

Ditzen, wegen der Abgabe seines geliebten Gärtnerzimmers ohnehin nicht gut auf die beiden Frauen zu sprechen, stellt sie zur Rede und erzwingt wenigstens die einfachsten Handreichungen und Hilfsdienste.

All sein Einsatz in Haus und Hof nützt nicht viel: Die Harmonie ist empfindlich gestört, seit Suse von dem Ver-

* Ernst Rowohlt war Ende 1940 aus Brasilien nach Deutschland zurückgekehrt, weil er glaubte, beim Untergang des NS-Reiches zur Stelle sein zu müssen, um sich wieder als Verleger betätigen zu können. Er wurde als Hauptmann zur Wehrmacht eingezogen und versah Etappendienste an der Süd- und Ostfront.

hältnis mit Anneliese weiß. Um wenigstens ein bißchen neutrale Festlichkeit zu erhalten, werden Lores 10. und Ditzens 50. Geburtstag einfach „zusammengelegt“ und gemeinsam gefeiert.

Offizielle Ehrungen sind ohnehin kaum zu erwarten. Die Pressestelle im *Propami* hat angewiesen, auf würdigende Beiträge Hans Falladas zu verzichten. Ihm ist es recht, »ich fühle mich jetzt schon viel zu sehr in die Sonne gerückt – der Zustand der gelinden Ungnade ist für einen Mann, der gerne produziert, der angenehmste«, schreibt er an Ledig. Macht er die Not zur Tugend?

Ditzen erhält von der Frau, von Freunden, Schwestern und Schwager Heinz jene Festgaben, die ihm die liebsten sind: Bücher und Schallplatten. »Mit 173 Büchern, meist seltenen Ausgaben, hat dieser Tag alle anderen, noch so großartigen Feste weit geschlagen, dazu kamen dann noch 22 Schallplatten. Ich bin nun nahe der 4 000er Zahl von Büchern«, meldet er stolz der Mutter nach Celle.

Trotz des von oben verordneten Jubiläums-Boykotts ist die Lage nicht schlecht: Das Ministerium hat Interesse an seinem neuen Stoff, – der Geschichte des jüdischen Bankhauses *Barmat & Kutisker*. Auch von der Filmgesellschaft *Ufa* gibt es neue Anfragen. Die *Reichsrundfunkanstalt*, für die Ditzen jahrelang »nur Luft war«, hat sich mit Wünschen gemeldet. Doch Film und Funk interessieren ihn nicht mehr; die Angebote werden abgelehnt, tun aber trotzdem der verwundeten Seele gut.

Selbst der *Völkische Beobachter* kann nicht umhin, dem zweiten Erinnerungsbuch Positives abzugewinnen. Die »wirkliche oder erdichtete Umwelt eines schöpferischen Menschen, wie hier geschildert, (ist) einfach köstlich«.

Vom *Reichsarbeitsdienst* liegt ein neuer Reiseplan vor: Ditzen soll sein Gesamtbild abrunden können und – im Sudetengau diesmal – die Ausbildung eingezogener, junger RAD-Kämpfer miterleben und darüber schreiben. Da der Einsatz in die Sommerferien fällt, erhält er die Erlaubnis, Anna und die beiden größeren Kinder mitzunehmen. Die

Kinder sind begeistert, auch Suse stimmt zu. Sie will jede Chance nutzen, den Familienfrieden wieder herzustellen.

Ditzen wird ein Berliner Ehepaar – den ehemaligen Landwirtschafts-Inspektor Busch und seine Frau – als Vertretung engagieren. Suse ist froh, dem Landdasein zu entfliehen. Seit der Geburt des dritten Kindes Achim am 3. April 1940 ist sie kaum noch aus dem Ort gekommen, – es sei denn, sie hat den Mann in Willi Burlages Klinik nach Zepernick gebracht oder ihn dort abgeholt.

Das Inspektor-Paar bekommt unvermutet Verstärkung. Beim großen Luftangriff auf Hamburg haben Suses Schwestern alles verloren, ihre Wohnungen wurden zerstört. Mit leichtem Gepäck reisen Dola, ihr Mann Hermann und Tilly an. Die eine mit ihrer schwangeren Tochter Käthi; die andere mit der Nachricht vom Tod ihres Mannes und ihres Sohnes an der Ostfront.

Ditzen und seine Frau erfahren zwar vor ihrer Abreise noch von dem Bombardement auf Hamburg, nichts aber über das Schicksal der Verwandten. Als die Schwestern in Carwitz ankommen, sind Ditzens bereits unterwegs, ihre Wege haben sich in Neustrelitz gekreuzt. Suse ist in Sorge um die Schwestern und um die kranke Mutter, die sie alle im arg zerstörten Hamburg vermutet.

Während die Menschen dem Krieg zu entfliehen suchen, zieht Ditzen – nicht freiwillig, aber ungezwungen – mit Weib und Kindern in den Krieg. Der Kampf beginnt in Berlin. Nach einem schweren Angriff auf die Reichshauptstadt hat Goebbels die Evakuierung aller Kinder und alten Menschen angeordnet; nur verteidigungsfähige Männer und arbeitsfähige Frauen dürfen in der Stadt bleiben.

Der Evakuierungsbefehl löst Chaos und Hysterie in der Zivilbevölkerung aus. Die Stadt gleicht einem Ameisenhaufen nach einem Spechtüberfall. Mütter versuchen, ihre Kinder zu Bekannten oder Verwandten aufs Land zu bringen. Andere machen sich auf zu Hamsterfahrten ins Umland. Die Lebensmittel sind rationiert und reichen kaum zum Leben. Wer irgend kann, tauscht auf dem Lande Entbehrliches gegen Notwendiges ein.

Die Bahnhöfe sind die Nadelöhre der Stadt, durch die sich nur noch wenige Züge zwängen. Hier stauen sich die Menschen, die aus der Stadt wollen oder müssen.

Unter ihnen ist die Familie Ditzen, die – statt hier ihren seltsamen Feldzug zu beenden – weiterkämpft. Hier könnten die Ditzens einhalten, umkehren und dem Kriegsgetümmel entfliehen. Doch dieser Gedanke liegt ihnen fern.

Der Vater stürmt mit den anderen den Zug, erobert ein Abteil, zieht seine Angehörigen durch das Fenster herein: zunächst die beiden Kinder, dann sogar die Frau. Er verteidigt die Plätze gegen die anstürmende Menge, als ob er mit der Familie sein Obdach verloren hätte oder doch wenigstens unter den Führerbefehl zur Evakuierung fiele.

Sie lassen Berlin hinter sich; sie fahren in den Frieden. Ziel ist die idyllische Kleinstadt Niemes bei Reichenberg (Liberec) im Sudetengau. Die abwechslungsreiche Landschaft ist – noch? – von Verwüstungen verschont geblieben. Wieder stehen dem Sonderführer im Majorsrang Hotels und Gasthöfe zur Unterbringung seiner Familie offen.

Die Kinder erhalten Reitunterricht, dürfen gelegentlich ein Militärauto steuern, finden Gelegenheiten zum Baden. »Uli fühlt sich mit seinen dreizehn schon ganz als Arbeitsdienstmann, und die *Mücke* macht Pläne, wie sie auch ohne ihren Vater ihre nächsten Ferien hier auf der Abteilung verbringen kann«, berichtet der stolze Vater.

Anna Ditzen schaut sich in Liberec um; ihr Mann übt derweil mit Pistolen- und KK-Gewehrschießen den Ernstfall, schneidet dabei trotz angeborener Kurzsichtigkeit gut ab, zum eigenen Erstaunen.

Das, was er *Arbeit* nennt, gefällt ihm nicht so ganz, dennoch wird alles „mitgenommen“ und notiert, was ihm unter die Augen kommt. Die von Carwitz umgeleitete Post bringt ihnen – eine Woche nach ihrem Eintreffen – Nachricht von der glücklichen Rettung der Hamburger Schwestern. Dafür fehlt von Suses gemütskranker Mutter jede Spur.

Nach dem Ende der Ferien fährt Anna Ditzen mit den Kindern nach Carwitz zurück, der Mann bleibt beim RAD. Am 25. Juli ist Suse zu Hause, wo eine Nachricht über ihre Mutter liegt. Sie ist am Leben. Die Hamburger Klinik ist zwar völlig zerstört, die Patienten wurden aber zuvor nach Limburg an der Lahn „ausgebettet“. Es ist geradezu undenkbar, unter den herrschenden Verkehrsverhältnissen die Mutter dort zu besuchen und nach dem rechten zu sehen. Es belastet Suse, daß sie die Mutter nicht sehen oder sie nach Carwitz holen kann.

Ditzen muß nach der Abreise seiner Familie aus dem Hotel in das Männerlager umziehen, um der Truppe näher zu sein, die auf ihren Marschbefehl gen Westen wartet. Er nimmt die Veränderung hin, versucht, das Beste daraus zu machen. Er hat nun den Puls am Leben und am Tode, lebt unter »wilden Kriegern, die über den Wert des menschlichen Lebens sehr gering denken, auch über den des eigenen«, schreibt er an seine Frau.

Anfang September setzt sich der Truppentransport in Bewegung. Der feine Herr Bücherschreiber muß sich einen Güterwaggon mit fünfzehn anderen Offizieren teilen. Er lernt, sich mit einem Kochgeschirrdeckel voll Wasser zu rasieren, auf einer Strohmatte zu schlafen und – das Schwierigste – den Zigarettenvorrat einzuschränken. Er erträgt klaglos, vielleicht sogar mit ein wenig Abenteuerlust, die Mißlichkeiten. Vier Tage und vier Nächte rollt der Zug durch Süddeutschland; dann sind sie in Frankreich, kommen in die vertraute Gegend um Bordeaux.

Von daheim treffen keine guten Nachrichten ein: Am 6. September erfährt Anna Ditzen, daß ihre Mutter schon am 19. August in Limburg verstorben ist. Mutter und Tochter haben einander nicht mehr gesehen. Viel Zeit für Erinnerungen oder zum Trauern bleibt Suse nicht. Sie wird in Celle gebraucht, um den Umzug der Schwiegermutter vorzubereiten.

Deren Übersiedlung nach Carwitz läßt sich nun nicht mehr vermeiden. Lange hat der Sohn gebraucht, sich zu einem *Ja* durchzuringen. »Ist sie erst einmal da, gibt es kein Zurück für sie, wir sind auf Gedeih und Verderb zusammengespannt, und der Schwächere wird leiden müssen. Und ich werde nicht der Schwächere sein«, hat er der Schwester Elisabeth im Mai geschrieben. Dann aber gibt ein praktischer Grund den Ausschlag: Nimmt Ditzen seine Mutter und Suse ihre Schwestern auf, so wird man ihnen keine weiteren Einquartierungen aufzwingen; das hat der neue Carwitzer Bürgermeister Tock versprochen.

Noch aus Niemes schreibt Ditzen der Mutter nach Celle: »Wir sind sehr glücklich, daß Du nun zu uns kommst, Du wirst an den Kindern und Tieren Freude haben, keiner wird mehr hart und lieblos zu Dir sein, und wenn Dein Sohn – der einzige mit etwas explosivem Temperament – mal explodiert, so wirst Du Dich rasch daran gewöhnen. Ich bin auch so ein Aprilpeter, gleich scheint wieder die Sonne.«

Mitte September macht sich Suse mit der Schwiegermutter Elisabeth Ditzen auf den beschwerlichen Weg. Mehr als sieben Stunden sind sie in überfüllten Zügen unterwegs von Celle nach Feldberg, viermal müssen sie umsteigen. Nur ein paar persönliche Sachen können sie mitnehmen. Etwas Hausrat soll als Fracht nachkommen.

Dann sieht die Mutter das Dorf, das nun schon zehn Jahre lang die Heimat ihres Sohnes und der Schwiegertochter ist. Und auf dem Hof kommt ihr das jüngste Enkelkind, Achim, entgegen. Auch ihn sieht sie zum ersten Mal. Was als zeitweiliger Zufluchtsort für die Kriegsmonate gedacht ist, wird – acht Jahre lang – zum letzten Lebensort der Reichsrichter-Witwe Elisabeth Ditzen werden.

In Frankreich sind in diesem vierten Kriegsjahr die Weinquellen des Vorjahres nicht versiegt, auch Ditzens Tabakkonsum pegelt sich auf Normalniveau von dreißig bis vierzig Zigaretten pro Tag ein. Man kennt nun bereits die besten Weine und hat an einigen Orten gar Bekannte unter den RAD-Führern. Vermutlich sind dies die »sehr speziellen Gründe«, die ihn veranlaßten, »ein, zwei Wochen dort unten zu verbringen«, wie er Ledig andeutet.

Unter diesen angenehmen Bedingungen, in der Ferne, stabilisiert sich sogar das angeschlagene Verhältnis zu Suse wieder: »Manchmal denke ich, ich komme hier vor Heimweh um«, schreibt er Ende September an sie, »es ist die wirklich tiefe Sehnsucht nach Dir, bei der ich mich allein geborgen und zu Haus fühle … Es ist vielleicht ein bißchen komisch, daß so ein alter Ehemann Dir noch solche Liebeserklärungen macht, aber daß ich Dich immer noch liebe, auch in meinen schlimmsten Zeiten – und in denen vielleicht am stärksten – das weißt Du doch. Daß ich nie ohne Dich leben kann und mag …«

Es sind die letzten liebevollen Zeilen, die er für seine Frau findet, sie klingen – wie alles, was er der Mutter oder Suse schreibt in diesen Tagen – fast beschwörend. Als könne er nicht recht glauben, daß es so ist und so bleibt.

Nach seiner Heimkehr Anfang Oktober aus dem Etappen-Krieg kehrt Ditzen ins Zivilleben zurück, »recht abgekämpft«, mit einer Grippe, von der er sich nur langsam erholt. Am ehesten noch bei einem Ausflug mit Anneliese zum Pilzesammeln. Es ist Annelieses erster Urlaubstag.

Sie treffen sich bei ihr zu Hause im Dorf, wo Ditzen sein Fahrrad untergestellt hat. Frau Benzin sieht es nicht gern, wenn der Mann mit ihrer Tochter rumpoussiert. Man redet über die beiden. Aber was soll sie machen? Sie steht zwischen Baum und Borke. Herr Ditzen war einst ihr Brotherr, für Anna Ditzen hat sie in den ersten Jahren als Stütze gearbeitet. Und nun ist sie froh, daß die Tochter diese Arbeit übernommen hat, gutes Geld heimbringt. Und ein bißchen stolz ist die Mutter auch, daß der berühmte Bücherschreiber ausgerechnet auf ihre Tochter ein Auge geworfen hat.

Aber er hat doch eine nette Frau und die drei Kinder! Und Anneliese ist so gut wie verlobt mit Hänschen aus dem Koldenhof. Bald wird er zu einem Kurzurlaub von der Front zurückkommen .

Ach, was für Zeiten?! Wer kennt sich da aus?! Wenn der Mann, Annelieses Vater, noch da wäre. Aber der hat sich früh von der Familie abgesetzt. Vielleicht ist ja auch alles ganz harmlos. Anneliese sagt immer *Sie* zu dem Mann, wie es sich gehört, und Ditzen kann auch so nett, so charmant sein. Hat sogar in Frankreich an sie gedacht und ein Päckchen Kakao mitgebracht.

Ditzen begrüßt Mutter Benzin stürmisch, umarmt und schwenkt sie herum, daß ihr die Luft wegbleibt. Anneliese lacht, als sie die atemlose Mutter sieht. Dann setzen sich Ditzen und das Mädchen auf die Räder und fahren zum Dorf hinaus. Sie spüren die Blicke der Frauen vor dem Dorfladen. Die beiden schwatzen und scherzen darum besonders laut miteinander. Ist der Ruf erst ruiniert, lebt es sich ganz ungeniert.

In Cantnitz finden sie keine Pilze, aber eine schöne Stelle zwischen den Wachholderbüschen, wo sie eine Decke ausbreiten und die Brote verzehren können, die Mutter Benzin geschmiert hat. Und Ditzen holt aus der Aktentasche eine Flasche Rotwein. So läßt es sich an diesem schönen, sonnigen Herbsttag gut leben.

Ditzen schäkert mit dem Mädchen, neckt sie, weil sie nicht richtig aus der Flasche trinken kann, erst recht nicht, wenn er sie dabei kitzelt. Anneliese wehrt sich, strampelt mit den Beinen, um sich seinen Griffen zu entziehen. Aber er ist kräftig, und sie will sich ja auch nicht wirklich befreien. Nur mit dem Kitzeln soll er aufhören.

Anneliese liegt auf dem Rücken und atmet schwer. Die ansehnlichen Brüste heben und senken sich, das Kleid ist über die Knie hochgerutscht. So wartet sie auf den Mann, der sich aufgesetzt hat und eine Zigarette anzündet. Wo ist er mit seinen Gedanken? Schreibt er jetzt im Kopf ein neues Buch? Sie weiß, daß er darüber nicht mit ihr spricht. In solchen Momenten ist dem Mädchen der Mann fast unheimlich. Auf seinem Rücken scheint ein Schild zu hängen: Zutritt verboten!

Sie kann nur warten, bis er sie neben sich entdeckt. Sie muß ihm heute beibringen, daß Hänschen nächste Woche kommt und sie sich verloben wollen. Wie wird er es aufnehmen? Vielleicht ist er froh, wenn sie es – beiläufig – seiner Frau erzählen wird. Und ändern muß sich zwischen ihnen ja nichts, wenn Hänschen wieder im Feld steht. Im nächsten Jahr wird sowieso alles anders, wenn sie erst nach Priepert in Stellung geht und sie sich kaum noch sehen können. Warum soll sie den Tag nicht genießen, wie er gerade kommt?

Ditzen drückt die Zigarette neben sich auf dem Waldboden aus. Er sieht die nackten starken Beine auf der Dekke, die festen Brüste unter dem Kleid. Er ist wieder aus dem Irgendwo-Nirgendwo angelangt bei der Frau, die gut seine Tochter sein könnte. Doch sie ist es nicht.

„Väterchen, was machen Sie denn da", fragt Anneliese kokett, als er ihr die oberen Knöpfe öffnet. Als ob sie es nicht wüßte! Es ist immer dasselbe mit den Frauen. Sie zieren sich, wollen erobert werden.

„Aber wir müssen doch auch Pilze mit nach Hause bringen ..." Das ist das Letzte, was sie sagt. Dann ist im Wacholderwald zu Cantnitz von den beiden so verschiedenen Menschen nichts mehr – nicht mehr viel – zu hören.

Der Ausflug mit Anneliese ist der letzte schöne Oktobertag geblieben. Danach überschlagen sich die Ereignisse. Das Finanzamt hat sich zur Buchprüfung angesagt. Routine oder eine Denunziation aus der Nachbarschaft? Das wäre nichts Neues, nur die Fortsetzung zahlloser Nadelstiche in den Jahren zuvor. »Wir sitzen ja nun hier nach der Art der Lebensführung, des Einkommens und des Denkens, recht auf dem Präsentierteller, sind völlig Außenseiter«, hatte Ditzen schon in seinem Neujahrsbrief an Ernst Rowohlt geschrieben. »Und im Kriege ist das natürlich sehr bemerkbar. Es regnet nur so Anzeigen, alle Augenblicke werden mir meine Leute fortgenommen, ich soll selber Vieh füttern usw. usw.«

Ditzen fährt für einen Tag nach Berlin. Ernst Rowohlt hat etwas auf dem Herzen, was man besser nicht am Telefon bespricht. Er empfängt seinen Autor mit der umwerfenden Nachricht, daß zum Jahresende 1943 der *Rowohlt Verlag*, der bis dahin als Tochtergesellschaft der *Deutschen Verlags Anstalt* unter Heinrich Maria Ledig ein kümmerliches Dasein fristete, ganz stillgelegt werden wird. Ledig selbst soll eingezogen und an die Front geschickt werden.

Just zu diesem Zeitpunkt gehört Ditzen als Autor ein viertel Jahrhundert dem Verlag an. 1918 hatte die Symbiose zwischen Rowohlt und dem Schriftsteller Fallada mit dem Erstling *Der junge Goedeschal* ihren Anfang genommen. Sie hat – nach einer fast zehnjährigen Pause und allen Belastungen während der 25 Jahre zum Trotz – ihre fruchtbare Fortsetzung zum beiderseitigen Nutzen erfahren.

Es ist ein trostloses Gespräch zwischen den beiden kampferprobten Büchermachern. Rowohlt beendet es beim Abschied mit dem Versprechen: „Ich lasse Sie nicht im Regen stehen, Meister Ditzen, ich habe immer noch ein paar gute Freunde unter den Verlegern. Es wird sich was für Sie finden, ein neuer Verlag, neue Lektoren …"

Ditzen weiß, ein Mann wie Ernst Rowohlt wird nicht darunter sein. Und die Fahrt zurück nach Feldberg gleicht dem Weg, den er als Bücherschreiber vor sich sieht: beschwerlich, ohne festen Fahrplan, mit unvorhergesehenen Aufenthalten und Unterbrechungen.

Die kleine Stadt ist vollgestopft mit Flüchtlingen und Evakuierten. Ditzen hat das Gefühl, hier ein Fremder zu sein, er sieht kein bekanntes Gesicht. Aber ihm kann das nur recht sein; er will niemanden sehen, mit keinem reden müssen. Er geht in die Bahnhofsgaststätte, um den „Staub" der langen, unbequemen Reise hinunterzuspülen und den Fußmarsch nach Carwitz etwas hinauszuschieben.

Der Wartesaal macht seinem Namen alle Ehre. Er ist voller Menschen. Sie sitzen auf Taschen und Rucksäcken; sie schlafen oder dösen teilnahmslos vor sich hin. Ditzen drängt sich zum Tresen durch, er steigt über Koffer und Kisten, läßt sich einen doppelten Kornschnaps einschenken. Auch der Wirt ist ein Fremder. Eigentlich ist – wie zum Hohn – nur der Wandspruch derselbe:

»Rostig ist die Reichsbahnschiene,
wenn der Zug nicht drüber läuft,
frostig wird des Mannes Miene,
wenn er ab und an nicht säuft.«

Während Ditzen seinen Korn trinkt, spürt er plötzlich die Blicke einer Frau neben sich. Sie steht einige Meter entfernt von ihm am Schanktisch, dazwischen mehrere Männer. Sie beugt sich vor, als er sie ansieht, und sie winkt ihm freundlich zu.

Er schaut sich um, nein, der Gruß gilt ihm. Kennt er die Frau? Sie hat ein Kind neben sich, ein Mädchen von vier, fünf Jahren. Als sie sich dem zuwendet, schaut er sie genauer an. Sie unterscheidet sich auffällig von den anderen Gästen, hat ein gepflegtes Äußeres. Sie trägt das dunkle Haar lang, und als sie die Hand mit der Zigarettenspitze an den Mund führt, sieht Ditzen, daß ihre Fingernägel rot lakkiert sind. Ein Paradiesvogel unter lauter grauen Spatzen.

Nein, er hat diese Frau nie zuvor gesehen, oder doch? Wer mag sie sein? Was hat sie hier in diesem Krähwinkel verloren, in den sie so wenig paßt? Irgend etwas an ihr kommt ihm bekannt und vertraut vor. Wären nicht inzwischen dreißig Jahre vergangen, so würde er fast meinen, sie wäre Anne Marie Seyerlen, Freundin seiner Berliner Jugendjahre. Aber das kann nicht sein: Annia ist weit weg, irgendwo in Indien. Die Frau hier hat nichts mit ihr zu tun, und dennoch …

Ditzen bezahlt, will der Frau beim Hinausgehen zunikken, aber sie ist mit dem Mädchen beschäftigt. Er tritt aus dem Bahnhof, geht langsam in Richtung der Straße nach Carwitz. Ein paarmal dreht er sich um, hofft, die Frau werde ihm folgen. Doch warum sollte sie? Er ist ein alter Mann, in nicht besonders guter Verfassung, gut dreißig Jahre älter als sie. Und vermutlich hat sie ihn mit jemand verwechselt, dann ihren Irrtum bemerkt.

Auf dem Weg nach Carwitz versucht er, die Begegnung zu vergessen und sich auf die kommenden Wochen und

Monate zu konzentrieren. Zu Hause liegt das unfertige Tagebuch der RAD-Reisen. Die Auftraggeber wollen, daß daraus ein endlich ein Buch wird, eine Geschichte, die vom fleißigen Aufbauwerk der „Sieger“ im okkupierten Land, vom freudigen Einsatz junger Menschen für ihr Vaterland erzählt. Ein Buch, das letzte moralische Reserven mobilisieren soll.

Eine ganz andere Geschichte müßte man denen erzählen, denkt Ditzen, während die müden Füße Schritt um Schritt dem Dorf näherkommen. Vom Mühlenberg aus kann er Carwitz in der Abendsonne sehen. Hier scheint sich in den letzten drei Monaten nichts verändert zu haben. Der Kontrast zum brennenden, zerstörten Berlin, das er verlassen hat, ist ungeheuer.

Aus dem Dorfkrug dringen Stimmen, Fahrräder lehnen an der Hauswand. Alles ist wie früher, nirgendwo auch nur eine Spur von Zerstörung und Krieg. Dann erreicht Ditzen sein Haus am Wasser. Die Frau ist mit Achim zu Frenzens in den *Hullerbusch* gegangen. Recht so, nur jetzt niemanden sehen! Ditzen geht hinauf ins Gärtnerzimmer. Er findet einen Zettel. Nur ein Satz in einer ungelenken Mädchenschrift: „Liebes Väterchen, ich vermisse Sie sehr und werde bald bei Ihnen sein.“ Es ist schön, wenn jemand auf einen wartet, wenn einer da ist, der einen braucht.

Ledig kommt für zwei Tage aus Stuttgart. Sie wollen gemeinsam über einen Ausweg beraten. Der ist nicht in Sicht. Drei ungedruckte Bücher hat er in seinem Gepäck und gibt sie dem Autor zurück.[10]

Eine Chance, irgend etwas davon in Kriegszeiten zu drucken, gibt es nicht mehr. In Stuttgart erhält der *Eher-Konzern* als Staatsverlag nur für kriegswichtige und regierungsamtliche Manuskripte Papierkontingente. Hans Falladas Werke gehören nicht dazu.

Das von den Reisen mitgebrachte Tagebuch widersteht hartnäckig allen Versuchen, ihm eine andere – unverbindlichere – Tendenz zu geben. Auch hat er keine Lust, wie er

Ledig wissen läßt, der »Hausdichter des RAD« zu werden. Da er das Tagebuch nicht im üblichen Propagandastil auswerten will, wird es wohl ganz liegenbleiben.

Was aber ist das für ein Leben, wenn man nicht schreiben, Geschriebenes nicht drucken kann? Als sich Ledig – wegen seiner Einberufung nicht sonderlich optimistisch – verabschiedet, läßt er einen deprimierten Autor zurück, der flieht in sein Gärtnerzimmer, in Krankheit und Alkohol und in Ablenkung während der Nachtstunden mit Anneliese.

Das kann nicht gut gehen. Im Haupthaus bildet sich eine Einheitsfront gegen den Ehebrecher. Suse hat Verstärkung bekommen. Selbst die Schwiegermutter ermutigt sie, die Kränkungen nicht einfach mehr über sich ergehen zu lassen und das Hausmädchen vor die Tür zu setzen. Auch die Schwestern sind auf Suses Seite.

Ditzen kann sich nicht einmal mehr auf die Sympathie der gemeinsamen Freundin verlassen: Sogar Eva Burlage, die nach dem Tod ihres Mannes im Hause aufgenommen wurde, hat die Seiten gewechselt.

Das Faß zum Überlaufen bringt Else-Marie Bakonje, die ihm beim Abtippen des RAD-Tagebuchs helfen soll. Sie kommt nur widerwillig ins Gärtnerzimmer hinauf, zeigt ihm offen, was sie über die jüngste Entwicklung im Hause denkt. Die Distanz zwischen beiden ist – falls überhaupt möglich – größer als zuvor. Die Bakonje fühlt sich als Privatperson im Hause, eingeladen von der Hausherrin. Ditzen wirft die Tagebuchkladde in die Ecke, jagt seine Sekretärin aus seiner Fluchtburg.

Alles hat sich gegen ihn verschworen, – Aufstand der Lysistrata, die mit ihren Erinnyen in den Ehekrieg zieht.

Allein gegen den Rest der Welt, allenfalls Anneliese an seiner Seite. Aber was ist sie schon für eine Hilfe? Sie bringt ihm das Essen, kauft heimlich eine Flasche Korn und fegt gelegentlich das Zimmer aus. Sie mag nicht mehr mit ihrem *Väterchen* reden, weil er sie nur aushorcht und aufhetzt. Und eigentlich tut ihr die Suse leid. Es ist nur noch Mitleid, was sie an den Mann bindet.

Im Haus und auf dem Hof beginnen die Vorbereitungen für das jährliche große Schlachten, das sich diesmal über mindestens fünf Tage hinziehen wird. Drei Schweine und eine ganze Anzahl von Hühnern, Gänsen und Kaninchen warten auf ihr Ende. Das können die Frauen – allein mit der Wendelschen und dem Schlachter – nie und nimmer allein schaffen. Sie werden ihn sicherlich um seine Mithilfe bitten müssen, – glaubt er.

Die Frauen reinigen auf dem Hof stundenlang Eimer, Töpfe, Zuber, Kessel und andere Gerätschaften. Sie schrubben die Schlachtbänke, zimmern die Balkengerüste zusammen, an denen die Schweine abhängen sollen. Niemand kommt, um ihn um Rat oder gar Mithilfe zu bitten.

Auch an den folgenden Tagen nicht, als das große Schlachten seinen Anfang nimmt und seine Fortsetzung findet. Es ist, als sei er nicht vorhanden. Selbst Anneliese kommt nicht zu ihm. Er sieht sie mit den anderen unten zwischen Waschhaus und Küche hin- und herhetzen.

Dabei braucht er Fürsorge, fühlt sich krank, ausgelaugt. Die körperlichen Kräfte schwinden. Der Weinvorrat ist längst aufgebraucht. Ist kein Alkohol da, leidet er unter der Abstinenz. Er muß dringend unter ärztliche Aufsicht. Aber wohin? Ins *Heidehaus* nach Zepernick, stets ein Fluchtpunkt in den vergangenen sieben Jahren, kann er nicht mehr. Sein Freund und langjähriger Helfer in der Not, Dr. Willi Burlage, ist bei einem Luftangriff auf seine Praxis zusammen mit einigen Patienten ums Leben gekommen.

Am vorletzten Schlachttag – noch immer kümmert sich niemand um ihn – ruft er Anneliese und läßt Suse ausrichten, sie möge ihn bei Professor Zutt in Berlin-Westend anmelden. Möglichst schon für morgen.

Anna Ditzen weiß nicht, wo ihr der Kopf steht vor Arbeit, als das Mädchen mit der Nachricht kommt. Sie will ihre Wut auf den Mann an dem Mädchen auslassen, besinnt sich aber. Immerhin war Anneliese in den letzten Tagen besonders fleißig, als wollte sie etwas gutmachen. Was kann das Mädchen für die Launen und Triebe Ditzens?

Suse telefoniert mit Professor Zutt in Berlin. Es grenzt fast an ein Wunder, daß nach einigen Anläufen die Verbindung klappt und sie mit dem Chefarzt verbunden wird. Er würde schon einen Platz finden in den Kuranstalten für den schwierigen Patienten. Aber wie will die Frau ihn in das gefährdete Berlin bringen, bei den schlechten Zugverbindungen?

„Ich schaffe es schon irgendwie“, sagt Anna Ditzen. Sie muß die anderen notgedrungen am letzten Schlachttag allein lassen. Eigentlich ist sie froh, daß der Mann aus dem Haus kommt. Wozu ist er überhaupt noch nütze? Haben sie nun das Schlimmste überstanden? Oder kommt es noch schlimmer?

Im Januar 1944 meldet sich Rudolf Ditzen bei den wenigen verbliebenen Freunden (Lebt Kagelmacher noch? Wo ist Hans-Joachim Geyer? Ist Rowohlt in Grünheide, in Kampen oder in Stuttgart bei Ledig?) mit Grüßen zum Jahreswechsel aus den Kuranstalten Westend in Berlin-Charlottenburg. Und die wenigen verbliebenen Freunde, die seine Wünsche überhaupt erhalten, fragen sich: Ist er *noch* immer dort oder *schon wieder*? Sie haben die Übersicht verloren, und sie haben eigene Sorgen.

Ditzen ist – nach einem sechswöchigen Intermezzo in Carwitz – zurückgekehrt an den Ort, der keineswegs gastfreundlich, aber seine letzte Zufluchtstätte geworden ist.

Berlin war in den zurückliegenden Wochen fast täglich – nächtlich – Ziel schwerer Bombardements. Am schlimmsten war es in der Nacht vom 22. zum 23. November 1943. Auch das vornehme Villenviertel Charlottenburgs, in dem die Kuranstalten liegen, wurde schwer zerstört.

Suse hatte im Londoner Rundfunk vom Ausmaß der Zerstörungen gehört. Sie machte sich Sorgen um den Mann, vor allem aber um Lore in Hermannswerder, da auch das nahe Potsdam schwer gelitten hatte. Als sie keine Telefonverbindung bekam, machte sie sich kurz entschlossen auf die beschwerliche Suche nach den beiden.

Ditzen hatte sich unterdessen mit einer Krankenschwester selbst entlassen und den Rückweg angetreten. Keine Nacht länger wollte er – eingezwängt zwischen anderen Patienten – im Klinikkeller verbringen müssen. Zu Fuß gingen Schwester Gertrud und Ditzen von Westend nach Spandau. Sie sahen zum ersten Mal das ganze Ausmaß der Zerstörungen auch in den Vorstädten. Wie mochte es erst im Zentrum aussehen? Es war naßkalt, um null Grad; eine dünne Schneedecke lag über den Ruinen.

Die beiden erreichten mit dem Zug Neustrelitz und schafften es, durchnäßt und frierend, gerade noch bis Feldberg. Dort mieteten sie bei Godenschweger im *Mecklenburger Hof* Zimmer und übernachteten in der Stadt.

Am folgenden Tag erreichte auch Suse mit der Tochter Carwitz. »Unerwartet glückliche Heimkehr von Suse und *Mücke*«, notierte Ditzen, – die letzte gute Nachricht, die er dem über zehn Jahre penibel geführten Geschäftstagebuch anvertraute.

Der Dezember war der vorläufige Höhepunkt aller Leiden im Hause Ditzen. Das Wasser in der Waschküche fror ein; die Frauen mußten stundenlang Wassereimer schleppen. Glatteis machte die Straße unpassierbar, die Stadt war tagelang nicht zu erreichen.

Als es Ditzen immer schlechter ging, bemühte sich Suse um einen Klinikplatz. Es war aussichtslos. Nach Berlin konnte sie ihn nicht bringen, die Krankenhäuser in der Umgebung waren mit Bombenopfern und verletzten Soldaten überfüllt. Kurz entschlossen holte sie das gerettete Auto der Burlages aus der Garage und fuhr trotz Frost und Glatteis mit dem Mann mehr als hundert Kilometer nach Greifswald.

Er bekam davon kaum etwas mit, hatte sich mit Alkohol und Schlafmitteln betäubt. In der Universitätsklinik seiner Geburtsstadt war kein Platz für ihn, Suse mußte am selben Tag mit dem hilflosen Mann nach Carwitz zurückfahren.

In den Tagen vor Weihnachten trafen, wie in jedem Jahr, Verwandte und Bekannte ein: Suses Schwestern, die Nichte mit ihrem Kleinkind, Eva Burlage, die Schwäger Paulsen und Blöcker. Als Ditzen seiner Nichte Adelheid die Besucher in einem Brief aufzählen wollte, fiel ihm ein, er könnte ihr am besten das Fremdenbuch eines Hotels schikken, und er träfe damit ausgezeichnet die Zustände seines Hauses. Das Haupthaus probte den Aufstand gegen ihn.

Und im Gärtnerzimmer drüben ging alles weiter wie zuvor: Anneliese hatte, während ihr Hänschen an der Ostfront kämpfte, ihre Leidenschaft für den alten Hans wieder entdeckt. Da Suse sie entlassen und ihr Hausverbot erteilt hatte, schlich sie sich, sobald es dunkel wurde, mit Schnapsflaschen die Treppe zum Stall hinauf.

Als sie schließlich sogar tagsüber kam und ging, und im Heimatdorf sogar offen über ihr Verhältnis mit Ditzen redete, fegte Suse mit Rückendeckung ihrer Verwandten, den Augiasstall kurz entschlossen aus. Sie vertrieb Anneliese mit dem Besen. All ihre aufgestaute Wut legte sie in ein paar kräftige Schläge gegen das Mädchen, das schreiend und heulend davonlief.

Ditzen hatte den Ausbruch seiner Frau mit angesehen. Er war sicher, sie würde auch ihn schlagen, wenn er jetzt eingriffe. Aber kaum hatte sie das Gärtnerzimmer verlassen, eilte er ihr nach, warf Vasen und Geschirr hinterher.

Als das keine erkennbare Wirkung auf Suse erzielte, rannte er hinunter in Hof und Garten, zerstörte alles, was ihm in den Weg kam: Er riß Latten vom Gartenzaun, warf Gegenstände auf die Beete. Niemand wagte, ihn aufzuhalten. Hinter den Fenstern aber sah man die erschrockenen Gesichter der Verwandtschaft.

Das war Anlaß zu einem weiteren Wutausbruch. Ditzen rannte blind vor Haß hinunter zum Bienenhaus, riß die Abdichtungen aus den Fluglöchern an den Stöcken, – bei den niedrigen Temperaturen der sichere Tod der Völker, die er jahrelang so liebevoll gehegt und versorgt hatte. Es war ein Akt der Selbstverstümmlung.

Zurück in seiner Höhle, nur wenig ruhiger, legte er seine Wut in eilig hingeworfene Briefzeilen: »Ich sage allen

Mitgliedern der Familie herzlich Lebewohl. Das Gärtnerzimmer bleibt in seinem jetzigen Zustand, also zu meiner ständigen Verfügung. Sämtliche Bienen sind getötet, verwendbarer Honig ist nicht mehr in den Waben. Ich gebe, sobald es mein düsterer Zustand erlaubt, Nachricht. Vorläufig bin ich in den Kuranstalten Westend … Ich hoffe von Herzen, daß von nun an Friede ins Haus einzieht ...«

Was daran war blanker Hohn, was ein Rest von Aufrichtigkeit? Niemand wird es je erfahren. Wut und Verzweiflung führten den Stift.

Er packte ein paar Sachen zusammen, deponierte den Zettel auf dem Sims des Küchenfensters und ging fort. Als er am Haus der Benzins vorüberkam, ging er hinein, nahm Anneliese bei der Hand und zog sie einfach mit sich. Das überraschte Mädchen folgte ihm, vielleicht hatte sie Angst, sich zu widersetzen.

So hatte sie ihr *Väterchen* noch nie erlebt. Seine Augen waren rotgerändert. Von Schlaflosigkeit, oder war er betrunken? Er antwortete nicht auf die Frage, wohin er mit ihr wollte. Er blaffte sie nur an: „Du sollst mich nicht immer *Väterchen* nennen, wie oft soll ich das noch sagen?“

Bis Feldberg gingen sie zu Fuß, auch in den Zug nach Neustrelitz stieg sie widerwillig mit ihm ein. Dann aber wollte sie nicht weiter. Nach Berlin? Was sollte sie in der schwer zerstörten Stadt, wo sie niemanden kannte? „Nein, liebes *Väterchen*, das können Sie nicht von mir verlangen.“

Auch sie gegen ihn? Will sie nun bei ihm bleiben, mit ihm leben oder nicht? Er hat die Familie verlassen, sogar seine Bienen hat er getötet. Jetzt, da alles hinter ihm zerschlagen ist, soll sie sein Leben teilen. Sie ist jung, sie kann ihm noch viele Kinder gebären. Sie werden inmitten dieser kaputten Welt etwas Neues aufbauen …

Das Mädchen lachte, es klang gezwungen: „Ich soll mit Ihnen leben? Wie stellen Sie sich das vor, *Väterchen*? Das war nicht ausgemacht. Ich will nach Hause.“

Er war zu schwach, sie daran zu hindern. Ein wenig stritten sie noch, dann weinte das Mädchen still vor sich hin.

Sie schob sich zwischen andere Reisende, entfernte sich immer weiter von dem Mann, der ihr unheimlich geworden war. Er sah nicht, daß sie ausstieg und zurückblieb, irgendwo zwischen Strelitz und Berlin. Er war nur müde, ausgelaugt vom Zank mit den Frauen. Und am Ende war er froh, daß Professor Zutt ein Bett in der Anstalt für ihn hatte, auf dem er sich – wie die anderen Patienten – angezogen ausstreckte und sofort einschlief.

Ernst Rowohlt muß sich zusammennehmen, um sich sein Erschrecken nicht anmerken zu lassen: Ist der Mann, der ihm da – zwischen hilflosen Gemütskranken – auf dem langen Flur entgegenkommt, wirklich der Bücherschreiber Hans Fallada, dem er zu Weltruhm verholfen hat? Über dem verknitterten grauen Anzug trägt der leicht gebeugte Mann mit dem wirren Haar einen gestreiften Bademantel. Es fehlen nur die Pantoffeln an den Füßen und die Nachtmütze zu Spitzwegs armem Poeten.

Er ist es. Mit der Zigarette im Mundwinkel und dem eingefallenen, faltigen Gesicht gleicht er nicht nur dem Abbild, das E. O. Plauen gerade vor einem Jahr – kurz vor seinem Freitod – von Ditzen gemacht hat. Er *ist* seine eigene Karikatur.

Die beiden Männer umarmen sich. Was für ein Wiedersehen, unter welchen Umständen?! Ditzen entschuldigt sich für seinen Aufzug. Die Wäscherei kann nur Anstaltskleidung waschen, die er nicht tragen mag. Und in allen Räumen ist es schrecklich kalt. Er friert erbärmlich. Man hat die Kleider praktisch Tag und Nacht am Leibe, um bei Alarm schnell in die Keller zu kommen. An Schlaf ist in den engen, stickigen Katakomben nicht zu denken.

Am schlimmsten war es Ende Januar bei dem bisher schwersten Angriff auf den Berliner Westen. Die Einschläge in unmittelbarer Nähe, das flackernde Licht, die unterdrückten Schreie der Kranken nach jedem Einschlag, ein Luftgemisch aus Uringestank, Angstschweiß und anderen Ausdünstungen, – es war der Vorhof zur Hölle.

Erst gegen Morgen trauten sie sich aus dem Untergrund heraus. Ditzen ging wie die anderen vors Haus, und sie glaubten kaum, was sie sahen: In der Nußbaumallee standen nur noch zwei Gebäude: die Kurklinik und eine einzige Villa. „Und was meinen Sie, wem die gehört: ausgerechnet dem ‚Luftschutzwart' Hermann Meier, der einst Göring hieß." Ditzen lacht grimmig, stäubt die Asche achtlos auf den Flurboden.

„Seitdem gibt es jede Nacht dasselbe Zeremoniell: Man legt sich angezogen aufs Bett, wartet auf das Sirenengeheul, geht mit seinen Privatsachen zur Kellersitzung. Oben kann man nichts liegenlassen; die lieben Mitpatienten klauen wie die Raben. Dann ist man stundenlang eingepfercht, das Notlicht ist so trübe, daß man nicht mal lesen kann."

Das Leben, das er hier führt, ist notgedrungen ganz primitiv und eingeschränkt. Die meisten Mitbewohner sind wie Kinder, in ihrem Wahn befangen, aber nicht aggressiv. Kaum Bücher, kein geistiger Austausch. Und nun geht auch seine Tabakreserve langsam zur Neige. „Wissen Sie, Rowohlt, welches meine größte Leistung der letzten Tage ist? Ich habe zwar keine neue Seite geschrieben, aber meinen Tabakverbrauch um die Hälfte gesenkt, heute nur zehn Zigaretten und drei Pfeifen. Andere verteidigen unser Vaterland. Und ich rauche nur die Hälfte."

Galgenhumor. Durch die trüben Brillengläser blinzelt er Rowohlt listig an. Dem ist nicht zum Lachen zu Mute, und Ditzen sagt, wie zur Entschuldigung, daß aus Carwitz kein Nachschub kommt, keine frischen Sachen, kein Rauchzeug. Er wird dort behandelt wie ein Aussätziger.

Sie gehen in den Speisesaal. Ditzen besorgt zwei Becher Kaffee, dann redet er sich seinen ganzen Ärger von der Seele. Man könnte denken, er sei der einzige – oder der am schwersten – vom Krieg Betroffene. Aber mit wem soll er sonst reden? Wer besucht ihn, hört ihm zu? Auf Briefe kommt kaum Antwort; von Berlin aus dürfen nur rote *Lebenszeichenkarten* verschickt werden. Von Arbeit, von Schreiben gar nicht zu reden …

Irgendwann hält Ditzen inne: „Ich rede und rede, erzählen Sie lieber, wie Sie selber über die letzten Monate gekommen sind!"

Was der Verleger, der kein Verleger mehr ist, berichtet, baut den Patienten auch nicht gerade auf.

Rowohlt wirkt müde, als er sagt, er erlebe zur Zeit Stories, wie sie in keinem von Meister Ditzens Büchern stünden. Nach kurzem Zögern berichtet er von seiner Degradierung und Demobilisierung wegen einer uralten Petition, die er im Ersten Weltkrieg zur Freilassung von Max Hölz mit unterschrieben hatte.

„Ich konnte mich gar nicht mehr daran erinnern, weiß kaum noch, worum es damals ging, aber das interessiert diese Wehrmachtskakerlaken ja nicht."

Rowohlt hat natürlich seine Rehabilitierung betrieben, um wieder ins Buchgeschäft zu kommen. Seine Chancen standen auch nicht schlecht, aber dann ist der General, der seine Ehrenrettung betrieb, vor vierzehn Tagen mit dem Flugzeug samt allen Papieren abgestürzt. „Peng und weg, alles verbrannt. Mann und Maus und Mannesehre."

Rowohlt schnipst mit den Fingern. „Wäre das nicht ein Buchtitel für Sie, Meister Ditzen: *Verbrannte Ehre*?" Rowohlt wiederholt den Titel halblaut, findet Varianten „Verbrannte Erde, verbrannte Ehre". Und ein bißchen ist es jetzt wie früher, als Rowohlt fragt: „Wissen Sie noch?" Als sie sich die Köpfe nach einem Titel für Ditzens Buch *Ein kleiner Zirkus namens Monte* zermarterten und als irgendwer irgendwann vor sich hinsagte: *Kleiner Mann was nun?*

Wem war die Idee zuerst gekommen? Unwichtig, der Erfolg hatte später wie immer viele Väter. Vielleicht war es Paulchen Meyer oder Väterchen Rowohlt selbst. Ditzen hat sich nie um die Urheberschaft gerissen. Sie waren eine einzige große Bücher-Familie. „Wissen Sie noch, Väterchen Rowohlt, neunzehndreißig in der Luitpoldstraße …"

Rowohlt nickt. Aber es ist nichts mehr wie früher, alles ist anders. Und die beiden geben das mühsame Erinnern an bessere Zeiten auf. Was wird Rowohlt nun machen?

Er weiß es nicht. Er muß dem Arbeitsamt zuvorkommen und sich eine Stelle suchen, hat auch etwas in Aussicht, eine Art Geschäftsführer in einer chemischen Fabrik.

„Väterchen Rowohlt, das ist doch nichts für Sie“, sagt Rudolf Ditzen entschieden, „Sie müssen wieder Bücher machen. Es ist das Beste, was Sie können, und keiner macht es so gut wie Sie.“

Der Freund nickt abwesend, ungläubig. Das späte Lob des früher eher nörgeligen Bücherschreibers nützt ihm nichts. „Was man hat, weiß man erst, wenn man's nicht mehr hat“, sagt er philosophisch. Das ist immer richtig, und beide haben genügend Gründe, daran herumzudenken. Hans im Unglück und Ernst Glücklos.

Das Gespräch tröpfelt jetzt dahin. Sie haben sich nicht mehr viel zu sagen. Soll Rowohlt nach Suse fragen? Besser nicht. Und auch Elli und *Baby* gibt es nicht mehr in Rowohlts Leben. Er hat sich in Brasilien von seiner Frau scheiden lassen.

Oder soll sich der Freund erkundigen, ob Ditzen schon einen Vertrag mit dem *Eher-Verlag* hat? Erst recht nicht. Ditzen hätte längst davon erzählt. Soll er Ditzen fragen, ob er von der Vernichtung des Leipziger Verlagsviertels mit all seinen Papiervorräten, Druckereien, Buchbindereien und dem Großsortiment gehört hat? Nie und nimmer.

Ein paar Abschiedsfloskeln – Nicht unterkriegen lassen! Wird schon werden! Schlimmer kann's ja nicht kommen! – dann trennen sich die Wege der beiden so unterschiedlichen Männer, die so gut zusammenpaßten. »Die alten Feuer brennen nicht mehr«, schreibt Ditzen der Mutter nach dem Besuch, »nur dann und wann züngelt ein Flämmchen aus der zusammengefallenen Glut«.

»Meine neue Adresse ist ab 25. Februar: Bei Frau Margarete Norweg, Eisfeld i. Thüringen.« Das ist an die Mutter in Carwitz gerichtet, aber für Suse bestimmt. Er hat sich an die Abmachung gehalten, nicht ohne ihre Zustimmung nach Carwitz zurückzukehren. Das soll sie wissen.

In den Kuranstalten Westend konnte und wollte er nicht länger bleiben. Die Verhältnisse im zerstörten Berlin wurden unerträglich. Die Tommys und Amis bombten nun auch ungefährdet am hellichten Tag, man kam nur noch stundenweise aus den Kellerhöhlen. Einundzwanzig allierte Luftangriffe hat er in den zurückliegenden Wochen miterlebt.

Außerdem hat Suse hinter seinem Rücken mit Professor Zutt über den Zustand des Mannes gesprochen, der immerhin ihr Ehemann ist und um den sie sich Sorgen macht. Er hat es natürlich erfahren, hielt »nichts von solcher Vermittlertätigkeit gegen meinen Willen und ohne mein Wissen«. Und wenn die Frau es zehnmal gut meinte und ihm helfen wollte, das Vertrauensverhältnis zum Professor war gestört. Zutt bewilligte eine „Nachkur" in Thüringen.

Am Südhang des Thüringer Waldes, zwischen der Spielzeugstadt Sonneberg und Hildburghausen liegt das Städtchen Eisfeld. Dort kennt Ditzen eine Frau, die ihn in Pension nehmen will.

Wie das Leben so spielt: Ohne es recht zu wollen, kehrt er zu den Stätten seiner Jugend zurück: Rudolstadt und Tannenfeld wären in einem Tagesmarsch von Eisfeld aus zu erreichen. Die Zeit auf dem Rudolstädter Gymnasium – und vor allem deren abruptes Ende nach dem „Duell" – ist eines der dunkelsten Kapitel in seinem Leben. Zurück blieb der einzige Mensch, der durch seine Hand je zu Tode kam.

An die folgende Zeit in der Heilanstalt Tannenfeld erinnert er sich ebenso ungern: Die Anstalt war Gefängnis und Privatschule zugleich. Und Tante *Ada* eine herzensgute, aber gestrenge Zuchtmeisterin.

Schon einmal in seinem Leben ist er hier in Thüringen »nach einem Unwetter untergekrochen und lernte es, daß die Thüringer den Windschatten – die stille Ecke vor dem Sturm – die Geduld nennen. Er sitzt in der *Geduld* – ja, wahrhaftig. Da sitzt er und wird warten, wenn es manchmal, namentlich auch von der finanziellen Seite her, nicht leicht sein wird«, schreibt er an Schwester und Schwager wie von einem Anderen, Fremden.

Wenn er die freie Wahl hätte, würde er sich vielleicht lieber woanders erholen, doch er hat keine Wahl. Carwitz ist ihm – bis auf weiteres – versperrt. Und er ist froh, Berlin hinter sich zu haben. »Die Wochen in Berlin werden wohl für immer zu den schwersten gehören, die ich bisher durchgemacht habe. Einen ganzen Berg ungelöster und kaum lösbarer Probleme in mir, dazu krank und schlaflos – und dann die Serie der Terrorangriffe, die das Schlimmste waren, was ich erlebte.«

Bald gefällt es ihm in dem 5 000-Seelen-Ort. Eisfeld liegt eng zusammengedrückt in einem Tal, hat kleine schiefergedeckte Fachwerkhäuschen und eine schöne Barockkirche. Er lebt im Hause der Familie Reich bei Margarete Norweg, einer früheren Haustochter der Ditzens. Schwester Elisabeth bekommt ausführliche Berichte über den neuen Aufenthaltsort ihres Bruders und seiner Gastgeber.

Margarete war vor zehn Jahren ihrem herrischen Vater entflohen und hatte sich bis nach Feldberg durchgeschlagen. »Nun sitzt sie wieder daheim, einen Sohn von gut einem Jahr betreuend, eine Tochter erwartend, während der ganz ehelich angetraute Mann in Berlin irgendwelche Magistrats-Bekanntmachungen redigiert.«

Ein Sohn aus der ersten Ehe des Mannes, ein Enkelkind und der alte Vater Reich gehören ebenfalls zum Haushalt, in dem es trotz der vielen „Köpfe" ruhig und bescheiden zugeht. Ditzen ist viel außer Haus. Er wandert in den verschneiten Bergen; morgens zwei, drei Stunden lang, nachmittags nochmals eine Stunde.

Die friedliche Berglandschaft läßt vergessen, daß die Ostfront bröckelt, im Westen die Alliierten gelandet sind und alles einem schrecklichen Ende entgegentreibt.

Fünfzehn bis zwanzig Kilometer legt er täglich zurück, obwohl sein Schuhwerk – »als einziges: Halbschuhe« – für solche Märsche denkbar ungeeignet ist. Kaum einen Menschen trifft er auf seinen Spaziergängen, nur ein paar Frauen mit großen Tragekiepen auf dem Rücken, in denen sie Sammelholz heimschleppen.

Bei seinem täglichen Gang ins Gebirge kommt er an eingezäunten Baracken vorüber, in denen russische Zwangsarbeiterinnen wohnen. Die Gardinen vor den Fenstern sind kunstvolle, luftige Gebilde aus Papier, mit der Schere zu zierlichen Mustern geschnitten. Er bewundert die Geschicklichkeit der Frauen, unter denen er „nicht eine Hübsche" entdeckt. Tiefergehende Gedanken kommen ihm nicht beim Anblick der importierten Arbeitskräfte, die für die deutsche Rüstung schuften.

Das Essen bei Margarete ist reichlich, wenn auch lange nicht so gut wie daheim in Carwitz; donnerstags und sonntags gibt es Thüringer Klöße, und auch ein schönes Brot wird hier gebacken. Langsam erholt sich Ditzen und nimmt wieder an Gewicht zu. Er raucht weniger, kann sogar ein Konzert in Eisleben mit Margarete besuchen, weil er es »inzwischen drei Stunden ohne Rauchen« aushält. Er schläft etwas besser, spricht allerdings viel im Schlaf, schlägt mit den Armen um sich und erwacht schweißnaß.

Von der zierlichen, sanften Margarete hat er sich vielleicht mehr versprochen. Sie haben sich nach ihrer Hausmädchenzeit nicht wiedergesehen, die zehn Jahre sind nicht spurlos an ihr vorbeigegangen.

Ditzen hat sie als zugänglich, redselig und gebildet in Erinnerung behalten, aber die abendlichen Gespräche mit ihr sind einseitig: Er erzählt, sie macht Handarbeiten und hört zu. Er legt sich Patiencen und bringt ihr Zwickern bei, ein Holsteiner Bauernspiel, das er im Gefängnis in Neumünster lernte und in den ersten Ehejahren mit Suse oft gespielt hat.

Abends zwickern Margarete und ihr Gast in der geheizten Wohnstube ein Stündchen, dann geht er hinauf in sein Zimmer und legt sich in das riesige Bauernbett. Er schützt sich »gegen die Kälte mit zwei Unterbetten aus Federn und einem Plumeau, das so prall gefüllt ist«, daß er manchmal das »Gefühl hat, am Fuß des Montblanc zu schlafen«. Und kommt endlich der Schlaf, so sind Alpträume seine ständigen Begleiter.

Traumwelt V

Der Zug setzt sich langsam in Bewegung. Die Lokomotive faucht, die Pleuelstange schiebt sich vorwärts, die Räder beginnen zu drehen. Der Zug fährt aus dem Bahnhof.

Hinter der Lok eine lange Wagenkette; offene Güterwagen mit wertvoller Fracht. Sie sind bis zum Rand beladen mit Manuskriptstapeln. Vorn liegen die Erstlinge, die er am liebsten vergessen möchte. Aber sie sind seine ungeliebten Kinder, der Junge Goedeschal, Anton und Gerda. Dann folgen die Wagen mit Bauern, Bonzen, Bombenlegern und dem kleinen Mann, – jene Kinder, die in die Welt hinausgingen und ihn bekannt machten.

Immer neue Wagen rollen vorüber, randvoll mit allem, was geschrieben wurde, Gedrucktes und Ungedrucktes: Der Ungeliebte Mann, Kleiner Mann, Großer Mann – alles vertauscht, Ein Mann will hinauf, – all die Versuche, das Erfolgsmodell vom Kleinen Mann zu wiederholen.

Auf dem hinteren Zugteil liegen riesige Papierrollen; gutes weißes Papier, das darauf wartet, beschrieben und bedruckt zu werden.

Er ist froh, daß bald alles in Sicherheit ist. Es erinnert ihn an die Heuernten vor den drohenden Regenschauern. Es war immer ein Wettlauf mit der Zeit, und sie haben ihn immer gewonnen, fast immer.

Er schaut dem Zug hinterher. Er will sich gerade abwenden, da hört er dieses Rummeln und Pfeifen in der Luft. Es ist weit weg und nicht sehr laut. Er muß sich keine Sorgen machen. Er hat sein Heu im Trockenen.

Dann geht alles sehr schnell, in Sekunden. Motorengeheul in der Luft. Zuerst sieht er die kleinen Jäger, dann die B 17. Sie halten genau auf den Zug zu, der nun außerhalb der Stadt, fast schon über den Berg ist.

Er sieht die Bomben fallen, will schreien, bringt aber keinen Ton heraus. Die Einschläge sind nicht sehr laut. Sie treffen den Zug. Dann schlagen Flammen aus den Wagen. Hoch, immer höher, bis zum Himmel.

Und endlich, endlich gehorcht die Stimme: Er schreit vor Zorn, aus Angst, Hilflosigkeit und Wut. Er schlägt mit den Armen um sich, will rennen, etwas aus dem Inferno retten, aber die Beine gehorchen ihm nicht ...

Im März meldet sich der *Heyne Verlag*, um mit Ditzen einen Vertrag auszuhandeln. Welch ein Unterschied zu Rowohlt! Es sollen nur einzelne Projekte vereinbart werden, Verlagsverträge dürfen während des Krieges ohnehin nicht abgeschlossen werden; Papier gibt es ausschließlich nur noch für kriegswichtige Publikationen. Geld für den mit Ledig vereinbarten Abstand ist deshalb auch nicht vorhanden. Wozu braucht man da überhaupt einen Verlag?

Nun, der neue Partner in Dresden hat immerhin einen Namen und ein Gesicht. Herr Schneekluth war in Eisfeld zu Besuch, und er erwies sich weniger eisig als sein Name und die Umgebung. Er würde auch gern etwas mit „Herrn Fallada" machen. Hat der nicht irgend etwas Passendes? Passend in die schwere Zeit, und vor allem: passend den hohen Herren vom *Propami*? Herr Ledig sprach von einem neuen Romanvorhaben über das jüdische Bankhaus *Kutisker & Barmat*. Wäre das nicht etwas in der Art?

Ditzen verspricht, darüber nachzudenken. Vielleicht kann man das Projekt benutzen, um doch an Papier heranzukommen und etwas ganz anderes an seiner Statt zu machen? Eine vage Aussicht, eher geht wohl der Krieg zu Ende und die Verhältnisse ändern sich grundlegend. Aber Ditzen klammert sich an diesen Strohhalm.

Er hat Grund, in seinem Schneckenhaus zu bleiben oder etwas zu seiner Verteidigung zu tun. Es hat einen »Angriff von höchst offizieller Stelle« auf ihn gegeben, wie er Rowohlt schreibt, einen Artikel, »in dem festgestellt wurde, daß ich, der Renommiergoi sämtlicher Juden Berlins, für die Allgemeinheit überhaupt nichts nütze bin«.

Unter diesen Umständen wäre es vielleicht gut, in Berlin die Nachricht zu lancieren, Fallada schreibe jetzt an einem Roman *gegen* die Juden ...

Ende März wird es unwirtlich im Thüringer Wald. Abgesehen davon, daß es immer noch eisig ist, gibt es nun auch in der kleinen Stadt täglich Sirenengeheul und Alarm, sogar tagsüber, wenn Ditzen unterwegs ist. Er muß dann auf Schleichwegen in die Stadt zurück, um nicht als fremder Wanderer bis Alarm-Ende ausgesperrt zu bleiben.

Ein andermal will ihn eine Schaufelkolonne des RAD nicht vorüberlassen und mit Gewalt zum Freischippen einer Straße einsetzen. So nützt alles Verdrängen – »Kriegsprobleme und -beobachtungen sammle ich so wenig wie nur möglich, es bleibt dann noch immer viel zu viel.« – nichts.

Er ist froh, daß Suse Ende März der Rückkehr nach Carwitz zustimmt, – vorerst, sozusagen auf Bewährung. Auch seine Bedingung, daß Suses Verwandtschaft bis zu seiner Ankunft abreist und ihm nicht unter die Augen kommt, hat die Frau erfüllt. Vielleicht wird jetzt doch noch alles gut.

Am 5. April ist der 15. Hochzeitstag von Anna und Rudolf Ditzen. Es gibt keine Feier, der Tag steht im Carwitzer Kalender, vorgetragen am Jahresanfang 1944 wie alle Geburts- und Todestage der Verwandten, wie die Steuer- und Abgabentermine. Es sind nur Kalendertage, fast wie alle anderen.

Von nun an beginnt das, was man heutzutage einen *Countdown* nennt: Noch ein viertel Jahr bis zur Stunde Null, dem 5. Juli, Tag der Ehescheidung. Das sind zwölf Wochen oder zweiundneunzig Tage oder zweitausend Stunden, die sie noch als Mann und Frau miteinander haben, – keine guten Tage und nur wenige friedliche Stunden.

Das Osterfest ist kalt, es herrschen frostige Temperaturen. Die beiden großen Kinder sind aus Neustrelitz und Templin in die Ferien gekommen, der kleine Achim hatte am 3. April seinen 4. Geburtstag. Der Gründonnerstag ist »ein ruhiger Feiertag«, am Sonntag gibt es ein »nettes Ostereiersuchen«.

Am Ostermontag radelt der Vater mit Uli und *Mücke* nach Lychen, – ein wenig österlicher Ausflug. Es regnet, die Temperatur liegt nur wenig über null Grad. In Lychen werden sie von Wehrmachtsposten von der Straße getrieben; ein Militärtransport hat Vorfahrt.

Durchnäßt und frierend sind sie abends, nach vierzig Kilometern Radfahrt, wieder daheim. Wenn der Vater auf eine Gelegenheit gehofft hat, sich mit seinen beiden großen Kindern über die Situation in der Familie auszusprechen, so hat sie sich wohl nicht ergeben.

Am 1. Mai sind die Eheleute Ditzen das erste Mal beim Anwalt Rehwoldt in Neustrelitz, danach trennen sich auch diese Wege: Suse fährt nach Berlin, um einen eigenen Anwalt zu nehmen, zu dem sie mehr Vertrauen haben kann. Ditzen behält den Herrn Dr. Rehwoldt, der stolz darauf ist, einige Bücher seines berühmten Klienten zu kennen. Weitere schickt ihm Ditzen postwendend zu, – »keine Bestechung, ein kleiner Dank im voraus«, wie er es ausdrücklich anmerkt.

Bei den eigenen Werken fehlt der Erinnerungsband *Heute bei uns zu Haus*, – nicht zufällig. Zu ungeheuerlich ist die Kluft zwischen dem, was Ditzen dort über seine Ehefrau schrieb und wie er sie jetzt – nur ein Jahr später – seinem Anwalt gegenüber beschreibt. Selbst im Privaten könnte nun die Schrift wider ihn zeugen.

Das Buch beginnt mit einem Loblied auf Anna Ditzen: »Am Anfang und am Ende dieses Buches und auf allen seinen übrigen Seiten ist von meiner Frau Suse die Rede – auch wo nicht von ihr gesprochen wird. Sie hat mich erst zu dem gemacht, was ich geworden bin, sie hat einen Verbummelten wieder das Arbeiten gelehrt, einen Hoffnungslosen die Hoffnung. Durch ihren Glauben, ihre Treue, ihre Geduld wurde aufgebaut, was wir heute besitzen, was uns alle Tage freut. Und das alles geschah ohne viele Worte, ohne Aufhebens, ohne Schulmeisterei, einfach dadurch, daß sie da war, daß sie in guten und schlimmen Stunden zu mir hielt. Daß sie an mich glaubte. Daß sie so war, wie sie war. Güte und Geduld und Verzeihenkönnen, auch wo sie nicht verstand.

Heute, da ich diese Zeilen schreibe, feiern wir unsern vierzehnten Hochzeitstag, das heißt, wir feiern ihn nicht, wir denken daran, daß wir jetzt dreizehn Jahre zusammengehören …«

Wozu nun, da alles klar ist, sich Zwänge auferlegen und die Nächte allein im kalten, einsamen Gärtnerzimmer verschlafen? Wenn doch Anneliese in greifbarer Nähe bei ihrer Mutter im Dorf wohnt und ihr Hänschen weit weg an der Front ist.

Ditzen hält nun endlich seinen *Ausmusterungsschein* in Händen. »Der Schriftsteller Ditzen, Rudolf Friedrich Wilhelm, ist völlig untauglich zum Dienst in der Wehrmacht. Er scheidet aus dem Wehrpflichtsverhältnis aus.« Stempel, Unterschrift. Auch zum Kanonenfutter taugt er nicht mehr. Aber der Pflicht, „für Führer, Volk und Vaterland" Gesundheit und Leben zu opfern, ist er entronnen.

Ab und an geht Ditzen nach Feldberg zum Stammtisch, seit er dort jenem Wesen wiederbegegnet ist, das wie von einem anderen Stern auf ihn wirkt: der Frau aus der Bahnhofsgaststätte. Er trifft sie bei den Männern im *Deutschen Haus*, und sie scheint sich in dieser Runde wohl zu fühlen. Der dicke Tierarzt fragt Ditzen jovial: „Auch mal wieder da, Herr Schreiber? Man ist ja froh, wenn man mal ein bekanntes Gesicht sieht unter all dem fremden Volk hier."

Er läßt die plumpe Begrüßung von *Farken-Wilhelm* über sich ergehen, ohne etwas zu erwidern, klopft auf den Tisch und setzt sich. Der Apotheker fragt: „Frau Losch kennen Sie wohl schon?! Sie ist in Berlin ausgebombt, hat kürzlich ihren Mann verloren und lebt nun mit ihrer Familie in den Klinckecken."

Ditzen erhebt sich und macht – halb im Scherz – eine Verbeugung in Richtung der Frau, die hell auflacht: „Rühren, Herr Fallada! Behalten Sie doch Platz!"

Ditzen mag sich nicht eingestehen, daß er in den letzten Wochen unablässig an diese Frau gedacht hat. Er redet sich ein, daß er sie anders in Erinnerung behalten hatte; nicht derart aufdringlich, sondern frischer, natürlicher. Wie sie die Beine übereinanderschlägt! Nicht nur die Fingernägel, auch die Fußnägel sind rot lackiert.

So, eine lustige Witwe ist sie also, aber mit Familie. Und sie scheint sich nach ihm erkundigt zu haben. Jedenfalls kennt sie ihn. Er fühlt sich geschmeichelt. Er spendiert eine Runde, dann beteiligt er sich am Stammtischgespräch, erzählt von Berlin, den Reisen nach Frankreich.

Er ist ein guter Geschichtenerzähler, kann charmant sein, die Zuhörer faszinieren. Von den düsteren Geschichten geht er bald zu den angenehmeren, heiteren über, bestreitet das Gespräch fast allein.

Von Zeit zu Zeit schaut er dabei die Frau an, achtet darauf, welche seiner Erzählungen sie besonders erheitern. Und wenn die langen Haare zurückfliegen und die Frau mit dem geschminkten Mund herzlich lacht, fährt er schon fort, ruft zwischendurch nach Wein.

Es wird ein schöner Abend, und als er Frau Wendel fragt, ob ein Zimmer frei ist, nickt sie nur. Sie hat wohl bemerkt, wie der Pfau turtelt und wem sein ganzes Balzgehabe gilt. Die Frau könnte doch seine Tochter sein. Soll sich was schämen, der alte Gockel. Und die arme Suse sitzt mit den Kindern und all der Arbeit zu Hause, während er sich hier vergnügt.

Er übernachtet in der Stadt, verabredet sich für den nächsten Tag mit Ulla Losch und bummelt mit ihr und Tochter Jutta durch die Straßen. Sie werden von allen Seiten argwöhnisch und mißgünstig beobachtet. Die Nachricht von der jüngsten Eskapade des Schreiberlings und vom Rendezvous mit der schönen Berlinerin gelangt nach Carwitz, ehe noch Ditzen wieder heimgekehrt ist. Dafür hat *Farken-Wilhelm* bei seiner morgendlichen Visite im Dorf gesorgt.

»Da war diese junge Frau, jetzt zweifelsfrei Witwe, dreiundzwanzig Jahre alt, nicht mehr, obwohl sie bereits die Mutter eines fünfjährigen Kindes war, und sie trug zur Trauer gelackte Fingernägel und machte sich den Mund purpurrot. Die Kleinstadt wußte, was sie von einer solchen Frau zu halten hatte, genau wie sie über Doll Bescheid wußte. Eine gemeinsame Abwehrfront gegen sich, ausgeschlossen vom Leben der anderen, bespitzelt, beargwöhnt, verleumdet, mußten sie eines Tages zueinander kommen.« Dies ist eine Episode aus dem späteren Roman *Der Alpdruck*, nur der Name des Mannes – *Doll* statt *Ditzen* – ist ein anderer als in Wirklichkeit.

Der Monat Mai ist ein rechter Unglücksmonat im Haus. Ditzen geht fast alles schief, was er anpackt. Und er muß jetzt viele Dinge anpacken, die kein anderer mehr macht. Für die landwirtschaftlichen Arbeiten ist nur der Pole Matjä da. Er scheint zu ahnen, daß seine Zeit in dem ungeliebten Feindesland zu Ende geht. Wenn Matjä nicht will, bleibt er einfach auf seinem Dachboden und dreht Seile, mit denen er sich zusätzlich ein paar Mark verdient. Holt ihn der Gendarm zur Arbeit ab, so ist er zwar da, gibt aber vor, kein Deutsch zu verstehen.

Als Matjä sich weigert, Gras zu mähen, verprügelt Ditzen ihn kurzerhand. Der kleine Pole ist ja nur Beutegut, das sich nicht wehren darf. Das Ergebnis ist, daß Matjä wegläuft, Ditzen nun selbst zur Sense greifen muß.

Er ist spät dran. Es ist weder Mist gestreut, noch gepflügt. Die Pflanztermine für Mais und Kartoffeln sind längst überschritten. Es liegt kein Maiskorn im Boden, die Kartoffeln sind nicht verlesen, – alles Arbeiten, die Ditzen nicht gern macht, weil sie ihm nicht gut und nicht schnell genug von der Hand gehen. An das Schreiben ist schon gar nicht zu denken. Darüber und über die sonstigen kleinen Unfälle und Mißlichkeiten im Mai gibt sein Geschäftstagebuch eine ausführliche Auskunft: »16. 5.: Beim Anwalt; 20. 5.: Rumgepusselt. Besuch in Feldberg; 21. 5.: Ruhiger Sonntag mit Anneliese. Vergebliches Warten auf Uli. 24. 5.: Fliegerangriff auf Neustrelitz; 25. 5.: Nichts Rechtes getan; 26. 5.: Wenig getan; 29. 5.: Nichts getan; 30. 5.: Achim beim Waschen von der Treppe gefallen (stark geblutet).

Nicht gelungene Radioreparatur von Licht. 31. 5.: Karnikkelhäsin geworfen. Junge tot, Alte tot ...

Und wenn er – so selten wie möglich – am Bienenhaus vorüberkommt, erblickt er das Resultat seiner eigenen Unbeherrschtheit. Er empfindet fast so etwas wie Dankbarkeit gegenüber den zähen, fleißigen Tieren, daß viele von ihnen den Anschlag im Januar überlebt haben. Doch die Völker sind stark reduziert, und mit Blick auf seine Restvölker ahnt Ditzen: »Es wird ein schlimmes Jahr werden.«

Am Ende dieses verflixten Wonnemonats Mai schreibt er einen langen Brief an die Schwester Elisabeth, die er seit der Kindheit *Ibeth* nennt, und an Schwager Heinz Hörig. Die beiden sind die einzigen Freunde, die letzten Personen seines Vertrauens. Irgend jemandem muß er sein Herz ausschütten.

Er, dem nicht mehr zu helfen ist, sendet einen Hilferuf aus. Er hat mit hohem Einsatz gespielt – und alles verloren: »Ich bin sehr alt geworden, nicht nur äußerlich, ich bin lebensmüde. Was soll ich noch? Niemand scheint mich mehr zu brauchen. Der Traum, ein großer Künstler zu werden, ist ausgeträumt. Ich bin auch nur ein Bücherschreiber wie so viele. Vielleicht habe ich zu sehr nach Geld und Erfolg geschielt, ich weiß es nicht. Es waren ja oft auch schwere Zeiten, in denen ich lavieren mußte. Alles ist aussichtslos, alles ist trübe, alles schmeckt nicht mehr.

Ich lebe unter Feinden, keine Stimme reicht zu mir. Ich bin so allein, wie ich es nie für möglich gehalten hatte. Die ich liebte, nach den schwachen Kräften meines Herzens liebte, sie verachten und sie hassen mich. Alle meine Freunde verlassen mich, und doch wollte auch ich einmal das Beste. Daß es das nicht immer wurde, ich habe mich nicht selbst geschaffen, eine unglückselige Mischung, zu weich und zu hart, alles bricht ...«

So selbstkritisch war er nie, und er wird es kaum je wieder sein. Er versucht, gerecht gegen Suse zu sein. Er sieht ja, daß sie vom frühen Morgen bis in die Nacht rennt und schuftet, trotz angeschlagener Gesundheit, und daß sie doch nicht die Hälfte von dem schafft, was sie sich vorgenommen hat. Er sieht sein Gefühl für sie sterben, hat »ein unendliches Mitleid mit ihr«. Selbst die Kinder, früher der ganze Stolz seines Lebens, sind »rasch vergehende Lichtblitze in einem tiefen Dunkel«.

Das Paradies, einst in der Not gefunden und mit Liebe aufgebaut, ist zur Hölle geworden, auch und vor allem durch eigene Schuld: »Ich habe schwere Fehler begangen, auch Schuld auf mich geladen.«

Bis hierher reichen noch Einsicht und Selbstkritik. Aber dann sucht er, wie so oft, die Schuld an seiner Situation wieder bei anderen. Die eigentlichen *Totengräber* seiner Ehe sind Suses Schwestern, Nichten und Schwäger. Und die eigene Mutter. Er klärt Schwester Ibeth über »Mutti und ihre Stellung in meinem Hause« auf.

Die sechsundsiebzigjährige Elisabeth Ditzen, etwas gehbehindert, aber noch geistig rüstig, flink mit dem gesprochenen und geschriebenen Wort, hat sofort nach ihrer Übersiedlung Partei für die Schwiegertochter ergriffen. Mutter und Sohn reden nur das Nötigste miteinander. »Suse ist sehr liebevoll zu ihr, und so hat sie wohl das, was sie braucht.« Seine Frau hat sich auch bereit erklärt, die Versorgung der Schwiegermutter auch nach der Scheidung zu übernehmen.

Alles geregelt, niemand braucht ihn mehr. Er kann sein Testament machen, – was er auch tut.

Und sich ein paar Stunden mit den Kindern beschäftigen. Sie leiden unter den Spannungen, die zwischen Suse und Ditzen in den letzten Jahren aufgekommen sind, am meisten. Er holt Uli aus dem Gymnasium, da er in Templin wegen der Fliegerangriffe gefährdet ist und der Unterricht in der zur *HJ-Heimschule* aufgerüsteten Anstalt durch Übungen und Alarm nur noch unregelmäßig stattfindet.

Mit Uli, Lore und dem vierjährigen Achim unternimmt der Vater einen Ausflug zum Bohnenwerder, wo die Kinder eine Höhle gebaut haben, die sie dem Vater zeigen wollen. Bald sind sie auf dem idyllischen Werder, der ihnen ganz allein gehört. Wer hat schon Muße, an diesem Frühsommertag spazierenzugehen, was auf dem Lande selbst in Friedenszeiten als Luxus gilt, den sich nur „einer wie Ditzen“ leisten kann.

Der Vater besichtigt die Höhle, die die Kinder in den Sandberg gegraben haben. Er muß die Pflanzen und Gräser benennen, die der Jüngste anbringt: „Papa, was ist das?“ *Mücke* ist zum Ufer gelaufen und probiert vorsichtig, ob das Wasser wirklich zu kalt zum Baden ist, wie der Vater gesagt hat. Sie kommt enttäuscht zurück; ausnahmsweise hat ein Erwachsener mal recht.

Uli schaut abwesend auf den See. Er ahnt, daß zu Hause einschneidende Veränderungen bevorstehen. Der Vater schaut unauffällig zu ihm: Wie sag ich's meinem Kinde, das kein Kind mehr ist? Wie groß der *Murkel* geworden ist, fast schon ein Mann mit seinen vierzehn Jahren.

Als Achims Wißbegier für einen Moment erlahmt, legt sich der Mann auf den Rücken ins Gras und schließt die Augen: Gibt es noch einen Weg aus dem Labyrinth, der zurückführt ins Paradies der ersten Carwitzer Jahre?

Plötzlich ist es auf dem Bohnenwerder mit der Ruhe vorbei. Ein Geräusch, das Ditzen und seinem ältesten Sohn längst nicht mehr fremd ist, erfüllt die Luft. Ditzen sucht den Himmel ab. Da kommen – von Südwesten her – zwei Tiefflieger genau auf die Insel zugerast. Es scheinen keine Wehrmachtsmaschinen zu sein. Sie jagen über die Insel, Vater und Kinder verfolgen sie mit den Augen. Uli hat sich lang auf die Erde geworfen und zielt mit einem Stock auf die Flugzeuge: „Peng, peng!“ Er entdeckt den weißen Stern am Rumpf. „Es sind Amis, Vater, amerikanische Jäger. Einen hab ich erwischt. Er schmiert ab.“

Als die Flugzeuge schon sehr klein am Himmel werden, ziehen sie eine große Schleife und kehren zurück. Wieder scheint die Halbinsel ihr Ziel zu sein, abermals jagen sie im Tiefflug darüber hinweg und verschwinden in der Richtung, aus der sie gekommen sind. Es folgt eine Stille. Also auch hierher reicht der Arm des Krieges bereits!

Ditzen erhebt sich und zieht den Kragen der Jacke hoch. Ihm ist kalt geworden. Er schaut zu den beiden Jüngsten, die dabei sind, ihre Höhle weiter auszubauen. Sie haben sich nur kurz für die Flugzeuge interessiert. Für sie verbindet sich der Krach nicht mit Feuer, Zerstörung, Tod.

Wie dilettantisch die beiden ihre Höhle tarnen! Sie stecken frische Zweige in den Sandboden um die Höhle. Und was ist in ein, zwei Tagen, wenn die Zweige vertrocknet sind und mehr auffallen als tarnen inmitten des satten Grüns ringsum? Nein, so geht es nicht.

Er hebt Achim aus der Grube und hilft den Kindern, die Höhle besser gegen Fliegereinsicht zu schützen. Man müßte das Loch vergrößern, es mit Gras und Moos auslegen. Dann hat selbst ein Erwachsener darin Platz.

Er verteilt Aufträge, das gefällt Achim und Lore, und selbst Uli ist begeistert. *Mücke* wird nach Moosfladen ausgeschickt. Uli soll mit dem Taschenmesser unten am See dicke Ellernzweige in Meterlänge abschneiden. Nur Achim kann sich nicht entscheiden, ob er beim Vater bleiben oder einem der beiden hinterherlaufen soll.

Ditzen beginnt zu graben. Ohne sich recht bewußt zu sein, was er tut, arbeitet er sich in die Erde. Er schiebt den losen, trockenen Sand mit den Händen aus der Höhle. Dann wird der Untergrund fester, das Graben mit den Händen unmöglich. Ditzen nimmt ein kleines Brett zu Hilfe.

Bald türmt sich die Erde vor dem Eingang auf. *Mücke* soll sie verteilen, Grassoden und Moosballen darüber legen. Den Kindern gefällt das Spiel. So schön hat der Papa lange nicht mehr mit ihnen gespielt. Es ist wie früher.

Verbissen gräbt sich Ditzen immer weiter ins Erdreich. Er ist nun fast ganz darin verschwunden. Uli kommt mit den Ästen zurück, und sie bauen ein Gerüst über den Eingang, stützen die Seiten ab. Das Ganze sieht nun aus wie ein kleiner Unterstand, ganz so, wie ihn die jungen Rekruten des RAD in vorgegebener Zeit bauen müssen.

Hat er es in der Zeit, rechtzeitig geschafft, einen Schutzraum für sich und die Seinen zu bauen? Er ist erschöpft, läßt sich auf dem Moosberg nieder, während die Kinder die komfortable Höhle in Besitz nehmen.

Wenn er die Augen schließt, hört er wieder das Dröhnen in der Luft, das Pfeifen der Bomben, die Einschläge; sieht brennende, zusammenstürzende Häuser; Flammen, schreiende Menschen. Er steckt den Kopf in den Sand, will nichts hören und sehen …

Traumwelt VI

Er erreicht die Insel und sieht das brennende Wrack im Wasser. Jeder Rückweg ist versperrt. Nun gibt es nur ihn und diese Insel, auf die es ihn verschlagen hat. Er ist der Mann auf der Insel mit der einsamen Palme in der Mitte, – Stoff für immer neue Inselwitze. Eine Witzfigur, die einzig einen Spiegelspion gerettet hat. Er ist der Mann, der mit der Flaschenpost eine Einladung zum Abendessen bekommt, dem eine Kiste zutreibt und als er sie öffnet, ist ausgerechnet eine Hängematte darin.

Und schließlich – Gipfel von Hohn und Spott – kommt vom Wrack her eine kleine Truhe mit Stift und Schreibblock. Aussichtslos gefangen auf einer einsamen Insel. Rettungslos. Künstlerlos.

Was er tut, was er besitzt, hat keinen Wert, ist nutzlos wie er selbst.

Mücke trällert über den Hof, sie klopft laut gegen die Tür: „Papa, du sollst rüberkommen“, ruft sie.

Ditzen schließt die Tür auf. Ohne Brille sieht der Vater ganz anders aus, beinahe fürchtet sich *Mücke* vor ihm. Sie wurde geschickt, ihn zum Mittagessen einzuladen. Es ist Sonntag, und es war ausgemacht, daß er zum Essen kommt.

„Was gibt es denn Schönes“, fragt Ditzen und versucht, sein wirres Haar zu glätten.

„Na, Häschenbraten im Weckglas“, sagt Lore, und der Vater denkt: Ganz der Tonfall ihrer Mutter, der immer ein bißchen überlegen klingt.

„Mach schnell, Papa, sonst wird alles kalt", sagt das Mädchen und läuft wieder zurück.

Ditzen folgt ihr ein paar Minuten später. Auf zur Henkersmahlzeit, denkt er sich. Der Scheidungstermin in Neustrelitz steht fest, und danach wird es wohl keine gemeinsamen Mahlzeiten mehr geben. Getrennt dann nicht nur vom Bett, sondern auch vom Tisch.

Ditzen sagt „Mahlzeit!" beim Eintritt und tut, als ob er einen Hut vom Kopf ziehe, macht dazu eine Verbeugung. Lore kichert in die vorgehaltenen Hände. Da sitzen sie und warten auf ihn: zappelig der Jüngste, mit betont gleichgültigem, also vorwurfsvollem Blick die Mutter.

Uli sitzt an der Stirnseite – an seinem Platz – und schaut auf seine neue Armbanduhr, die ihm die Großmutter zur Konfirmation geschenkt hat. Hält er dem früher so peniblen Vater seine eigene Verspätung vor, oder ist er nur gelangweilt? Uli will seinen Platz freimachen, aber der Vater gibt ihm ein Zeichen, sitzenzubleiben. Er setzt sich seiner Mutter gegenüber.

Anna Ditzen hat es so eingerichtet, daß er ihren Schwestern und Frau Burlage nicht unter die Augen kommt. Sie haben „vorgegessen" und sitzen im Wintergarten beisammen. Er sieht sie durch die Glastür. Sie stecken die Köpfe zusammen und reden leise miteinander. Man kann zwar nichts hören, aber über wen werden sie reden? Ihm fällt nicht schwer, es zu erraten.

Suse geht mit der Schüssel von einem zum anderen, kellt auf. Sie hat mit dem Bratenfond eine herzhafte Zwiebelsuppe gemacht, es riecht wunderbar. Als sie hinter dem Mann steht und ihm auffüllt, vermeidet sie jede Berührung. Dann setzt auch sie sich: „Guten Appetit!"

Die Kinder machen sich über die Suppe her. Sie haben lange genug warten müssen. Löffel klappern in den Schüsseln. Ditzen sieht aus dem Augenwinkel, wie die Mutter gegenüber ihre Suppenschüssel anhebt. Er weiß, was nun kommt. Ungeniert schlürft die alte Frau ihre Suppe aus. Ein gräßliches, widerwärtiges Geräusch. Lore hat einen Löffeltakt ausgelassen und aufgeschaut; Achim will etwas sagen. Ein kurzer Blick von Suse genügt, und sie essen schweigend weiter.

Eigentlich müßte er mit der Mutter reden, denkt Ditzen. Es ist doch kein Zustand, über ihre schlechten Tischmanieren wegzusehen. Wie sollen die Kinder wissen, was sich gehört und was nicht? Aber welches Recht hat er, sich hier einzumischen? Er ist ein Fremder in der eigenen Familie. Das Schlimmste ist dieses verbissene Schweigen der beiden Frauen. Ihn hält es nicht mehr auf dem Stuhl. Er läßt sich die Suppenschüsseln von den Kindern geben und bringt sie zur Abwäsche.

Suse hat sich am Herd beschäftigt, sie trägt Kartoffeln, Soße und die Bratenplatte auf. Die Platte ist heiß, Suse muß sie mit einem Topflappen anfassen. Sie reicht sie zuerst der Schwiegermutter. Nun beginnt jenes Spiel, über das er sich zu anderen Zeiten amüsiert hätte: Elisabeth Ditzen hält die Gabel gezückt, und sie weiß auch sogleich, welches Stück von dem leckeren, knusprigen Hähnchen sie dann nehmen möchte. Sie berührt den schönen großen Schenkel mit der Gabel, schiebt ihn etwas zur Seite und besieht sorgenvoll die anderen Stücke. Die Gabel kommt aus der Bratenplatte zurück: „Ach, Suse, ich weiß wirklich nicht, welches Stück ich nehmen soll. Bitte, gib du mir eines."

Suse setzt die Bratenplatte ab, gibt der Mutter ein Stück Fleisch, jenes, das sie sich mit einem Rest von Bescheidenheit nicht selbst zu nehmen getraute. Alle warten das Zeremoniell ab, die Kinder mehr oder weniger geduldig. Ditzen bewundert die Ruhe seiner Noch-Ehefrau.

„Ach, Suse", seufzt die Mutter, „das hätte doch nicht Not getan, gib es doch deinem Mann."

Ditzen hat Mühe, sich zurückzuhalten. Diese Heuchelei der Alten, die nun seelenruhig ihren fetten Braten verspeist und natürlich wieder das Messer zum Mund führt.

Die Sache treibt einem bösen Höhepunkt entgegen, als sie mit halbvollem Mund bemerkt: „Rudolf ißt ja gar nicht. Er sieht schlecht aus, findest du nicht auch?" Und wieder dieser kurze, herrische Blick von Suse, der zur Ruhe mahnt. Sie will Streit am Tisch vermeiden, solange die Kinder anwesend sind.

Ditzen hat nicht die Geduld von Suse. Er behält aber die Beherrschung, legt das Besteck zur Seite und erhebt sich. Er steht da, als ob er eine Tischrede halten wollte, und es ist eine sehr kurze Ansprache: „Ich bitte, künftig von gemeinsamen Mahlzeiten mit mir Abstand zu nehmen. Ich werde ab morgen drüben essen!“ Und an Suse gewandt: „Im übrigen hatte ich verlangt, daß deine Verwandtschaft umgehend abreist. Es ist immer noch mein Haus.“

Er geht aus dem Raum und genießt das Schweigen aller, das er hinter sich zurückläßt.

5. Kapitel
Anfang vom Ende

»Das macht nichts, daß man mich totsagte. Es heißt doch: ein Totgesagter lebt noch hundert Jahre, und gerade das will ich.«

Wer in diesen Wochen nach der Scheidung zu Ditzens will, muß am Hoftor sagen, wen er meint: den Mann, der nicht mehr der Hausherr ist und oben im Stallzimmer lebt, oder die geschiedene Frau, die Schwiegermutter, die Kinder im großen Haus gegenüber. *Ditzen* heißen sie alle, aber als Familie gibt es sie nicht mehr.

Wer die Telefonnummer *Feldberg 76* wählt und dann den Schriftsteller Hans Fallada sprechen möchte, muß sich gedulden. Ein Kind oder das einzige im Hause verbliebene Mädchen wird ausgeschickt, den Mann aufzutreiben. Reagiert er nicht auf Rufen und Klopfen, so wird der Anrufer notiert, Suse legt einen Zettel aus, »für Rudolf Ditzen«.

Wer Futter abzuliefern, Sollkartoffeln zu holen, einen Reparaturauftrag zu erledigen hat, schaut vergeblich nach dem Herrn Ditzen aus. Die Hausfrau ist Besitzerin, Verwalterin, Unterschriftsberechtigte.

Geschieden und doch nicht getrennt, auseinander und doch verbunden durch die Last der Jahre, Hab und Gut, die Kinder. Und durch den Alltag des vorletzten Kriegsjahres. So gut es geht – und doch nicht gut genug – sind die Reviere abgesteckt und Grenzpfähle eingeschlagen: Ditzen sorgt für sein Essen selbst, im Küchenschrank hat er ein separates, abschließbares Fach; das große Arbeitszimmer mit den Büchern und dem Telefon darf er mitbenutzen.

Nur die Bienen genießen eine unbegrenzte, fragwürdige Freiheit. Sie fliegen im Niemandsland zwischen ihm und ihr, keiner kümmert sich um sie, obwohl die Ditzens ablieferungspflichtig sind und ein Honigsoll zu erfüllen haben.

Ansonsten hat Anna Ditzen die uneingeschränkte Herrschaft, so steht es im Scheidungsvertrag. Sie besorgt Vieh, Haus, Garten und Felder mit dem Fremdarbeiter und gelegentlichen Hilfskräften. Und bald auch wieder mit ihren Schwestern und Nichten, die zurückgekehrt sind. Worauf muß Suse jetzt noch Rücksicht nehmen? Wie soll sie auch sonst das Übermaß an Arbeit bewältigen?

In den ersten Nach-Ehe-Tagen geben sich beide Seiten Mühe, das Verhältnis zueinander zu entspannen. Die beiden jüngeren Kinder, vor allem aber Achim, sind die Brükke zwischen Vater und Mutter. *Mücke* ist sehr gewachsen und nimmt immer mehr die feste, herbe Art ihrer Mutter an. Wie aber soll man dem vierjährigen Jungen klarmachen, was zwischen Mama und Papa geschehen ist, zu wem er gehört? Und was ist eine Grenze? Und warum?

Bald entstehen aus der Trennung, aus den Überresten von Gemeinsamkeit neue Anlässe für Zank und Streit. Die Grenzen sind fließend, verwischen sich, werden – je nach Ansicht – von der „Gegenseite“ notgedrungen oder absichtlich übertreten. Sie klären, da sie nur schriftlich miteinander verkehren, Streitfälle auf dem Zettelweg.

„Anna Ditzen, früher Suse, gewöhnt sich nun das Spionieren an und öffnet meinen Schrank. Ich merke es jedesmal am Verdrehen des Schlosses.“ Und Suse schreibt auf einen anderen Zettel: „Stimmt!“, verbittet sich aber, daß er Achim mit zu den Benzins ins Dorf nimmt.

Kommt Ditzen ins Bücherzimmer hinüber, um etwas – irgend etwas, gleichgültig, was – zu arbeiten, so unterbrechen die drei Schwestern das Gespräch. Neuerdings ist Stricken bei ihnen Mode. Eine Weile herrscht gespanntes Stillschweigen, man hört nur das hastige Nadelgeklapper.

Dann wird so deutlich geflüstert, daß er es hören soll: „Du mußt erst wieder drei Maschen aufnehmen, bevor du abhebst, drei Reihen glatt, dann wieder sechs links, sechs rechts“. Oder ähnliches.

Legt er – selten genug – eine seiner geliebten Beethoven-Platten auf, um Nadelklappern und Flüstern zu übertönen, so werden Gesichter geschnitten. Wechselt er die Platten auf dem Gerät neben ihrer Sitzecke, dann schauen sie angestrengt auf ihre Stricksachen.

Und dabei soll er viel arbeiten, gut arbeiten, damit viel gutes Geld ins Haus kommt. Den Scheidungsvertrag mit Suse empfindet er als einen Knebelvertrag, der ihm schwere finanzielle Pflichten auferlegt: Er muß für den Unterhalt der Kinder aufkommen, für die Kosten der Landwirtschaft, für sämtliche Steuern, muß der Frau eine Monatsrente von mindestens 500 RM zahlen. Und das ohne feste Einnahmen, ohne Aussicht auf Neu- oder Nachauflagen.

Sie aber und ihre »verdammten verleumderischen Verwandten, dieses geistlose Kleinbürgerpack«, betrachten ihn als »Stänkerer und Störenfried«. Er ist ein kaum geduldeter Gast im eigenen Haus und doch Ernährer und »Zahlender aller Rechnungen«.

Es ist ein Nervenkrieg, den er selbst in einer besseren Schreibphase verloren hätte. Und er ist in einer üblen Arbeitssituation. Seit drei Jahren schreibt er Geschichten, die niemand druckt, selbst wenn darin nichts mehr ist, das den Zorn von Zensoren erwecken würde.

Er muß dringend etwas schreiben, das eine Chance auf Papierzuteilung hat und Geld ins Haus bringt. Die Aktualität seines RAD-Tagebuchs ist längst von der Kriegswalze überrollt worden: In der Normandie sind die Amerikaner gelandet, die Russen haben fast das Sudentengau erreicht.

Ditzen bleibt nur der *Kutisker*-Stoff. Er hat die moralische Hürde, nichts gegen die Juden schreiben zu wollen, längst überwunden. Die Latte, die den Sprung gelingen lassen sollte, legt er auf ihren niedrigsten Punkt: Er will auch nichts gegen seine früheren jüdischen Freunde sagen oder schreiben, sagt er sich.

Sein Stoff ist zurückliegende Geschichte, handelt von den *Geldjuden*, die sich aus reiner Habgier bereichern. Sie scheffeln das Geld um des Geldes willen. Sie entziehen es dem großen gesunden Kreislauf, häufen es auf, ohne eine Verwendung dafür zu haben. Sie leben spartanisch, gönnen sich selbst nichts, wollen nur das schöne blanke Geld an sich bringen. Bei ihnen, und nur bei ihnen, wird Ditzen zum Antisemiten. Es ist ein feiner Unterschied, der ihm wichtig ist. Den die mit der „Endlösung der Judenfrage“ Befaßten nicht machen.

In der *Büdnerei Nr.17* ist er nicht mehr daheim und nicht mehr zu Haus. Das Gärtnerzimmer ist seine Wohnhöhle; es liegt zur Nordseite, ist dunkel und ungemütlich. Ditzen hat, was er täglich braucht, wahllos um sich verteilt: Kleidungsstücke hängen am Ofen, am Bücherbord, Wäsche liegt auf einem Haufen neben der Tür. Bücher stapeln sich neben dem Bett, dienen als Ablage für Gläser und Geschirr.

Auf der Kommode stehen Waschschüssel und Wasserkanne; daneben zwei Eimer, für frisches Wasser und Abfälle. Unterm Bett liegen leere und stehen volle Rotweinflaschen. Wenigstens Freund Alkohol ist ihm treu geblieben: Ditzen hat ein paar Dinge beiseite schaffen können und gegen Trinkbares verscherbelt.

Den großen *Telefunken*-Empfänger – einst für 400 RM gekauft – tauscht er bei Weinhändler Stowe gegen 75 Flaschen Mosel. »Ich feiere nämlich am 15. den Geburtstag meiner Freundin – am 21. meinen eigenen (51.) –, da hätte ich gerne etwas Trinkbares im Hause«, schreibt er dem Mann. Kann die Sendung nicht rechtzeitig zugestellt werden, so soll der Händler versuchen, »bei Godenschweger auf Gegenlieferung 10 oder 15 Flaschen lockerzumachen (Kostenpunkt gleichgültig), wobei es freilich zweckmäßig wäre, sich nicht auf mich zu berufen.«

Von der Musiktruhe mag sich die Frau nicht trennen. Sie ergäbe noch viele Liter Wein, und nütze ist das Gerät ihm nicht mehr. Ditzen hat den kleinen Volksempfänger mit der er BBC London empfangen kann. Am 20. Juli 1944 hört er vom mißglückten Attentat auf Hitler in der *Wolfsschanze*.

In der folgenden Nacht, Ditzen liegt angezogen auf dem Bett und hat geschlafen, weckt ihn das Gebell aus dem Radio. Der *Gröfaz* hält eine Brandrede gegen die Putschisten. Ditzen hört das Geschrei undeutlich, wie aus der Ferne. Er greift nach einer Weinflasche neben dem Bett und leert sie, ohne abzusetzen. Die leere Flasche kollert über den Boden.

Es ist drei Uhr morgens, ein neuer Tag, der 21. Juli. An Schlaf ist vorläufig nicht wieder zu denken; an Arbeit ebenso wenig. Er kann sich nicht einmal anziehen und ins große Arbeitszimmer rübergehen. Dort auf dem Sofa schläft eine von Suses Schwestern. Er käme bloß auf die Idee, sie zu erwürgen, wenn er sie sähe.

Er ist allein. Ein Zustand, der ihm gelegentlich als Ideal vorschwebte, erscheint ihm heute ganz unerträglich. Keiner kann sich vorstellen, wie ihm an diesem Tag zumute ist. Die Lieblingsschwester Elisabeth und Schwager Hörig sollen es erfahren.

Und so setzt er sich an den Tisch am Fenster, rückt die Stehlampe heran. Er beschreibt die üble Stimmung im Haus. Er hat nur noch wenig Kraft, um sich gegen die aufkommenden Depressionen zu wehren. Und wenn sie ihn erst einmal packen, die Visionen, Alpträume, Angstzustände, dann wird er ganz verloren sein: »Ich sehe mich schon in meinem betagten Alter als einen bösartigen Elefantenbullen hier in Carwitz sitzen, mit dem Schild meines Gäntschow an der Tür: Hier wohnt Hans Fallada, kauft nichts, verkauft nichts, und empfängt keine Besuche.«

Er legt sich wieder aufs Bett. Der Schlaf kommt noch einmal zu ihm zurück, er erfrischt ihn nicht, ist flach und voller Ängste.

Traumwelt VII

Er spürt, wie das Bett anruckt und sich bewegt. Es ist eine leichte, kaum merkbare Bewegung nach vorn. Er öffnet die Augen, tastet nach der Brille. Sie liegt nicht an ihrem Platz neben dem Bett. Er schaut sich um. Verschwommen erkennt er Häusergiebel, die vorüberziehen.

Er richtet sich steil auf. Das Bett fährt – schneller nun – durch eine breite, belebte Straße. Menschen springen zur Seite, schreien oder lachen. Wildes Rufen und Autohupen ist von hinten zu hören.

Das Bett scheint jetzt auf einem runden Platz zu sein. Es fährt im Kreis herum, auf holpriger, schräger Straße. Er er-

kennt keine Einzelheiten, doch auf der Platzmitte steht eine riesige Figur.

Er ist in Neustrelitz und rast um das Denkmal mit dem Großherzog, aber er hat das Gesicht von Suse und droht mit dem Finger.

Er will von dem Bett herunterspringen, das immer schneller rollt. Da spürt er die Kette über dem Leib und an den Füßen. Sie hält ihn am Bett. Es steuert genau aufs Wasser zu, die lange Seestraße hinunter. Hier wohnt Doktor Rehwohlt. Der Anwalt winkt mit einem Taschentuch aus dem Fenster. Warum hilft er nicht?

Der da, der sich die Hände reibt, ist das nicht Weinhändler Stowe? Er könnte die Fahrt aufhalten, warum tut er es denn nicht?

Er spürt, wie die Füße bereits im kalten Wasser versinken. Es ist nicht schlimm. Ich kann doch schwimmen, denkt er. Er fühlt, wie das Bett unter ihm zuerst feucht, dann naß wird. Mutter wird schimpfen, wenn sie merkt, daß er wieder das Wasser nicht halten konnte.

Die Sehnsucht nach Frieden im Kleinen wie im Großen, die Einsamkeit treibt Ditzen aus dem Haus. Im „großen Haus" drüben herrscht Ruhe, den ganzen Tag über hat sich niemand bei ihm sehen lassen. Er wickelt einige Weinflaschen sorgfältig in Zeitungspapier, verpackt sie in der Aktentasche.

Er fährt mit dem Rad durchs Dorf, vorbei am Haus von Anneliese. Sie haben in der vorigen Woche ihren 21. Geburtstag gefeiert. Es war ihrer beider Abschiedsfest. Sie ist nun verlobt und viel zu selten in Carwitz. Es gibt längst einen anderen Ort, an dem die verwundete Seele Trost findet: das idyllische Hexenhaus in den Klinckecken.

Er fährt am Bahnhof vorüber – „Frostig wird des Mannes Miene" – und sieht vom Kuhdamm aus schon den See. Am Waldrand muß er absteigen und um ein paar Wehrmachtsautos fahren, die den Weg versperren. Die Plane des hinteren Lastwagens ist hochgeschlagen; Soldaten tragen

Blechkisten und Aktenordner in eine der drei neuerrichteten Baracken neben der Straße. Die Gebäude sind durch einen hohen Stacheldrahtzaun gesichert.

Die Soldaten beobachten den Radfahrer mißtrauisch. Ihre Mienen sind frostig an diesem schönen Julitag. Bevor ihn jemand ansprechen und aufhalten kann, steigt er eilig aufs Rad und läßt es weiterrollen, dem Haus der Familie Losch am See hinter der Stadt entgegen. Das reetgedeckte Häuschen liegt versteckt hinter einem kleinen Hügel.

Der Seifenfabrikant Kurt Losch hatte es vor vier Jahren als Ferienhaus gebaut. Als die Berliner Wohnung beschädigt wurde, flüchteten die Loschs ganz nach Feldberg. Auch Ullas Schwager Ewald ist hier mit seiner Familie untergekommen. Er bewohnt die linke Hausseite, auf der anderen lebt die schöne Schwägerin Ulla mit ihrer Mutter und der fünfjährigen Tochter Jutta.

Ullas Mann kann noch nicht lange tot sein, genau weiß es Ditzen nicht. Als er zum ersten Mal in den Klinckecken war und fragte, wie Juttas Vater ums Leben gekommen sei, sagte Ulla leichthin: „Abhanden gekommen, gestorben. Er war doch viel älter als ich."

Sie trauert nicht sehr um ihn, schwarz trägt sie nur, weil es zur Haarfarbe paßt. Er will auch gar nicht mehr wissen, mag sich weiter keine Gedanken darüber machen.

Hauptsache, sie ist frei, ist da für ihn mit all ihrem jugendlichen Schwung und ihrer leichten, fröhlichen Art, jeden Tag zu genießen.

Jutta spielt im Garten mit dem Hundejungen Plum. Das Mädchen hat ihn an einer Leine und will ihm beibringen, sich auf Kommando zu setzen. Sie hält ihm einen Stock hin, der Hund soll darüber springen.

Jutta läßt von dem Hund ab, als sie den Mann die Gartentür öffnen sieht. Das Mädchen begrüßt ihn lebhaft: „Kuck mal, Onkel Rudolf, was Plum alles kann."

Der Hund kann nichts, aber Ditzen lobt die Dressur.

„Wo hast du meinen Plum eigentlich gefunden", fragt das Mädchen.

„Er saß vorn an der Ulmenallee und hat jämmerlich geheult“, sagt Ditzen.

„Dann gehört er auch ganz bestimmt keinem“, fragt das Mädchen. „Und warum hast du ihn Plum genannt?“

„Wir hatten mal einen Hund Plisch, der lief auch immer weg. Plisch und Plum, das paßt doch, nicht?“

Jutta nickt: „Aber Plum läuft nicht weg; er bleibt jetzt immer bei uns.“ Dann erinnert sie sich: „Mama wartet auf dich. Sie ist auf dem Steg. Soll ich dich hinbringen?“

Sie ist nicht böse, daß er verneint.

Hinterm Haus liegt der See, im Pavillon auf dem Steg sitzt eine Frau. Nicht irgendeine: Es ist seine Ulla. Sie sitzt im Gartenstuhl, die Füße auf einem Hocker davor. Auf dem Tisch liegen, sorgsam in Häufchen zu zehn Stück gestapelt, mindestens hundertfünfzig Zigaretten, und Ulla ist dabei, weitere zu drehen. Sie hat ein Blechtablett mit einem letzten kleinen Tabakvorrat vor sich auf dem Schoß.

Sie lächelt dem Mann zu, als er eintritt. Er beugt sich zu ihr hinunter und gibt ihr einen Kuß. Dann öffnet er die Aktentasche und nimmt die erste Flasche heraus. Er packt sie langsam und vorsichtig aus, stellt sie auf den Tisch, dann die zweite. Und als er die dritte herausholt und es nicht die letzte ist, lacht Ulla laut. Der Kopf fliegt nach hinten, das Tablett droht zu kippen.

„Hast du eine Rotweinleitung angezapft, mein großer Zauberer“, fragt sie, immer noch lachend.

„Und wie machst du es, daß du immer noch an Tabak herankommst“, fragt er dagegen.

„So hat jeder seine kleinen Geheimnisse“, sagt Ulla schelmisch, offenbar ohne Hintersinn. Oder hat sie doch von seinem Techtelmechtel mit Anneliese erfahren? Ist sie nicht eifersüchtig? Sie stellt keine Fragen, und auch er will nicht so genau wissen, wie sie den Tabak besorgt.

Ulla kennt viele Leute. Sie redet mit jedem, ist zu allen freundlich. Alle mögen sie, und sie mag ihn. Sie denkt sich stets etwas aus, womit sie ihn überraschen kann. Sie haben alles, was zu einem schönen Sommertag gehört.

Da fällt Ulla noch etwas Wichtiges ein. Sie springt plötzlich auf, das Tablett mit dem kostbaren Tabak klirrt achtlos zu Boden: „Mein großer, alter, lieber Bär, hast du nicht heute Geburtstag?“ Sie wartet die Antwort nicht ab, packt Ditzen bei den Schultern, dreht ihn im Kreis, daß ihm schwindlig wird. Dann öffnet sie die erste Flasche. Sie hat in ihrer ungeduldigen Art mit einem Holzstück der Rotweinflasche den Korken ins Innere getrieben, bevor er den Korkenzieher am Taschenmesser aufgeklappt hat.

„Auf dich, mein Lieber, auf uns beide, auf viele schöne Jahre für uns!“ Sie prostet ihm mit der Flasche zu, nimmt einen Schluck Wein. Dann gibt sie ihn mit einem langen Kuß an den Mann weiter. Eine herrliche Art, den Wein zu genießen. Er will mehr.

Auf dem Steg sind die schlurfenden Schritte von Ullas Mutter zu hören. Ausgerechnet jetzt ist es ihr im Haus zu langweilig geworden, sie vermißt die Tochter, oder sie will sehen, wer gekommen ist. Sie zieht die Glasschiebetür zur Seite, sieht die Flaschen und fragt mürrisch: „Was feiert ihr denn hier?“

„Er hat Geburtstag, Mama.“ Sie gibt auch der alten Boltzenthal die Flasche, wendet sich wieder dem Mann zu: „Wie alt bist du denn heute eigentlich geworden, mein großer, lieber Bär?“

„So alt und grau, wie ein uralter Grislybär nur sein kann“, antwortet er und will ablenken: „Habt ihr es gehört: Den Hitler haben sie diesmal wieder nicht erwischt, er ist in seiner *Wolfsschanze* nur leicht verletzt worden.“

Sie nimmt die Weinflasche in ihren Arm und fragt sie: „Hitler? Wer ist dieser Hitler? Kennen wir einen Hitler?“ Die Flasche wippt hin und her. Sie lächelt dem Mann zu: „Siehst du, hier gibt es keinen Hitler.“

Ulla nimmt einen Schluck, dann reicht sie ihm die Flasche. Nein, einen Hitler kennen sie hier nicht. Er ist so weit weg, und er soll bleiben, wo er ist.

Sie sind Hitler und seinem geplanten Machtzentrum näher, als sie es ahnen. Als geheime Kommandosache plant ein Baustab, auf dem abgeschiedenen Reiherberg bei Feldberg eine neue Führerzentrale mit dem Decknamen *Obersalzberg Nord* einzurichten. Sonderkommandos lagern bereits Akten aus der Berliner Reichskanzlei und dem Bormann-Stab in die neugebauten Baracken am Feldberger Kuhdamm aus. Die notwendigen Baumaterialien und schwere Fertigteile werden aus Neustrelitz in den Krumbeker Forst geschafft.

Im August gehen Ditzens Weinvorräte zu Ende, aber Ulla weiß wieder einmal, wie man sie strecken kann. Sie hat bei dem Feldberger Apotheker Funke einen alten Teppich gegen Ampullen mit gutem, reinem Morphium eingetauscht. Und sie versteht es, sie zu gebrauchen. Sie kann in die Muskeln und sogar in die Venen spritzen, zunächst ihm, dann sich selbst.

Am Abend sind sie nur füreinander da. Die Umgebung nehmen sie nicht mehr recht wahr. Auch nicht das Kind, das bei Mutter Boltzenthal im Nebenzimmer schlafen soll, aber nicht einschlafen kann und vergeblich Onkel Rudolf um eine seiner Gute-Nacht-Geschichten bittet.

Es ist wie früher während seiner Berliner Jahre, als alles zu Ende schien, als ihn eines Tages Annia Seyerlen krank und schlapp im Bett fand.

Traumwelt VIII

Sie ist zum ersten Mal in seinem Zimmer. Sie fragt, was er denn für Sachen macht. Er muß unbedingt wieder auf die Beine kommen. Er braucht etwas, was ihn auf andere Gedanken bringt. Sie hat einen jungen, befreundeten Arzt mitgebracht, der ihm etwas gibt. Dann wird er sich gleich besser fühlen.

Der junge Arzt nimmt aus seiner Tasche ein Kästchen mit Ampullen und eine Spritze. Ditzen beobachtet, wie er die Spitze der Ampulle abschneidet und den Inhalt in eine Spritze einzieht.

Wozu das, denkt Ditzen flüchtig, jetzt, wo Annia bei mir ist, geht es mir doch schon besser. Aber er wehrt sich nicht, spürt kaum den Einstich.

Der Arzt verabschiedet sich mit einer Verbeugung in Richtung der Frau. Ditzen will etwas sagen, aber eine wohlige Wärme breitet sich in ihm aus. Er sinkt aufs Bett zurück, das Gesicht Annias verschwimmt ...

»Ja ... So ... ist das Leben. Das Leben ist schön. Es ist so sanft, ein glücklicher Strom wallt durch meine Glieder dahin, in ihm bewegen sich alle kleinen Nerven zart und sacht wie Wasserpflanzen in einem klaren See.

Ich habe Rosenblätter gesehen – und wieder weiß ich, wie schön ein einziger kleiner Baum in der Heide ist. Läuten die Glocken einer Kirche? Ach, das Leben ist schön.«

Die Bilder verschwinden, neue treten hervor. Auch sie verschwimmen, und am Ende bleibt nichts mehr als ein großer roter Fleck vor den Augen, der langsam verlischt. Wach und doch nicht wach. Tot und doch noch lebendig, ein kleiner, sanfter Tod ... »Den kleinen Tod, den sterb ich gar zu gerne, den kleinen Tod beim ersten Licht der Sterne.«

Irgendwann hat Ewald Losch nach dem Angeln sein Boot am Steg festgemacht und sieht, als er ums Haus geht, durchs Fenster die beiden in unnatürlicher Lage auf der Couch liegen. Er sieht auch die Morphiumampullen und Spritzen auf dem Tisch, er reißt die Tür auf, rüttelt den Mann, gibt der Schwägerin ein paar kräftige Ohrfeigen, um sie wachzurütteln.

Dann erst schaut er auf die Etiketten der Ampullen-Schachteln. Seine Angst schlägt in Zorn um. Hat sie wieder mit dem Zeug angefangen? Und natürlich hat er den *Neuen* seiner Schwägerin in Verdacht, die Ampullen mitgebracht zu haben.

Ewald Losch ist nicht sehr groß, aber er ist ein untersetzter, kräftiger Mann. Er packt den berauschten Ditzen, richtet ihn auf, bringt ihn vor die Tür. Soll er doch zusehen, wie er nach Hause kommt.

Ditzen ist unausgeschlafen und mit einem Kater nach Carwitz zurückgekehrt. Gegangen oder gefahren? Er weiß es nicht. Er hat sich eine Kanne Wasser über den Kopf geschüttet, umgezogen, er war drüben im Haus. Anna und ihre Schwestern sind beim Heuwenden auf der Wiese. Er hat sie dort gesehen, und ihm war, als ob sie über ihn lachten, als sie ihn kommen sahen. Vielleicht hat er es sich auch nur eingebildet, und sie haben ihn gar nicht bemerkt.

Wieder einmal fühlt er sich hier überflüssig. Wenn wenigstens die Kinder da wären. Achim spielt bei den Frauen im Heu. Uli ist wieder in Templin und *Mücke* zu ihren neuen Pensionseltern nach Neustrelitz gefahren. Ditzen hat sie nicht mehr gesehen, hat ihre Abreise einfach vergessen.

Er holt den Ordner zum *Kutisker* aus dem Schreibtischfach und breitet das gesammelte Material aus: Stichpunkte, Auszüge aus alten Zeitungen, Fotokopien einer Gerichtsakte, seine biographischen Notizen, angefangene und einige ausgeführte Szenen. Alles ist so, wie es war, als er den *Gustav*-Roman begann.

Und doch ist alles anders. Keiner fragt danach, ob er weiterschreibt oder wann er fertig wird. Niemand braucht dieses Buch, er selbst am wenigsten. Es ist nicht der erste Versuch, eine angefangene Geschichte, die ihn nicht überzeugt, mit eiserner Selbstdisziplin voranzutreiben. Diesmal gelingt nichts, der Krampf sitzt nicht in der Schreibhand, sondern im Kopf. Eine unüberwindliche Barriere.

Er fegt die Blätter zusammen, stopft sie in den Ordner. Er öffnet das Geschäftstagebuch, das – wie immer – griffbereit liegt, macht einen Nachtrag zum gestrigen Tag: »Ruhiger Sonntag. Abreise *Mücke*. Nichts getan.«

Er schaut sich in dem großen Zimmer um. Es wirkt kalt und ungemütlich. Undenkbar, daß hier einige seiner literarischen Kinder das Licht der Welt erblickt haben. Hier sind Petra Ledig und Wolf Pagel geboren worden. Die Familie Hackendahl hat er von hier aus in die Welt geschickt.

Ditzen rafft ein paar Sachen zusammen, die er braucht. Im Schrank steht das Kleinkalibergewehr. Er nimmt es zur

Hand. Soll er es mitnehmen oder hierlassen? Er hat die Waffe einst angeschafft, als er glaubte, auf Spatzen oder Hasen schießen zu können.

Keinem einzigen Tier hat er bisher auch nur ein Haar gekrümmt. Ein paar Schießübungen mit Uli auf die Scheibe, dann blieben das Gewehr und die Munition im Schrank, und dort gaben sie ihm ein Gefühl von Sicherheit in dieser einsamen Gegend.

Er streicht über den Lauf, versucht, die Mündung auf seinen Kopf zu richten, aber selbst dazu taugt die Waffe nicht. Er müßte sich verrenken und würde beim Abdrücken womöglich danebenschießen. Und warum auch sollte er jetzt Schluß machen? Ausgerechnet jetzt, wo es wieder schöne Tage und Nächte für ihn gibt und er viele süßer, kleiner Tode an Ullas Seite sterben kann?

Er schultert das Gewehr, nimmt den *Kutisker*-Ordner unter den Arm. Als er an dem schwarzen Schrank vorübergeht, der jetzt Suse zusteht, zögert er. Hier hinein hat sie den Brief von Frau Burlage gelegt, aus dem sie ihm vor einigen Tagen vorgelesen hat, was die einstige Freundin heute über ihn denkt und schreibt.

Was bewahrt Suse noch darin auf? Welche Geheimnisse hat sie vor ihm? Sammelt sie neue Munition im Kampf gegen ihn?

Suse hat den Schrank abgeschlossen, der Schlüssel ist abgezogen. Er legt die Sachen ab, sieht sich in der Küche nach einem Werkzeug um, mit dem er den Schrank öffnen kann. Er nimmt einen Schraubenzieher und setzt ihn am Schloß an. Er rutscht einige Male ab, kommt ins Schwitzen, sucht ein anderes Werkzeug.

Da steht die Frau hinter ihm in der Tür. Er hat sie nicht kommen gehört. Er weiß nicht, wie lange sie ihn schon beobachtet. Suse ist eine große, kräftige Frau. Sie tritt auf ihn zu, und ihr Gesicht verheißt nichts Gutes.

Er macht eine Abwehrbewegung, will etwas erklären. Doch was soll er zu seiner eigenen Rechtfertigung auch sagen? Es gab zuletzt Situationen, wo er Angst vor der Frau hatte, es ist nicht ausgeschlossen, daß sie ihn wieder ins Gesicht schlägt. Er will es verhindern, ihr zuvorkommen, er packt sie an der Schulter.

Suse ist so von dem Angriff überrascht worden, daß sie sich nicht wehrt. Er läßt auch gleich wieder von ihr ab, läuft zum Telefon und wählt hastig eine Nummer, die erste beste, die ihm einfällt. Er ruft den Hausarzt Dr. Hotop zu Hilfe. Bittet ihn dringend, sofort zu kommen, bevor ein Unglück geschehe. Der Arzt fragt nach, will Genaueres wissen. Ditzen wiederholt nur seine Bitte, seinen Hilferuf.

Dann legt er auf, greift nach den Sachen, rennt an der Frau vorbei, die ihn nicht so davonkommen lassen will. Sie will ihn zur Rede stellen, folgt ihm.

Da kehren die Schwestern mit Achim zurück. Sie bleiben stehen, als sie den Mann mit dem Gewehr sehen, ziehen den Jungen näher zu sich heran. Ditzen hält inne, weiß nicht, wie er die Szene mit Anstand verlassen soll.

Es kommt alles zusammen: die verhaßten Schwägerinnen, die glauben, *seinen* Sohn vor ihm schützen zu müssen; der versperrte Fluchtweg und die Frau im Rücken, die nun ruft: „Was ist bloß los mit dir, Junge? Willst du nun schon auf uns schießen?“

Das bringt ihn in Rage. Er nimmt das Gewehr von der Schulter, fragt: „Warum nicht?“ Er lädt eine Patrone und entsichert das Gewehr.

Es ist ein Kräftespiel, eine Nervenprobe, und er hofft, daß die Frau einlenkt, Angst zeigt, vor ihm wegläuft.

Suse weiß nicht mehr, was bei ihrem Mann Spiel und Probe sind, und was er ernst meint. Sie will ihm das Gewehr abnehmen, er tritt plötzlich einen Schritt zurück. Da fällt ein Schuß.

Niemand wird verletzt, Suse nicht getroffen. Der Schuß verfehlt sie um einen halben Meter. Und natürlich wollte er sie nicht wirklich treffen. Das weiß auch Suse, nachdem sie sich wieder beruhigt hat. Sie hat dem Mann, der sie erschrecken wollte und selbst einen großen Schreck bekommen hat, das Gewehr entrissen und es in den See geworfen.

Ditzen ist in seine Höhle hinaufgeklettert und wartet. Er bedauert den Vorfall schon und ahnt, daß er ihm als Ernstfall ausgelegt werden kann. Er weiß nicht, was jetzt drüben im Haus geschieht, aber er stellt sich vor, wie die Schwestern tuscheln und Suse aufhetzen gegen ihn: „Zeig ihn an. Er ist unzurechnungsfähig. Muß er dich erst – oder uns – erschießen, bevor du etwas unternimmst? Denk daran, er hat schon ein Menschenleben auf dem Gewissen."

Suse behält einen kühlen Kopf. Sie weiß selbst, was sie zu tun hat. „Wozu ihn anzeigen? Er wird nu' drüben sitzen und die Hosen gestrichen voll haben. Wenn Ihr nicht da wärt, wär er schon hier und würd' sich entschuldigen."

Die Schwestern sind beleidigt. Am Ende sind sie noch schuld, und sie wollen ihr doch nur helfen. Es wird gegen die Wand geklopft. Elisabeth Ditzen will wissen, was da geknallt hat und warum es Geschrei gegeben hat. Suse schickt Nichte Käti nach nebenan, um die Schwiegermutter zu beruhigen.

Sie selbst ruft noch einmal den Hausarzt in Feldberg an. Sie sagt nur das Nötigste. Doktor Hotop soll kommen, Ditzen etwas geben und ihn am besten gleich mitnehmen und irgendwo zur Beobachtung einweisen.

Als Hotop eintrifft, ist Ditzen betrunken. Der Arzt läßt sich von den Frauen den Hergang erzählen. Er muß die Sache melden. Es ist seine ärztliche Pflicht zum Schutz der übrigen Hausbewohner und Mitbürger. Wer übernimmt die Verantwortung, wenn wirklich etwas geschieht?

Suses Einverständnis zu einer Anzeige erhält er nicht, und er braucht es nicht.

Er gibt dem Mann eine Beruhigungsspritze, obwohl Ditzen ohnehin apathisch wirkt. Dann fährt Hotop in die Stadt zurück. Ende gut, alles gut? Glimpflicher Ausgang einer Kurzschlußhandlung?

Am Abend sitzt Martin Hotop mit anderen im *Deutschen Haus*. Schweigepflicht und Mitteilungsbedürfnis ringen miteinander. Dann redet er, denn es ist ja eigentlich kein ärztlicher, sondern ein juristischer Fall, – wenngleich der

Fallada auch wieder ein medizinisches Problem ist. Der Arzt redet, und er findet interessierte Zuhörer. Jeder von ihnen kann etwas raten oder ergänzen. Wer hat den eingebildeten Kerl nicht schon besoffen in der Stadt gesehen? (Dabei ist man selbst auch kein Klosterschüler!) Wer weiß nicht um seine Liaison mit der schönen Ulla (und neidet sie ihm nicht)? Wer hätte nicht (von Ewald Losch?) erfahren, was die beiden da in den Klinckecken treiben?

Der Apotheker Funke schweigt in der Runde, obwohl auch er etwas beisteuern könnte. Dafür hat *Farken-Wilhelm* ein Wörtchen mitzureden. Um ein Haar hätte er eine Klage von Ditzen am Hals gehabt, wegen angeblich übler Nachrede und Verleumdung.

Dabei hat er nur im Carwitzer Krug gesagt, was doch jeder weiß, daß Ditzen im Dorf jeden „Rock" bespringt, der nicht bei *drei* auf den Bäumen sei. Die Klage wurde abgewiesen, weil keine Privatklagen während des Krieges zugelassen werden.

Nun sieht man einmal, wie recht er gehabt hat. „Der Mann ist gemeingefährlich mit seinen Trieben. Den muß man notschlachten, muß man ihn." Das verschwitzte Gesicht des dicken Tierarztes läuft rot an.

Einer am Tisch hat bisher geschwiegen. Es ist ein Fremder, – der junge Staatsanwalt Splettstößer aus Neustrelitz. Er hatte den ganzen Tag über Routinesachen in Feldberg zu erledigen. Er war Informationen nachgegangen, die sich wieder mal nur als Verleumdungen und haltlose Denunziationen herausgestellt hatten.

Da läuft ihm – fast schon auf dem Heimweg – dieser kapitale Bock über den Weg. Ditzen, das ist doch der Schreiberling Hans Fallada, den Minister Goebbels bereits vor sechs Jahren zum Abschuß freigegeben hatte. Wie kann es angehen, daß der hier immer noch sein Unwesen treibt? Und jetzt schießt er gar auf seine Angehörigen? Dafür gibt es doch jetzt längst Sicherheitsverwahrung und Schutzhaft.

Splettstößer mischt sich ein, fragt nach. Hotop versucht, als er das Interesse des Fremden bemerkt, seinen Bericht abzuschwächen. Er sei überzeugt, der Patient habe seine Exfrau nicht treffen wollen. Er habe nur einen Schreckschuß abgefeuert, eine Affekthandlung. Das meinen die Herren doch auch, nicht wahr?

Der junge Staatsanwalt ist da ganz anderer Meinung. Hier wird doch ganz offenbar ein elementares Sicherheitsbedürfnis der Allgemeinheit verletzt.

Der Tierarzt dient sich mit dem Ratschlag an, dem Mann gehörten – wenn schon keine Notschlachtung – so doch „die Eier ab", er selbst würde das mit der Zange besorgen.

Der Staatsanwalt hat da eine ganz andere Lösung. Er wird sich der Sache annehmen, da können sie sich drauf verlassen. „Leben Sie wohl, meine Herren!"

Er verläßt die Gaststätte, geht zur Polizeiwache zurück, die er vor zwei Stunden verlassen hat. In Begleitung von Wachtmeister Stark fährt er nach Carwitz. Es sieht so aus, als habe er heute doch noch Jagdglück und kehre mit großer Beute nach Neustrelitz heim.

Eine Stunde später ist Ditzen in polizeilichem Gewahrsam. Sie haben zunächst die geschiedene Frau im Haupthaus geweckt. Vergebens hat Suse gebeten, von einer Verhaftung Abstand zu nehmen. Der Mann ist doch krank. Sie hat gar keine Anzeige erstattet. Das sei auch nicht nötig, sagt ihr der Fremde, das übernehme die Staatsanwaltschaft. Immerhin handele es sich um einen Fall von Gemeingefährdung, bei dem Gefahr im Verzug sei.

Splettstößer hält dem verschlafenen, noch leicht betrunkenen Mann, als sie ihn rausgeklopft haben, ein Blatt hin. Der Wachtmeister sagt begütigend zu Ditzen: „Ziehen Sie sich was an und machen Sie keine Umstände, Herr Ditzen, wir kennen uns doch!" „Na klar, kenne ich Sie, Stark", sagt Ditzen, als er seine Brille aufgesetzt hat. Wachtmeister Stark hat ihm zur Seite gestanden, wenn Matjä nicht richtig spurte oder jemand im Dorf Ditzen denunziert hatte und er der Anzeige nachgehen mußte.

„Und wer ist der da?" Ditzen weist mit dem Kopf auf den Mann, der hinter Stark steht.

„Der da", sagt Splettstößer mit amtlicher Betonung, „der da ist Staatsanwalt des Amtsgerichts Neustrelitz, tätig im Auftrag der Reichsregierung …"

„Und seiner Majestät, des größten Heerführers aller…", lallt Ditzen.

Der Polizist greift nach seinem Arm, fällt ihm ins Wort: „Machen Sie keine Umstände, Herr Ditzen." Vielleicht will er verhindern, daß sich der Mann um Kopf und Kragen redet. Er ist ja betrunken.

„Sie kenne ich, Stark. Sie können bleiben, aber der da soll mein Haus verlassen, sonst … Hausfriedensbruch."

Splettstößer zieht sich zurück, wartet unten am Auto. Stark bleibt vor der Tür stehen, während Ditzen sich anzieht und ein paar Sachen in einen kleinen Koffer packt. Entweder ist er sich inzwischen seiner Lage bewußter geworden, oder er handelt einfach mechanisch: Polizei im Haus, das bedeutet auf jeden Fall Ärger und einige Tage Zwangsaufenthalt, bis sich alles aufklärt, – egal, ob schuldig oder unschuldig. Nun kommt Suses große Stunde, sie wird sich rächen wollen für die zahllosen Kränkungen, die er ihr zugefügt hat.

Während sie zum Auto gehen, flüstert der Wachtmeister Stark ihm leise zu: „Seien Sie, um Gottes Willen, unterwegs still. Der da ist ein ganz Scharfer. Denken Sie doch an Frau und Kinder."

Frau und Kinder, denkt Ditzen bitter, doch er stammelt nur wieder: „Sie kenne ich, Stark, den da nicht."

Unterwegs beratschlagen der Wachtmeister und der Staatsanwalt leise, wohin sie den Delinquenten bringen sollen. Jetzt in der Nacht können sie in Neustrelitz keinen mehr aus dem Bett trommeln. Splettstößer muß den Haftbefehl ausstellen und gegenzeichnen lassen. Eine Einlieferung kann er nicht mit dem Blankoblatt vornehmen, das er dem kurzsichtigen Ditzen unter die Nase gehalten hat. Alles muß seine Ordnung haben.

Splettstößer ist froh, als Wachtmeister Stark vorschlägt: „Wir bringen ihn erst mal im Spritzenhaus auf dem Amtswerder unter. Da kann er nicht ausbüxen. Und morgen sehen wir weiter."

Er hofft, daß der schneidige Staatsanwalt, wenn er die Sache erst einmal überschlafen hat, diese Lappalie in der großen Stadt vergessen wird. Dann kann er Ditzen verwarnen und ihn laufen lassen. Der Mann ist doch fix und fertig, gehört ins Krankenhaus. Wozu ihm noch ein Bein stellen, wenn er doch bereits am Boden liegt?

Als Ditzen sich auf dem Amtswerder weigert, auszusteigen, muß Wachtmeister Stark dienstlich werden und den Mann am Oberarm aus dem Auto ziehen. Er hat offensichtlich keine Orientierung, hat sich an der Rückenlehne des Vordersitzes festgekrallt. Wo ist er? Was wollen die Männer von ihm? Soll er auf der Flucht erschossen werden? Sie haben es schon einmal versucht, – auf dem Weg ins Fürstenwalder Gefängnis.[11]

Der Wachtmeister redet ihm mit dem immer gleichen Satz zu: „Machen Sie doch keine Umstände Herr Ditzen". Und Splettstößer, der sich bei der Amtshandlung zurückhält, sagt laut vom Steuer her: „Das ist Widerstand gegen die Staatsgewalt, Mann."

Ditzen läßt sich zum Spritzenhaus führen. Es wird sich alles klären. Es hat sich noch immer alles aufgeklärt. Auch von Anna droht keine Gefahr, sie wird ihm verzeihen, wie sie bisher alles verziehen hat. Hauptsache, die beiden Leute gehen und lassen ihn jetzt in Ruhe schlafen.

Er bekommt einen leichten Schubs, dann wird das Spritzenhaus hinter ihm verschlossen.

Für Rudolf Ditzen endet dieser 28. August des Jahres 1944 so, wie er in der Nacht begonnen hat: mit Gewaltanwendung gegen ihn. Und er endet dort, wo er begonnen hat: in der Stadt Feldberg.

Die Hoffnung, der Fall Fallada werde sich nach dem Überschlafen von selbst auflösen, zerschlägt sich am nächsten Morgen. Zwar wird der Mann aus seinem Verlies im Spritzenhaus geholt, aber nicht freigelassen.

Es geht mit der *grünen Minna* zuerst ins Amtsgericht Neustrelitz, und dann in die geschlossene Abteilung der Landesanstalt Domjüch, die nur dem Namen nach eine Heilanstalt ist. In Wahrheit ist sie eine Gefängnisabteilung in der Strafvollzugsanstalt Altstrelitz, an der Reichsstraße zwischen Stralsund und Berlin, die Ditzen und Anna oft als Probestrecke mit dem *Ford* gedient hatte.

Der Bau mit den vielen Fensterblenden ist umgeben von einer hohen Mauer, die mit Glasscherben gesichert ist. Er wird von den Strelitzern ebenso gefürchtet wie von seinen Insassen, ist die Endstation für viele, die in diesem vorletzten Kriegsjahr aus den unterschiedlichsten Gründen vorläufig oder dauerhaft festgesetzt werden.

Hier landen neben ganz „normalen“ Untersuchungsgefangenen auch Asoziale, Trinker, Debile, Schizophrene. Manche – vor allem die von der *Feldgendarmerie* aufgegriffenen Wehrmachtsdeserteure – sind nur eine Nacht oder ein paar Tage hier, ehe sie an ein Kriegsgericht überstellt und zum Tode verurteilt werden.

Wieder einmal schließen sich schwere Eisentore hinter Ditzen, eine Zelle wird auf- und hinter ihm abgeschlossen. Vor den Fenstern Gitterstäbe und Sichtblenden. Der einzige Komfort besteht darin, daß er eine Art Durchgangszelle für sich hat. Nebenan, nur durch die verschlossene Tür abgetrennt von seiner Zelle, sind zwei geistig behinderte Brüder. Sie reden laut miteinander, schlafen aber viel. Das ist auszuhalten. Hauptsache ist, er – der Einzelgänger – muß den engen Raum nicht mit anderen Menschen teilen. Er ist allein mit sich und seinen finsteren Gedanken.

Fallada, – was nun? Wird man seine Alkoholsucht bestrafen? Werden die scheinheiligen Tugendwächter seine moralischen Verfehlungen mit der Zwangssterilisierung ahnden, ihn entmündigen, wie sie es mit Kagelmacher vorhatten? Werden alte Neidhammel in der Kulturbürokratie die Chance nutzen, an ihm ihr Mütchen zu kühlen?

Oder wird man gar – was er am meisten fürchtet – in alten Akten schnüffeln und herausfinden, daß er bereits einmal wegen Unzurechnungsfähigkeit den § 51 StGB erhalten hat? Wird dies dann der oft befürchtete, immer mal wieder drohende lebenslängliche Aufenthalt hinter Gitterstäben werden?

Was wirft man ihm vor? Welche Taktik muß er zu seiner Verteidigung einschlagen? Wo gibt es jemanden – einen Freund oder wenigstens einen Bekannten – der noch lebt, im Lande ist und Einfluß hat; der sich für ihn einsetzen kann oder ihn verteidigt?

Fragen über Fragen, und er stochert im Nebel. Niemand gibt Antworten, kaum jemand redet mit ihm. Der alte Wärter Willi Paselk ist der einzige, den er in den ersten Tagen regelmäßig zu Gesicht bekommt. Der schließt ihm zum Freigang mit den anderen „Kranken" auf, läßt ihn auch anschließend gern noch eine Weile bei sich im Aufsichtsraum sitzen.

Willi Paselk ist fast im Rentenalter, er reißt hier seine letzten Tage ab. Und er ist wie Ditzen Kettenraucher. Das verbindet, und er kann nachfühlen, wie das ist, wenn man keine Glimmstengel mehr hat. Er leiht Ditzen von seinem eigenen Vorrat.

Der Häftling verspricht, für Nachschub zu sorgen. Er muß nur erst Kontakt zu seiner Ulla bekommen, dann wird sie ihn – und den guten Willi Paselk – schon versorgen. Ditzen muß ihr nicht einmal schreiben. Sie hat doch ihre Augen und Ohren überall und wird sehr schnell herausfinden, wo er steckt.

Auch Paselk ist wie sein Gefangener nur ein armes Schwein. Er muß zwar nicht aus dem Blechnapf fressen, aber er ist hier der einzige normale Mensch. Er hat auch niemanden, mit dem er reden kann. Und er braucht jemanden zum Reden, wenn er nicht selbst verrückt werden will. Er kann die Nachricht, daß sein ältester Sohn an der Ostfront gefallen ist, nicht allein verarbeiten. Was sind das für Zeiten, in denen die Söhne vor den Vätern sterben? Mit dem Neuzugang kann man reden wie mit einem Gesunden, plattdeutsch sogar.

Der Neue ist sauber, ruhig. Er putzt seine Zelle und hält sich pünktlich an die Zeiten für Wecken, Essen, Geschirrabgabe, Freigang und Einschluß. Er macht das alles wohl nicht zum ersten Mal mit, kennt sich mit der Anstaltsordnung aus, fragt schon am zweiten Tag nach der Bibliothek, will Bücher haben. Darauf habe er ein Anrecht als Untersuchungsgefangener. Da müßte Paselk erst nachfragen; hier – in dieser Abteilung – und in seinem Gefängnis liest keiner der Insassen.

Und auch schreiben will der Mann. Nein, nicht nur Postkarten an genehmigte Adressen. Er will selbst ein Buch schreiben. Da soll er doch am besten gleich mit dem Direktor reden; das ist ein ganz umgänglicher Mensch.

Ditzen läßt sich beim Anstaltsleiter anmelden. Er wird vorgeführt und kann sein Anliegen vorbringen: Er ist seit zehn Jahren ein zugelassener Schriftsteller, Major des RAD übrigens, trägt er vor. Man mag sich bei der *Reichsschrifttumskammer* nach ihm erkundigen. Jetzt hat er – als der Unfall mit dem Schuß passierte – gerade an einem Roman fürs *Propami* gearbeitet. Der Reichsminister persönlich ist an der Fertigstellung interessiert: ein Buch über den Untergang eines jüdischen Bankhauses, über Judengeiz und Geldwahn.

Er trägt seine Bitte – nein, sein Anliegen – selbstsicher vor. Er braucht dringend Papier und Schreibzeug sowie seine im Koffer befindlichen Forschungsunterlagen, sonst kann er den Auftrag nicht fristgemäß ausführen, was weitreichende Konsequenzen hätte …

Er nennt Titel, er kennt Namen, – Titel und Namen, die dem Direktor nur aus der Zeitung oder aus dem Rundfunk bekannt sind, und natürlich weiß er auch, daß dieser Fall ein besonders delikater ist: Gemeingefährdung, aber noch kein Gerichtsbeschluß, vielleicht alles ein Versehen.

Es geht so viel durcheinander in diesen Tagen. Es gibt keine Klagen über den neuen Insassen, im Gegenteil. Er wird sich erkundigen, an höherer Stelle nachfragen, sicher ist sicher. Ditzen bekommt Bescheid.

Auch der Staatsanwalt, der ihn eingewiesen hat, will über eine so weitreichende Sondererlaubnis nicht allein entscheiden. Es wird mit Berlin telefoniert, was einfacher klingt, als es ist: Ämter sind ausgelagert, ausgebombt, ausgebrannt, die Zuständigen eingesetzt, eingezogen.

Aber irgend jemand weiß etwas über den Mann, um den es hier geht: Ja, das mit dem Offiziersrang beim RAD stimmt, wenn auch nur zeitweilig. Und eigentlich hat er seine Aufgabe dort nicht erfüllt. Von seinem Juden-Roman redet er schon lange, und wenn er ihn nun endlich liefern will, soll man ihn schreiben lassen.

Es ist ein letzter Versuch mit dem Mann, der seine Auftraggeber hinhält und sie so oft enttäuscht hat. Man soll ihm das Schreibpapier streng rationieren. Das Geschriebene kontrollieren, ihn ständig unter Aufsicht behalten. Also: nicht aus den Augen lassen, scharfe Zensur! Beim geringsten Anzeichen von Verrat Meldung machen! Dann geht der Mann ab auf Nimmerwiedersehen!

Das wäre geschafft: Der Bücherschreiber Fallada bekommt Schreiberlaubnis. Die juristische Klärung des Zivilfalls Ditzen scheint schwieriger zu sein. Einen Teil seiner geistigen Kräfte richtet er zunächst auf seine eigene Verteidigung. Ihm ist bald nach der Verhaftung ein Eröffnungsbescheid des Amtsgerichts zugegangen, der ihm eine vorsätzliche Tötungsabsicht unterstellt. Dagegen setzt sich Ditzen zur Wehr.

Noch bevor ihm das Schreibpapier besorgt und zugeteilt wird, schreibt er auf zwei winzigen Zetteln seine eigene Einlassung zu dem gesamten Vorgang: »Ich bestreite energisch, einen Tötungsversuch begangen zu haben. Während der ganzen fragl. Auseinandersetzung war ich wohl sehr erregt, habe aber nie das Gefühl dafür verloren, wie weit ich gehen durfte. Der beste Beweis dafür ist gerade der Schuß, der mir als Tötungsabsicht ausgelegt wird. Meine Frau und ich, wir standen uns in diesem Augenblick auf einen halben Meter Entfernung gegenüber, das Terzerol ist sehr lang …

(Ich) hätte schon darum nicht vorbeischießen können, da bei jedem Anheben der Waffe, deren Lauf ich bis dahin zum Laden gesenkt hielt, die Mündung den Körper meiner Frau notwendig hätte berühren müssen. Ich aber habe an dem Körper meiner gesch. Frau mindestens einen halben Meter vorbeigeschossen und war nicht enttäuscht, sondern ich habe befriedigt gelacht, als ich das Erschrecken im Gesicht meiner Frau sah.

Darauf war es mir ja angekommen: sie für die kommende Auseinandersetzung zu erschrecken und einzuschüchtern. Meine geschiedene Frau hat nämlich leider die Gewohnheit angenommen, wenn ich ihr ganz bittere Wahrheiten sage, oder wenn sie keine Antwort mehr weiß, mich ins Gesicht zu schlagen. Darum der Schuß, ein kleiner Schreckschuß ...«

Der Anfang einer weitläufigen, umständlichen Verteidigung. Für manches Detail fehlt ihm die exakte Erinnerung. Wann hat er mit Hotop telefoniert? Es muß vor dem Schuß gewesen sei. Also hat er doch geahnt, befürchtet, daß etwas Schlimmes passieren würde, wollte sich mit dem Telefonat vor sich selbst schützen. Er stellt den »Antrag auf sofortige Haftentlassung, da kein schweres Verbrechen vorliegt«.

So einfach ist das nicht. Wer erst einmal im Bau ist, der kann draußen kein Unheil mehr anrichten. Zunächst wird ein gerichtsmedizinisches Gutachten eingeholt. Der Medizinalrat Dr. Hecker führt aus: »Bei Begehung der ihm zur Last gelegten Straftat waren bei Rudolf Ditzen die Voraussetzungen des § 51 Abs. 2 StGB erfüllt. Unterbringung in einer Heil- und Pflegeanstalt im Anschluß an die Haftverbüßung ist m. E. nicht erforderlich.«

Damit kann Ditzen leben: keine Empfehlung einer Dauereinweisung, keine Aufzählung seiner Vorstrafen, keine Angabe zur wiederholten Zuerkennung des § 51, vor allem keine Erwähnung seiner Verhaftung 1933 durch die Nationalsozialisten. Wenn er jetzt noch erfährt, wie lange er *brummen* muß, dann kommt er wohl mit einem blauen Auge davon.

Im ganzen Haus klirren die schweren Riegel der Eisentüren, die gesunden U-Häftlinge der Abteilung I werden herausgelassen und auf dem Hof zu Arbeitskolonnen zusammengestellt. Die psychisch Kranken der zweiten Abteilung bleiben im Bau. Sie müssen nicht arbeiten.

Nur der Insasse mit dem Sonderstatus tut es freiwillig. Er hat Übung darin, auf engstem Raum, bei schlechtem Essen, unter unwürdigen Bedingungen zu überleben, indem er alles um sich herum vergißt und schreibt. Es ist nicht einmal wichtig, was, sondern daß er schreibt. Er hat das schwer erkämpfte Schreibpapier vor sich, nicht sehr viel, doch feste große Bögen, etwas länger sogar als das normale Format, also Platz für viele Zeilen.

Wieder ist er der Robinson auf einsamer Insel, errichtet Zäune um sich herum, legt Fallstricke aus und tarnt seinen Besitz gegen Feinde. Ein wundersamer Schizophrener beginnt im Strelitzer Gefängnis seine ausgeklügelte Arbeit.

In der Anstalt entsteht zwischen dem 6. und 21. September – in vierzehn Tagen – ein Roman, den er nicht in seinen Briefen erwähnt: *Der Trinker*. Es ist die Geschichte vom Zusammenbruch der Ehe des Kaufmanns Erwin Sommer, der eine Verwandlung vom angesehenen Geschäftsmann zum notorischen Trinker durchmacht.

Vieles erinnert an das eigene Schicksal: Wie Anna und Rudolf Ditzen haben die Sommers vierzehn Jahre lang eine gute Ehe geführt. Sie haben aus Liebe geheiratet, waren – jeder mit einem Handköfferchen – „zusammengelaufen". Die ersten Ehejahre waren eine herrliche, entbehrungsreiche Zeit. Dann kam mit den ersten geschäftlichen Mißerfolgen Streit zwischen den Eheleuten auf.

»Manchmal schien es mir geradezu lächerlich«, bekennt im Roman Erwin Sommer, »über was für Dinge alles wir miteinander in Streit gerieten. Es schien, als müßten wir uns zu bestimmten Zeiten streiten, ganz gleich warum. Auch das Streiten schien ein Gift zu sein, an das man sich rasch gewöhnt und ohne das man bald nicht mehr leben kann.«

Nach einer Affekthandlung gegen seine Frau wird der alkoholkranke Sommer verhaftet und wegen Mordversuchs angeklagt. Er landet in einer Trinkerheilanstalt.

Sommer ist dort angekommen, wo sich auch sein geistiger Vater Ditzen zur Zeit befindet. Von hier an trennen sich ihre Wege. Sommer wird für geisteskrank erklärt, entmündigt und geschieden. Da er nicht den Mut zu einem plötzlichen Ende hat, stirbt er einen »Tod nach eigener Wahl«, einen allmählichen, sanften Tod: Er infiziert sich mit dem Auswurf von Tuberkulose-Kranken. Sein letzter Wunsch ist ein mit Schnaps gefüllten Wasserglas, langsam wird er verlöschen, aufgehen »in Rausch und Vergessen, aus denen es nie ein Erwachen gibt«.[12]

Nach der Niederschrift dieses Romans schreibt Ditzen Alibibriefe, die den Zensoren der Anstaltsleitung zugedacht sind und die Wachsamkeit des Staatsanwalts einschläfern sollen. Er betreibt ein gefährliches Doppelspiel: In seinen Briefen – auch an Suse – beschreibt er ausführlich und intensiv den Fortgang des *Kutisker*-Romans.

»Ich schreibe täglich meine 12 bis 15 Druckseiten am Kutisker. Der Stoff arbeitet sich sehr schwer, immer wieder habe ich auch Hemmungen zu bekämpfen, die sich aus meinem Inneren entgegenstemmen«, teilt er Suse in einem Brief am 14. Oktober mit. Er »zerlege die Handlung in viele kleine Bilderchen, verteile sie auf eine Unmenge Figuren, ähnlich wie bei *Bauern, Bonzen und Bomben*«.

Vierzehn Tage später »schreitet die Arbeit am *Kutisker*-Roman stetig vorwärts; etwa 225 Druckseiten liegen schon hinter mir«. Am 19. November hört Freund Geyer: »Ich habe weit über 1 000 Druckseiten geschrieben.« Er quäle sich mit dem letzten Teil jedoch sehr und sei der »Arbeit am *Kutisker*-Roman herzlich müde«.

Ende November kann er nach außen – wiederum an Suse – melden, der Roman sei beendet. Da steht der Termin der Entlassung unmittelbar bevor, die Tarnkappe hat fast ausgedient, kann abgesetzt werden.

Er hat nach acht Wochen Haft endlich den Strafbescheid erhalten, der ihm Gewißheit über sein weiteres Schicksal gibt: Er ist ohne eine Gerichtsverhandlung zu insgesamt drei Monaten und vierzehn Tagen Gefängnis verurteilt, eine anschließende Unterbringung in einer geschlossenen Anstalt erfolgt nicht. Ditzen kann also – seiner eigenen Rechnung zufolge – am 13. Dezember Altstrelitz wieder als freier Mann verlassen.

Niemand kann heute sagen, ob und wieviel Ditzen an seinem antisemitischen Roman geschrieben hat. Keine Zeile davon existiert im Nachlaß. Und jede geschriebene Briefzeile dazu ist für die Augen der Zensoren bestimmt. Hat er nur einzelne Szenen und Figuren angelegt, ausgeführt, weitergeführt, beendet? Ist ein komplettes Manuskript entstanden, aber nach dem Ende der Naziherrschaft von ihm vernichtet worden? Oder hat er einen Aktenordner nur auffällig mit *Kutisker* beschriftet, um darin unterzubringen, was er wirklich schreibt?

Etwas, das in diesen Tagen und Wochen – außer dem *Trinker*-Roman – tatsächlich entsteht, erwähnt er in seinen Briefen mit keinem Wort.

Willi Paselk bringt einen neuen Stapel Schreibpapier. Man ist sich bei der Anstaltsleitung offenbar ganz sicher, der Häftling Ditzen mißbraucht das Vertrauen nicht, das man in ihn setzt.

Paselk sieht Ditzen über die Schulter. Er kann den Fleiß seines Schutzbefohlenen nicht genug bewundern. Wieviel der Mann schreibt. Und wie sparsam er mit dem Papier umgeht. Er schreibt so klein, daß einem ganz schwindlig davon wird, wenn man nur zuguckt.

Eigentlich soll Paselk das Geschriebene kontrollieren, aber das kann keiner von ihm verlangen. Das schreibt keine Dienstvorschrift vor. Ihn interessiert nicht, was der Mann da gegen die Juden schreibt. Paselk kennt Kollegen, die bei der Wachmannschaft im benachbarten KZ Ravensbrück sind. Schlimm, was dort mit den Frauen geschieht.

Er ist froh, daß er so wenig Arbeit mit dem Häftling Ditzen hat. Der Wärter geht, überläßt den Mann sich selbst; schade, daß er kaum noch mit ihm reden kann. Er kommt ihm verändert vor, still und in sich gekehrt. Nun ja, vielleicht doch ein Verrückter. Auf einen mehr oder weniger kommt es schon gar nicht mehr an.

Ditzen beugt sich über das neue Blatt. In seiner winzigsten, nur einige Millimeter großen Schrift beschreibt er die erste Seite. Ist sie gut genutzt? Lange nicht. Wer weiß, wie weit er mit dem kleinen Papierstoß auskommt?! Er dreht die Seite um und schreibt zwischen den Zeilen. Und wenn er das Blatt nun abermals herumdreht, kann er es zum dritten Mal – wieder in den Zwischenräumen – beschreiben. Jetzt ist die Seite wirklich voll, auch die letzten Lücken und Räume sind gefüllt. Nun erst nimmt er das zweite Blatt zur Hand, streicht es glatt und verfährt damit genauso.

Es entsteht ein einzigartiges Manuskript, – eine schonungslose Abrechnung mit anderen und mit sich selbst: »Und dann kam es über mich, daß ich hier ausgerechnet in diesem Haus, bewacht und belauert, mit diesen Aufzeichnungen beginnen mußte«, erklärt Rudolf Ditzen den Grund für seinen Ausbruch. »Zu lange schon trage ich sie mit mir herum. Ich muß einfach. Und weiß, daß ich wahnsinnig bin. Ich gefährde nicht nur mein Leben, ich gefährde, wie ich immer mehr merke, das Leben vieler Menschen, von denen ich berichte.

Ich besitze kein abschließbares Fach. Alles liegt jedem Zugriff offen. Ich schreibe in einer mir zugewiesenen Zelle, durch die ständig andere Gefangene laufen. Wachtmeister stehen alle Augenblicke bei mir, rauchen eine Zigarette und stellen dumme Fragen nach der Tätigkeit eines Schriftstellers. Sie bewundern meine kleine Schrift, der einzige Schutz, den ich gegen neugierige Nachschnüffler habe.

Ich weiß, daß jeder Brief, jede Zeile, die hier geschrieben wird, erst von der Staatsanwaltschaft zensiert werden muß, ehe sie hinausgeht. Ich habe nicht die geringste Ahnung, wie ich diese Zensur vermeiden, wie ich das M(anuskript) hinausschmuggeln soll. Ist es nur Leichtfertigkeit? Oder handle ich unter einem unwiderstehlichen Zwang? Alle diese Gedanken plagen mich Tag und Nacht, sie lassen mich mein eigenes Schicksal in diesem Totenhaus vergessen, nur wenn ich über diesen Aufzeichnungen sitze, lassen mich diese quälenden Gedanken frei.«

Wenn er nachts auf der Pritsche in einem halbschlafähnlichen, bleiernen Zustand liegt, fragt sich Ditzen: »Ob ich morgen wohl weiterschreibe? Ich bin wahnsinnig, wenn ich es tue.« Unter den Augen der Wächter, belauert von dem übereifrigen Staatsanwalt, läßt er seinem Herzen endlich freien Lauf.

Noch einmal steht ihm die Hausdurchsuchung der SA und seine Inhaftierung Ostern 1933 vor Augen; die Angst, man würde ihn auf der Flucht erschießen. Und all die anderen tausend Nadelstiche, mit denen ihn die Nazis später quälten. Der Boykott seines *Blechnapf*-Buches, die – zeitweilige – Verhängung des Berufsverbots.

Wieder durchlebt er jene bitteren Stunden des Jahres 1938, da er auf Anweisung von oben das Eigenleben der Familie des Gustav Hackendahl auslöschte und sie Dinge tun ließ, die weder ihrem angelegten Charakter noch der Absicht ihres Schöpfers entsprachen: »Der Monat, durch den ich an diesem n(azi) Schwanz schrieb, steht mit schwarzer Tinte umrandet in meinem Kalender, die Welt kotzte mich an, ich mich selbst aber noch mehr«, schreibt Ditzen am 2. Oktober 1944.

Alles muß nun heraus: die Eingriffe von Joseph Goebbels, das Rosenberg-Diktat und seine Folgen: »Ich wurde beschimpft, daß ich es gewagt hatte, Parteigestalten zu schildern, wurde in Acht und Bann erklärt, ich war verfemt, ich war vogelfrei. Wieder wie nach dem *Blechnapf* zogen die SA und SS durch die Straßen und verlangten von den Buchhändlern, daß meine Bücher aus den Schaufenstern, ja, aus den Regalen entfernt wurden … Ich stand vor meinem Ruin.«[13]

Für alles will er nun Genugtuung: für die verlorene Suse, die entfremdeten Kinder, vor allem aber für die ihm aufgenötigten literarischen Kinder. Hat er diese Bilanz erst einmal abgeschlossen, so wird es ihm leichter ums Herz sein, er wird mit sich ins reine kommen. Auch das Unglück mit der Suse wird aufhören. Sie werden sich aussprechen und von vorn beginnen.

Daran glaubt Ditzen, und diese Zuversicht gibt ihm die Kraft und den Mut, alle widrigen Umstände in dem Altstrelitzer *Totenhaus* zu überwinden.

Zu einer Zeit, da ihn die Welt für tot erklärt, beginnt er noch einmal – zum wievielten Mal? – zu leben. Er macht sich ehrlich; spät, aber nicht zu spät. Es ist fünf Minuten vor zwölf.

Niemand rechnet mehr mit ihm, kaum einer, der sich in diesen Tagen an ihn erinnert. Jeder ist sich selbst der nächste. In der Anstalt flüstern die Insassen lange über die Frontlage; Ortsnamen werden genannt, die zuerst russsisch, dann polnisch und schließlich sehr deutsch klingen. Jeder Neuzugang wird intensiv ausgefragt. In jeder Tageszeitung versucht man, zwischen den Zeilen herauszulesen, was im Osten und Westen geschieht.

Alle – selbst die Wachmannschaften – bereiten sich auf das große Ende vor. Wer hat jetzt Zeit, sich um einen armen, irren Schriftsteller zu kümmern, der in seiner Zelle sitzt und schreibt? Er schreibt, als ob sein Überleben davon abhinge.

Irgendeiner von seinen Freunden hat das Gerücht verbreitet, Rudolf Ditzen sei bei einem Bombenangriff auf Berlin ums Leben gekommen.

Als Ditzen etwas später von diesen Gerüchten hört, tröstet er sich: »Das macht nichts, daß man mich totsagte. Es heißt doch: ein Totgesagter lebt noch hundert Jahre, und gerade das will ich.«

6. Kapitel
Letzte Dienstfahrt

»Er war einer von ihnen, nichts war es, das ihn vor den andern aus gezeichnet hätte … Mitgefangen, mitgehangen.«

Rudolf Ditzen hat seine Haftzeit und den Entlassungstermin richtig berechnet, denn auf das präzise Mahlen der reichsdeutschen Justizmühle ist Verlaß, – in solchen Bagatellfällen jedenfalls. Am 13. Dezember 1944 verläßt er das Gefängnis in Altstrelitz, das ihm zuletzt gar nicht mehr so beängstigend erschien wie zu Beginn.

Zum Schluß hätte er sich fast noch mit dem Direktor überworfen, als er eine Schreibmaschine verlangte, angeblich, um eine Weihnachtsgeschichte für seine Tochter zu tippen. Da wollte der Direktor den seltsamen Patientenhäftling am liebsten nicht nur zur Tür, sondern gleich ganz zum Tor hinauswerfen.

Mit zwei Koffern geht Ditzen aus der Anstalt. In einem sind seine persönlichen Sachen, im anderen Bücher, Akten, Manuskripte. Er wird bei der Entlassung nur flüchtig kontrolliert. So peinlich genau auch die Kontrollen in umgekehrter Richtung sind: Wer schleppt schon nennenswerte Dinge *aus* einem Gefängnis?

Außerdem versagen die sonst üblichen Kontrollprozeduren bei der Kontrabande, die dieser Entlassene mit sich führt: einen Stapel beschriebenes Papier, – na gut, dafür hatte er eine Sondererlaubnis, und es ist alles seine eigene Kritzelschrift. Kein fremder Kassiber ist dabei. Und wenn schon? Wen interessiert das noch?

Ditzens geheime Bilanz seiner aufgezwungenen Schreibzeit ist nicht schlecht: ein abgeschlossener Roman, eine umfangreiche autobiographische Skizze und eine ganz passable Kindergeschichte. Was sich sonst im Manuskriptenkoffer befindet, ob ein fertiges antisemitisches Buch ganz obenauf liegt, – es bleibt sein Geheimnis. Und das nimmt er mit ins Grab.

Das schwere Tor schließt sich hinter ihm. Er geht bis zu der großen Kreuzung, wo die Straßen aus Berlin, Mirow, und Woldegk aufeinandertreffen. Dorthin hat er telefonisch die Strelitzer Taxe beordert. Sie ist pünktlich da. Der Fahrer lädt die Koffer ein. Beim Gehen sieht Ditzen, daß der Mann ein Bein nachzieht. „Nach Carwitz, kennen Sie das", fragt Ditzen. Der Mann nickt, und sie steigen ein.

Vielleicht ahnt der Fahrer, woher sein schweigsamer Fahrgast kommt. Manch einer, der von *dort* entlassen wird, geht erst ein Stück zu Fuß, um seine Spuren zu verwischen. Vielleicht aber gehört der Mann hinten einfach zu dem vielen Strandgut, das der Krieg anspült und vorübertreibt. Im Rückspiegel sieht der Fahrer, daß der Fremde am Stadtausgang bereits eingeschlafen ist.

Traumwelt IX

Er liegt auf einer weichen, saftigen Wiese und saugt den Duft von Sommerblumen in sich auf. Er hört auf den Gesang eines Vogels. Ist es ein Sprosser? Nein, eine Lerche steigt in den Himmel. Er blinzelt in die Sonne, bedeckt die Augen mit der Hand und folgt den Schleifen, die der kleine Vogel zieht. Er zwitschert und flattert. Warum singt er beim Fliegen? Tschitschidirrdirr, tschitschidirrdirr.

Nein, er pfeift seine Herzliebste heran. Es klingt wie: „Komm her, lieb Kind, komm her, lieb Kind, daß wir fest beieinander sind."

Man müßte fliegen können. Fliegen wie die Lerche. In die Höhe steigen, Seen und Berge überwinden.

„Ich komm, lieb Kind, tschitschidirrdirr ..." Sagt er: „Hier bin ich; es ist kein Platz für jemand anderen!"

Rudolf Ditzen kehrt nach Feldberg zurück wie von einer seiner vielen Reisen. Niemand ahnt, wo er die letzten Monate verbracht hat. Sollte ihn bei seiner Heimfahrt wirklich jemand gesehen, auf ihn geachtet haben, so wird er sich wohl sagen: Es gibt ihn also auch noch, den Herrn Schreiber. Wieso muß der nicht zum Volkssturm, wie die anderen Männer? Was will er noch hier, ist doch geschieden? Daß der sich überhaupt noch ins Dorf traut …

Im Gepäck hat Ditzen gute Vorsätze. Ulla hat nicht nach ihm gefragt. Sie hat ihm nicht geschrieben, ihn nicht besucht. Sie wird sich anderweitig getröstet haben. Das ist schade, aber nicht zu ändern. So wird es ihm leichter fallen, sich von ihr zu lösen und sich mit Anna auszusprechen. Falls sie sich mit ihm aussöhnt, wird alles wieder gut.

Wenn es auch nicht mehr sein kann, wie es früher war, dann werden sie in dieser schweren Zeit so etwas wie eine Zweck- und Notgemeinschaft bilden. An ihm soll es nicht liegen. Immerhin hat Suse die Sache mit dem Schreckschuß nicht weiter aufgebauscht und gegen ihn verwendet. Das rechnet er ihr hoch an.

Er nimmt sich vor, geduldiger zu sein, nicht gleich mit der Tür ins Haus zu fallen. Er wird die Weihnachtszeit zu einer Aussprache mit Suse nutzen. Für *Mücke* hat er in Altstrelitz eine kleine Tiergeschichte vom frechen kleinen Dachs geschrieben, der nachts vom Bohnenwerder herüberkommt, im Garten die Beete zerwühlt und allen Versuchen widersteht, sich vertreiben und fangen zu lassen. Am Ende hat das Tier – und die Geschichte – einen Namen, sie heißt *Fridolin, der freche Dachs*, und der Vater läßt ihn gewähren.

Ditzen meldet sich bei Suse zurück. Sie begrüßt ihn nicht besonders freundlich, aber das rechnet er ihrer spröden Hamburger Art an. „Da bist du ja wieder, Junge. Wir haben dein Zimmer mal aufgeräumt und geschrubbt. Und neue Wäsche liegt auch da."

Das klingt sachlich, ist ein guter Anfang. Wahrscheinlich ist Suse froh, daß die Behörden den Fall nicht weiter aufgebauscht und Ditzen nicht ganz weggeschlossen haben. Er richtet sich wieder im Gärtnerzimmer ein.

Er holt die Schreibmaschine von drüben und tippt den Text für Lore auf kleinen Seiten in Heftgröße ab, legt sie in blauen Karton und heftet alles mit einem Faden. Auf dem

Vorsatzblatt steht: »Für Mücke. *Grüner-Gurken-Verlag*. Weihnachten 1944.«

Und das Weihnachtsfest selbst erinnert sogar ein wenig an frühere Zeiten: Die „Kentersche" kommt wie so oft in den Vorjahren zu Besuch. Die Erwachsenen schenken und erhalten Bücher. Heiligabend ist Suse milde gestimmt und glaubt seinen Versprechungen, sich ändern zu wollen. »Aussöhnung mit Suse«, schreibt er ins Geschäftstagebuch, und auch der erste Weihnachtstag ist ein »Ruhiger Festtag mit Bücherbesehen und Kinderspielen«.

Am zweiten Feiertag kündigt er seiner Frau an, er wolle abends nach Feldberg gehen, um mit Ulla zu reden und sich von ihr zu trennen. Er möchte sie noch einmal sehen und sich mit ihr aussprechen. In ein paar Stunden wird er zurück sein. Selbst dafür hat Suse Verständnis und läßt ihn ohne Widerspruch gehen.

Dann steht Ditzen – nach vier Monaten – zum ersten Mal wieder der jungen Frau gegenüber, und es ist, als sei er gestern erst von hier fortgegangen. Sie hat sich nicht verändert, ist unbefangen, freut sich über seinen Besuch, strahlt ihn an. Er vergißt, daß sie ihn nicht in Strelitz besucht hat. (Vielleicht hat sie ihm die Schmach ersparen wollen, ihn dort zu sehen?) Sie fragt nicht weiter, warum er sich nicht gemeldet hat. (Sie kennt ja den Grund ohnehin.) Er ist für sie da und sie für ihn. Das mag sie an ihm, dafür liebt er sie.

Er verteilt kleine Geschenke an Jutta, Ulla, Mutter Boltzenthal. Jutta legt die dünnen Ärmchen um seinen Hals, er schaukelt sie auf den Knien.

„Wo warst du so lange", fragt das Mädchen.

Er hat eine lange Reise gemacht. Und er hat ein neues Buch geschrieben. Das interessiert Jutta nicht und auch nicht Ulla. Sie überlegt, was sie zu Mutter Boltzenthals Kuchen noch auftragen kann. „Es ist nichts zu trinken im Haus", sagt sie. Sie könnte zum *Haus Heimgarten* rübergehen und etwas besorgen. Die haben immer was da.

„Ach, bleib man da", sagt Ditzen, „wir haben doch uns." Ulla schiebt Mutter und Tochter ins Nebenzimmer. Juttas Protest nützt nichts, und Mutter Boltzenthal geht widerspruchslos.

Ditzen zieht die Schuhe aus und nimmt die Füße auf dem Sofa hoch. Im Kamin bullert ein Holzklotz, es ist warm und anheimelnd. Weit weg sind Suse und die eigenen Kinder; kein Gedanke an Trennung von Ulla. Warum auch? Sie verstehen sich ohne viele Fragen, machen einander keine Vorhaltungen, sie nehmen sich so, wie sie eben sind.

Jeder ist auf seine Weise ein besonderer Mensch, angewiesen auf den anderen in diesem engstirnigen Provinznest. Beide sind sie Künstler im Überlebenskampf. Für bessere Zeiten, andere Leute und die Großstadt bestimmt. Sie passen gut zusammen, und statt sich zu trennen, sollte man sich lieber zusammentun, heiraten, allem Neid und allem Klatsch zum Trotz. Er fragt sie, was sie dazu meint?

Ulla sagt: „Du bist verrückt." Aber dann macht sie schon Pläne, denn sie ist kein bißchen vernünftiger. Sie werden dem Spießervolk in der Kleinstadt den Rücken kehren und nach Berlin gehen. Dort hat sie die große Wohnung in der Meraner Straße. Die ist zwar halb zerstört, aber sie werden die Bagage, die jetzt dort haust, vertreiben und haben dann genug Platz für sich. Das ist ein Grund zum Feiern. Sie öffnet das Fenster und zieht eine Flasche Sekt am Bindfaden ins Zimmer, eisgekühlt.

Er ist überrascht: „Ich denke, du hast nichts zu trinken im Haus?"

„Ich wollte nur einmal sehen, was du für ein Gesicht machst, wenn es nichts gibt", sagt sie lachend, „haben sie dir Armem vielleicht dort … auf deiner Reise … etwa das Trinken abgewöhnt?"

Er antwortet nicht, ist etwas durcheinander. Es sieht ja fast so aus, als ob sie ihn heute abend erwartet hat.

„Du oder ein anderer", sagt sie kokett und lacht.

„Weißt du eigentlich, daß ich eine reiche Frau bin", will sie wissen, als sie angestoßen haben.

„Darum will ich dich ja heiraten“, flachst er, „denn ich bin jetzt arm wie eine Kirchenmaus“.

„Dann hält dich Ewald ja zu recht für einen Erbschleicher, der es nur auf mein Geld abgesehen hat“, ruft Ulla mit gespieltem Erschrecken.

Der verstorbene Kurt Losch hat ihr mit seinem Testament eine Menge Bargeld und eine ganze Kette von Seifenläden hinterlassen. Sie weiß nicht genau, wieviel Geld es ist, das sie mit den beiden Losch-Brüdern teilen muß, und welche Läden die Bombenangriffe überstanden haben, aber ein paar werden es schon noch sein.

„Sind wir nun verlobt oder nicht“, fragt Ulla zwischen zwei Gläsern Sekt am späten Abend.

„Na klar, Ulla, und bei der ersten besten Gelegenheit heiraten wir.“

Gut, dann ist ja alles klar. Er wird nach Carwitz zurückfahren und es Anna sagen. Gleich morgen, nicht heute. Morgen ist auch noch ein Tag.

In Carwitz geht alles wieder umgekehrt. Da sind die eigenen Kinder. Das sind Suse und die „Kentersche“, die ihn ein wenig wie den verloren geglaubten und reuig heimgekehrten Mann betrachten. Da ist noch etwas von der Weihnachtsstimmung im Haus. Die Geschenke liegen unterm Tannenbaum, *Mücke* möchte, daß der Vater ihre Geschichte vorliest, Achim hat ein kleines Lied gelernt …

Soll er in diese friedlich-festliche Stimmung mit der Nachricht von seiner Verlobung mit Ulla hineinplatzen? Alle haben sich Mühe gegeben, damit er über die letzten Erlebnisse hinwegkommt. Mit keinem Wort hat Suse das Vergangene berührt. Sie hat ihre Schwestern abreisen lassen, damit er ihnen nicht begegnet. Muß er da nicht auch fair zu ihr sein?

Er ist in diesen Tagen hin- und hergerissen. Auch am letzten Tag des Jahres bleibt er daheim. »Schöne Silvesterfeier mit den Kindern«, steht im Kalender. Dann, als die Kinder im Bett sind, ist sie wieder da, diese Unruhe, die Sehnsucht nach der anderen Frau. Und er fügt, bevor er aufbricht, hinzu: »Zum Jahresende zu Ulla gefahren.« Dies ist sein letzter Eintrag in das elfte Carwitzer Kalendertagebuch. Es wird keine weiteren geben, keine neuen Tagebücher, keine Notizen darin von ihm.

Ulla Losch und Rudolf Ditzen fahren nach Berlin. Sie wollen erkunden, was von dem Besitz der Loschs noch übrig geblieben ist. Sie tauchen ein in die Großstadtanonymität Endkriegs-Berlins.

Hier wollen sie ihr gemeinsames Leben beginnen, ganz so, wie es der Bücherschreiber Dr. Doll und seine Frau Alma in Ditzens vorletztem Roman *Der Alpdruck* vorhaben: »Berlin! Berlin, wieder einmal Berlin – ! Diese geliebte Stadt, in der sie beide groß geworden waren – er freilich dreißig Jahre früher als sie –, dieser lichterglänzende, jagende, ruhelose Ort! Anscheinend in einen ewigen Taumel von Vergnügungen und Lust verstrickt – aber nur, wenn man nicht an die weiten, dunklen Arbeitervorstädte dachte, Berlin, die Stadt der Arbeit!

Wieder einmal kehren sie dorthin zurück, ihr Leben neu aufzubauen; wenn an irgendeinem Platz der Erde, so gab es hier für sie eine Chance: in diesem zertrümmerten, ausgebrannten, verblutenden Berlin!«

Ulla war lange nicht in der Stadt, sie ist erschüttert von der Wirkung, die die Bomben hinterlassen haben. Sie finden die halbzerstörte Wohnung in der Meraner Straße von Flüchtlingen besetzt. Zwei Zimmer sind unbewohnbar, die Außenwand ist herausgebrochen. Ulla zankt sich mit den ungerufenen Einquartierten, rennt zu Ämtern, um sie loszuwerden. Schließlich gelingt es ihr auch, ein Zimmer freizukämpfen.

Am 1. Februar 1945 heiraten Ursula Losch und Rudolf Ditzen. Auf der Hochzeitsanzeige steht ein Zitat aus einem Märchen von Ludwig Bechstein: »So mußte denn das liebe Mägdelein herbei, um mit dem häßlichen Bräutigam fortzufahren. Seinen rauhen Kopf auf des Mädchens Schoß legend, brummte er: 'Graule mich, grabble mich hinter den

Ohren zart und fein, oder ich freß dich mit Haut und Bein!' Und das Mädchen grabbelte, und so sanft, daß es ihm behagte und daß sein furchtbarer Bärenblick freundlich wurde, so daß allmählich die arme Bärenbraut einiges Vertrauen zu ihm gewann.«

Sie versenden die seltsamen Hochzeitskarten an Freund und Feind, deren Anschriften noch auszumachen sind. Was sie sich von diesen Anzeigen eigentlich versprechen, können sie selbst nicht so genau sagen. »Es kam ihnen wie ein Triumph vor, daß sie nun doch geheiratet hatten – allen zum Trotz, ein Schlag ins Gesicht der Prüderie.«

Als Trauzeugen werden Ernst Rowohlt und Peter Zingler bestellt. Ditzen weiß sehr wohl, daß es für die beiden keine angenehme Aufgabe, eher eine Freundespflicht ist, der sich die beiden so schnell wie möglich entledigen wollen. Zwischen den Rowohlts und den Ditzens gab es enge familiäre Bande, und ohne Peter Zingler hätte Ditzen *sein* Carwitz nie gefunden. Nun hat der Freund Suse und die Kinder zurückgelassen und diese buntschillernde Geliebte gefunden. Sie ist schön und verführerisch, aber warum muß er sie unbedingt heiraten?

Auch Ditzen drängt auf eine rasche Erledigung des Zeremoniells auf dem Schöneberger Standesamt. Mit der Kirche haben sie beide nichts im Sinn, so bleibt es beim offiziellen Pflichtakt. Es ist, als ob Ditzen fürchte, jede neue Verzögerung könne die Angelegenheit nur in Frage stellen.

Zwischen Todesanzeigen und Vermißtenmeldungen schreibt ein gleichgültiger Standesbeamte die Personalien auf; nimmt die Erklärung der beiden ungleichen Menschen entgegen, daß sie einander Treue halten wollten, bis daß der Tod sie scheide.

Was auch immer über die beiden gesagt werden mag und gesagt werden wird: Diese Treue haben sie einander – auf ihre Weise – gehalten für die zwei gemeinsamen Jahre. Solange auch nur einer von beiden handlungsfähig und bei Bewußtsein ist, sorgt er selbstlos für den anderen. Wenn sie auch oft durch Krankheit, Alkohol und Drogen voneinander getrennt sein werden, sie finden Wege, sich ihrer gegenseitigen Liebe zu versichern.

Oder ist es doch nur eine Notgemeinschaft zwischen ihnen, wie Ditzen Schwester und Schwager versichert? »Ich bin an diese neue Heirat, um Euch gegenüber offen zu sein, mit sehr kühlem Herzen gegangen. Ich wollte einfach bald wieder heiraten, wie ich nun einmal nicht allein leben kann.«

In der Wohnung des Paares soll eine kleine Hochzeitsfeier stattfinden, auch Rowohlt und Zingler werden eingeladen, mit ihnen auf die Zukunft anzustoßen. In diesem Moment, als die vier fast in der Meraner Straße sind, heulen die Sirenen auf: Fliegeralarm.

Rowohlt und Zingler nutzen die Chance. Während Ulla und Ditzen zur Wohnung laufen, kehren die beiden Männer um und rennen quer über die Straße zu einem Luftschutzbunker. Ditzen ruft ihnen etwas nach: Sie sollen nach der Entwarnung zurückkommen, sonst Gnade ihnen Gott!

Aber Rowohlt und Zingler hören es nicht, wollen es nicht hören. Nein, das ist zuviel verlangt. Sie können nicht so tun, als ob nichts geschehen sei. Die Anwesenheit auf dem Standesamt war kaum zu umgehen, aber die Feier mit dem neuen Paar geht über ihre Kraft. Die beiden Männer laufen schweigend vorbei an dem Luftschutzbunker durch die menschenleeren Straßen, unbekümmert um die Folgen.

Ditzen, der den wahren Grund für die Eile Rowohlts und Zinglers ahnt, kehrt mißmutig mit der jungen Frau in das große Zimmer zurück, das ihnen von der riesigen Wohnung geblieben ist. Auf dem festlich gedeckten Tisch stehen vier Gläser und zwei Flaschen Wein, die Ulla – weiß der Teufel, wie – beschafft hat.

Plötzlich überfällt Ditzen eine unbändige Wut: auf die beiden eigensinnigen Trauzeugen, auf Suse und Ulla, auf alles. Er packt einen Stuhl und schleudert ihn in die Ecke. Ein Glas fliegt hinterher, ein weiteres in den Spiegel, aus dem ihn das eigene entstellte Gesicht anstarrt. Ulla, die zunächst fassungslos dem Treiben ihres Mannes zugesehen hat, empfindet bald Freude an dieser allgemeinen Vernichtung. Es ist ja doch gleichgültig, ob Zerstörung und Tod von außen kommen oder ob man dem Ende ein wenig nachhilft. Wenn alles ringsum zu Bruch geht, will man nicht tatenlos zusehen.

Während in Wilmersdorf Bomben einschlagen, mehr als 2000 Tonnen Bombenlast über Berlin niedergeht und mehr als 2000 Menschen in dieser Nacht sterben, lacht Ulla unbändig und stachelt Ditzens Wut aufs neue an. Stück um Stück der Zimmereinrichtung wird unter der Wucht von Fußtritten, Schlägen und Püffen demoliert.

»Es hätte keine Hochzeit Hans Falladas sein dürfen, wenn dies nicht passiert wäre«, urteilt Ditzen später. Nur die beiden Weinflaschen rettet Ulla. Die werden sie brauchen können, wenn alles vorüber ist, der Katzenjammer folgt. Und er kommt so gewiß wie das große Ende selbst.

Sie fahren am Tag nach der Hochzeit zu Professor Zutt, werden dort aber unfreundlich empfangen und abgewiesen. Zutt hat sogleich durchschaut, daß die neue Lebensgefährtin seines früheren Patienten drogensüchtig ist. Und auch Ditzen weiß längst, wie abhängig sie vom Morphium ist und daß mancher ihrer Gallenanfälle nur vorgetäuscht ist, um Spritzen oder Morphiumpräparate zu erhalten.

Ulla schläft in den Tag hinein; gegen Mittag geht sie aus dem Haus, streift durch das Stadtlabyrinth, immer auf der Suche nach einem anderen Arzt, dem sie ihre Krankengeschichte auftischen und etwas Morphium abbetteln kann. Natürlich gibt sie stets auch Ditzen von dem teuflichen Zeug, das alles – das Elend ringsum – so viel leichter erträglich macht. So geht es Tag für Tag, Nacht für Nacht, wenn sie nicht gerade in den Luftschutzkeller müssen.

Er muß sie schnell fortbringen aus Berlin, ehe es – auch für ihn – zu spät ist. Ditzen haßt die Stadt, er kann das Heulen der Sirenen, den Geruch verbrannter Häuser und die Nächte in stinkenden, muffigen Kellern nicht länger ertragen. Er sehnt sich zurück nach der Ruhe der Feldberger Seen, Wälder und Berge.

Auch er geht oft durch die Straßen mit den fensterlosen Häusern, den Trümmerbergen, zwischen denen die Menschen nach Brauchbarem stochern. Er klappert ein paar Adressen ab in der vergeblichen Hoffnung, frühere Freunde anzutreffen. Sie sind verzogen, ausgebombt, gefallen.

Ditzens Bedarf an Großstadt ist bald gedeckt. Ulla hat sich eine langwierige Beinverletzung zugezogen und braucht wegen ihrer Gallenkoliken teure Medikamente, für die das Geld fehlt. Sie kann über ihren Anteil am Losch-Erbe noch nicht verfügen.

Ulla und Ditzen ziehen nach achtwöchigem Berlin-Aufenthalt wieder zu Mutter Boltzenthal und Jutta in das Häuschen auf den Feldberger Klinckecken. Aber damit ist wenig gewonnen: Ullas Bein müßte von einem Spezialisten behandelt werden, Ditzen selbst ist – wieder einmal – reif für einen Entzug. Aber wer soll ihnen jetzt helfen?

Eine neue Odyssee beginnt, und sie sind – stellt man die chaotischen Verkehrsverhältnisse in Rechnung – erstaunlich mobil. Der Reise- beziehungsweise Fluchtgrund ist jedesmal derselbe: Eine(r) von ihnen braucht ärztliche Versorgung, der/die andere begleitet, stützt ihn/sie: Sie versuchen es zunächst im Krankenhaus Neustrelitz. Auf der Männerstation ist zwar Platz für Ditzen, nicht aber für Ulla.

Sie fahren weiter nach Hamburg, – eine umständliche Tagesreise mit vielen Unterbrechungen. *Das Tor zur Welt*, der Geburts- und langjährige Wohnort von Suse, Ditzens erste Arbeitsstätte nach der Entlassung aus dem Neumünsteraner Gefängnis, ist kaum wiederzuerkennen. Wohin sie schauen, haben die Bomben auch hier Lücken gerissen, ganze Straßenzüge sind abgebrannt.

Die beiden finden einen Arzt für Ulla. Ditzen selbst kann nirgendwo unterkommen. So läßt er die Frau zur Behandlung in Hamburg zurück. Er wird sich für ein paar Tage im Neustrelitzer Krankenhaus einquartieren, sie soll ihn dort auf der Rückreise abholen.

Der Arzt kann die Schwellung am Bein lindern; Ulla hält es nicht lange ohne ihren Ehemann und die eigene „Hausmedizin“ aus, und sie will aus der fremden Großstadt weg, wo sie niemanden kennt.

Die Rückreise gestaltet sich schwierig. Hamburg bereitet sich auf den Einmarsch der Alliierten vor. Wer Grund hat, vor ihnen zu flüchten, besetzt die wenigen Plätze in einem der letzten Züge in Richtung Berlin.

Der Zug hat Hamburg kaum verlassen, als er von englischen Tieffliegern angegriffen wird. Die Reisenden werfen sich auf den Boden, dann ist das Knattern der Bordkanonen zu hören. Garben von Schüssen lassen Glas und Holz zersplittern. Der Überfall auf den Zivilzug dauert nur wenige Sekunden.

Der feindliche Flieger hat sich entfernt. Kehrt das Unheil noch einmal zurück? Nein, es tritt Stille ein. Die Menschen im Zug richten sich langsam auf. Über Ulla liegt eine Frau, die nicht aufsteht, auf Zurufen nicht reagiert. Als sich Ulla endlich von ihr befreien kann, sieht sie die Einschüsse im Rücken der Frau, sieben kleine Löcher in einer Reihe. Die fremde Frau hat ihr, ohne es zu wissen oder zu wollen, das Leben gerettet.

Die letzte Aprilwoche ist angebrochen. In den nächsten Tagen werden die Russen in Feldberg sein. Die Menschen in der kleinen Stadt bereiten sich auf das Ende vor. Wertsachen werden vergraben oder im See versenkt, nationalsozialistische Schriften und verräterische Symbole verbrannt. Es ist zu erwarten, daß sich die Sieger für alles schadlos halten werden, was man ihnen angetan hat, fürchten sie, befürchtet auch Rudolf Ditzen.

Er fragt sich, wer ihn anklagen, wer ihm schaden kann. Nur wenige sind es, die moralisch dazu im Recht wären: Eigentlich fällt ihm nur *Väterchen Stalin*, der Pole Matjä, ein, der geschworen haben soll, dem früheren Dienstherrn jeden Schlag zehnfach zurückzugeben. Niemandem sonst hat er Schaden zugefügt, niemanden denunziert. Keiner mußte durch ihn leiden. Aber es werden sich genug Mitmenschen finden, die das Gegenteil behaupten werden.

Aber auch in diesem Punkt ist Ulla optimistischer: Ihr Beinleiden ist fast ausgeheilt, sie ist jung, und das von den Greueltaten der Russen ist doch nur Propaganda-Gerede der Nazis. Sie glaubt nicht daran. Sollen sie nur kommen, Ulla wird schon mit ihnen zurechtkommen. Sie versteht sich mit den meisten Menschen gut, schließt rasch Freundschaften, warum nicht auch mit den Russen, es sind doch schließlich Männer.

Ditzen tröstet sich auf andere Weise, als sie eine schwere Detonation hören und erfahren, daß die abziehenden SS-Verbände den Erddamm gesprengt haben, den einzigen direkten Zugang nach Feldberg von Osten her. Die *Rote Armee* wird die Stadt auf ihrem Weg nach Westen, in Richtung Berlin, weiträumig umgehen müssen.

Wenn sie sich alle in ihren Klinckecken ruhig verhalten und die Köpfe einziehen, werden die Soldaten diesen Winkel vielleicht gar nicht finden, ihn einfach übersehen.

Am 29. April sind sie da. Sie bahnen sich durch Flüchtlingstrecks und Fahrzeugwracks ihren Weg. Da die Stadt nicht verteidigt wird und die SS- und Wehrmachtseinheiten längst geflohen sind, fällt kein Schuß. Ein mutiger Bürger hat sogar eine weiße Fahne auf den Kirchturm gesetzt. Feldberg bleibt unzerstört.

Am Morgen fährt Ulla mit dem Fahrrad in die Stadt, um ein paar „Besorgungen" zu machen und um zu erfahren, wo genau die Russen sind. Sie ist auch neugierig und will die Massenankunft einer so großen Schar fremder Männer nicht verpassen. Man hört das Geräusch ferner Panzerketten. Die Russen kommen von Lychen her und werden bald in der Stadt sein. Die Straßen sind menschenleer.

Ulla macht an der Apotheke Halt. Apotheker Funke gibt ihr einen Vorrat an Morphium mit. Er will kein Rezept sehen und nimmt auch kein Geld an. Der Mann macht einen verstörten Eindruck. Er möchte, wie so viele Feldberger, vor den Russen fliehen. Aber er hat eine junge Frau und ein Kleinkind, so wird er wohl oder übel bleiben müssen.

Ulla beruhigt den Apotheker: „Sie haben doch nichts verbrochen, was soll Ihnen denn schon passieren?“, und fährt weiter. Vor dem *Mecklenburger Hof* lärmt eine Horde betrunkener Kindern. Sie haben den Keller des Hotels aufgebrochen und sich mit Wein versorgt.

Ulla verjagt die Meute, nimmt selbst einige von den zurückgelassenen Flaschen. Mit der reichen Beute will sie zu den Klinckecken zurück. Das Dröhnen der Panzerketten ist jetzt deutlicher zu hören.

Am Kuhdamm trifft sie auf eine Lkw-Kolonne. Es sind die letzten Wehrmachtslaster, die die Stadt verlassen wollen. SS-Leute räumen in großer Eile die drei Baracken aus. Kisten mit Akten stehen auf dem Weg. Feldberger, die in den Wäldern Schutz suchen wollen, weichen den Lastwagen aus.

Ein junger Mann zieht mit einem Handwagen an den Baracken vorbei. Es ist der Tischlerlehrling Heinrich Kardel. Er gehörte zu des Führers letztem Aufgebot, hatte vorzeitig heimkehren dürfen, weil er im Krieg seinen rechten Arm verloren hat. Ulla sieht, wie der junge Mann den Wagen losläßt, in eine der am Weg stehenden Kisten greift und einige Papiere unter der Jacke verbirgt.

Ulla möchte wissen, was Heini Kardel da versteckt. Aber er ist schon mit den anderen weitergezogen. Und sicher ist es was Politisches, und das interessiert sie nicht.[14] Sie muß nach Hause, wo der Mann und die Tochter warten und sich Sorgen machen, weil sie so lange fort ist.

Aber einmal unterbricht sie die Fahrt noch. Sie fährt hinunter in den Wiesengrund und klopft ans Ellfeldsche Haus, über dem eine Rot-Kreuz-Fahne weht. Es ist kein Geheimnis in der Stadt, daß das *Haus Heimgarten* – wie es wirklich heißt und das offiziell als Krankenstation dient – einen zweifelhaften Ruf hat.

Was kümmert es Ulla, daß man es den *SS-Puff* nennt, wo Wachleute der Baracken und das Personal der Nazi-Bonzen Bormann, Schwarz, Schröder und wie sie sonst heißen, aus und ein gingen?

Ein kleines Fenster in der Tür wird geöffnet, dann schließt eine der beiden Ellfeld-Schwestern die Haustür auf: „Kommen Sie schnell rein, es findet sich schon noch ein Plätzchen für Sie.“

Im kleinen Saal, auf den Treppen zu den oberen Zimmern stehen oder sitzen junge Frauen und Mädchen. Die meisten von ihnen verängstigt, jetzt erleichtert, als sie die schöne Ulla sehen. Sie verstecken sich hier vor den Russen.

Einige kennt Ulla, die Nichte von Franz Karl ist dabei, auch zwei russische Zwangsarbeiterinnen, die Angst vor ihren Landsleuten haben. Zwei Mädchen malen gerade ein großes Schild in deutscher und kyrillischer Schrift: *Vorsicht Typhus!*

Ulla hat Mühe zu erklären, daß sie nicht hier unterschlüpfen, nur eine Flasche Wein gegen Zigaretten tauschen will. Sie ist nicht zu überreden, doch zu bleiben. Sie gibt den Frauen, halb im Ernst, halb belustigt, Ratschläge, wie sie sich verhalten sollen: „Malt euch Pusteln ins Gesicht und bindet Kopftücher um.“ Sie selbst braucht solche Tarnung nicht. Als sie die Zigaretten – dazu eine Tafel Schokolade für Jutta – hat, fährt sie weiter und ist endlich wieder bei Mann und Kind.

Sie kommen zu dritt, die ersten Russen. Sie durchkämmen die Gegend auf der Suche nach Soldaten und Waffen. Sie beachten die Bewohner des kleinen Sommerhäuschens kaum. Sie gehen durch die Räume des kleinen Hauses, verlassen es auf der Seeseite, machen Ewald Loschs Ruderboot los und verschwinden damit im Ufergebüsch.

Ditzen ist erleichtert und enttäuscht zugleich. Das also war die erste schicksalhafte Begegnung mit dem „Untermenschentum“, die erste Feindberührung?! Er hätte erwartet, daß man ihm mehr Aufmerksamkeit schenkt; ihn befragt, überprüft, auch zur Rede stellt. Macht er mit seinen 52 Jahren schon einen so hinfälligen und geschwächten Eindruck, daß er als Gegner – oder als Verbündeter – nicht mehr in Frage kommt?

Vermutlich ist es das Fehlen jeglicher Dramatik im Moment der Erstbegegnung, das Ditzen später veranlaßt, im Roman *Der Alpdruck* eine (phantasievollere?) Szene zu gestalten: »Ein Geräusch an der Tür ließ alle verstummen und erstarren, die Tür öffnete sich, und drei Russen traten in die Stube«, heißt es da von Doll und seiner Familie. »Alle sitzen bleiben! befahl Doll halblaut, und trat, die linke geballte Faust zum Gruß erhoben, den Besuchern entgegen, an seiner Seite die junge Frau, die den Befehl, sitzen zu bleiben, nicht auf sich bezog.

Jetzt konnte Doll wieder lächeln, die Spannung, die zornige Ungeduld, waren von ihm gewichen, die Zeit des Wartens war vorüber. Im Buche des Schicksals war eine ganz neue Seite aufgeschlagen – Er sagte lächelnd: „Towaritsch!“ und streckte den drei Besuchern die rechte Hand zum Gruß entgegen.«

Ob so oder weniger dramatisch die „Begrüßung“ der Russen verläuft, die Wirkung ist dieselbe: Die drei Männer übersehen die ausgestreckte Hand, beachten Ditzen nicht weiter, untersuchen das Haus und verschwinden mit dem Boot. Was dem folgt, ist ein »Gefühl hilflosester Scham«, abgelöst von »langen Perioden schwerster Apathie«.

Immerhin braucht man ihn – wie alle arbeitsfähigen Einwohner – zur Arbeit. Ein Lautsprecherwagen hat die Feldberger aufgefordert, sich ab Montag, 7 Uhr, vor der Schule in Arbeitskleidung auf dem Amtswerder zu melden.

Von einem Tag auf den anderen verändert sich das Leben der Feldberger, auch das von Ulla und Rudolf Ditzen. Für jeden gesunden Bürger besteht nun Arbeitspflicht. Ohne Unterschied haben sich alle rüstigen Männer und Frauen morgens auf dem Schulhof einzufinden, wo sie zu verschiedenen Tätigkeiten eingewiesen werden.

In den ersten Tagen übernehmen die Männer Aufräumarbeiten. Sie beseitigen die Panzersperren an den Stadtausgängen, bessern Wege und Straßen aus, schütten einen provisorischen Erddamm zwischen den Luzinseen auf.

Im Roman *Der Alpdruck* wird die Prozedur der morgendlichen Arbeitszuweisung beschrieben: »Männlein und Weiblein wurden getrennt aufgestellt, abgezählt, aufgeschrieben und zu den verschiedensten Arbeiten eingeteilt. Ging es gut, konnten sie sich wenigstens beim Abrücken die Art ihrer Arbeit zurufen, so daß sie wußten, wo jedes den langen, getrennten Tag beschäftigt war. 'Ich gehe saubermachen!' rief sie etwa. Und er zurück: 'Säcke stapeln!' Später wurde beiden eine feste Arbeit zugeteilt, er wurde Kuhhirt, sie Säcketrägerin.«

Was hier vom Ehepaar Doll erzählt wird, stimmt mit dem Schicksal des Ehepaares Ditzen überein: Ditzen hütet Kühe; Ulla hilft, die von SS in einer der drei Baracken gehorteten Lebensmittel zu verladen. Ditzen macht seine Arbeit ruhig und ohne zu klagen. Es hätte auch schlimmer kommen können, sagt er sich. Man ist am Leben geblieben; die Leute, die jetzt hier bestimmen, hätten ganz anderes mit einem tun können.

Anna Ditzen ist weitaus schlechter dran. Sie und die anderen Carwitzer Frauen werden zu Waldarbeiten eingesetzt. Am 4. Mai notiert die Schwiegermutter in ihrem Tagebuch: »Sie mußten 2 1/4 Stunden gehen, schwere Baumstämme und Lasten tragen bis abends, und Suse kam sehr erschöpft an.«

Schlimmer noch als an der Arbeitslast tragen die Carwitzer an den Streifzügen kleiner Russentrupps, die alles durchsuchen, die immer gleichen Fragen – nach SS-Angehörigen, Offizieren, Waffen – stellen und alles mitnehmen, was ihnen wertvoll oder nützlich erscheint. Sie werfen Handgranaten in den See, töten so Fische und braten sie an Ort und Stelle am offenen Feuer. Das Grundstück am Ende des Dorfes ist so etwas wie ein nächtlicher Treffpunkt der umherstreunenden Russen geworden.

In Augenblicken der Selbstbesinnung sagt sich Doll-Ditzen, daß er nicht mutiger, nicht menschlicher gehandelt hat als jene Deutschen, die in fremde Länder einfielen oder die im eigenen Land Menschen verfolgten: »Ich habe die

Anfänge gesehen mit den Judenverfolgungen. Später habe ich dann davon gehört, wie sie die russischen Kriegsgefangenen behandelten. Ich habe mich wohl im Inneren empört, aber ich habe nie etwas dagegen getan. Hätte ich das, was ich heute von all diesem Grauenhaften weiß, schon damals gewußt – ich hätte wohl auch nichts getan …«

Er hat keinen Grund zu klagen. Er macht seine Arbeit, und abends erhält er dafür ein Stück Brot und eine Kanne Milch. Ulla geht morgens im dicken, weiten Mantel zur Arbeit, in den sie Innentaschen eingenäht hat. Darin bringt sie immer etwas „Zusatzproviant" mit.

Die Arbeitskolonne ist auch so etwas wie eine Nachrichtenbörse, die neuesten Unglücksfälle und Schicksalsschläge werden hinter vorgehaltener Hand weitergegeben. Der Apotheker Funke hat sich samt Frau und Kind vergiftet, das heißt, die Frau lebt noch, aber nur grade so. Wieso ausgerechnet dem bange vor den Russen war, weiß keiner.

Bei *Farken-Wilhelm* ist das schon was anderes. Der hatte ja vor allem und jedem Schiß und nur hintenrum eine große Fresse gehabt. Dem weint keiner eine Träne nach, aber ausgerechnet der olle Ap'theker, der keinem Menschen was zu leide tun konnte …

Während um Berlin noch gekämpft wird, während die deutsche Kriegsmaschinerie in einem aussichtslosen Todeskampf liegt, tragen Ulla und Rudolf Ditzen dazu bei, das Nachkriegsleben in der kleinen Stadt wieder in Gang zu setzen. Nicht, daß sie einen Sinn darin sähen oder es freiwillig tun würden.

Es ist der bloße Selbsterhaltungstrieb, der Ditzen veranlaßt, morgens um fünf Uhr aufzustehen, mit weiteren sieben Männern zum Kühehüten zu gehen und »eine Herde von weit über tausend Kühen, die nicht aus dem gleichen Stall stammen, also auch kein Zusammengehörigkeitsgefühl hatten, beieinanderzuhalten«. Und die wahrscheinlich sowieso nach Rußland verfrachtet werden.

Instinkt und angeborene Angst vor jeder Art von Gewalt sagen ihm, daß es das beste ist, sich unauffällig zu verhalten. Aber ob in diesen Umbruchtagen jemand auffällt oder unbehelligt bleibt, hängt nicht allein von ihm, sondern auch vom guten oder bösen Willen der Nachbarn ab.

Am 8. Mai 1945, als in Berlin die deutsche Generalität den sinnlosen Kampf aufgibt, kann Ditzen nicht seiner gewohnten Arbeit nachgehen. Zwei Soldaten holen ihn frühmorgens aus dem Bett und führen ihn wie einen Verbrecher durch die Straßen zur Militär-Kommandantur.

Dort dolmetscht ihm Franz Karl, der einigermaßen Russisch kann, was gegen ihn vorliegt. Auf dem Grundstück der Loschs wurde ein Bündel mit einer SS-Uniform gefunden. Ditzen ist denunziert worden; er muß seine Aussage zu Protokoll geben: Er ist nie in der SS, nicht einmal in der Partei gewesen. Das kann man gern nachprüfen. Er hat die *Braunen* gehaßt und sie ihn. Er ist Bücherschreiber, jawohl Schriftsteller …

Name? Ditzen, Rudolf, Ditzen mit *i*, ohne *e*. Seine Bücher hat er unter dem Namen Hans Fallada geschrieben …

Nun gut, man wird sehen. Was kann das schon für ein Schriftsteller sein, der während der letzten zwölf Jahre in Deutschland geblieben ist, Bücher geschrieben und publiziert hat?! Die guten Dichter sind emigriert, haben den Faschismus bekämpft: Anna Seghers, Bertolt Brecht, Thomas und Heinrich Mann …

Er kann gehen – vorerst. Eine Stunde Angst und neuer Haß gegen die boshaften Mitbürger sind das Ergebnis dieses Zwischenfalls. Ditzen und Ulla spülen alles – die Angst, den Haß und auch die erste Nachdenklichkeit über die sachliche Ruhe der Sieger – mit einer Flasche Whisky hinunter, die aus den SS-Beständen auf geheimnisvolle Weise ins Haus gelangt ist.

Ein schlechtes Gewissen hatte Ditzen anfangs, wenn Ulla mit ihrer Hamsterware ankam. Aber sie hat ihm gesagt: „Das machen alle so. Ist doch Nazigut, das wir vernichten. Oder willst du etwa, daß sich die russischen Soldaten damit besaufen und anschließend randalieren, auf die Frauen losgehen?“

Ja, wenn man es so sieht … Ulla erzählt, daß es zwischen den Frauen in der Trägerkolonne eine stillschweigende Absprache gibt: Wer etwas beiseite schaffen will, schert aus der Reihe aus, läßt die Sachen im Gebüsch verschwinden, wo sich die Kinder der Frauen versteckt halten. Die Frau reiht sich hinten wieder ein. Die Kinder bringen die Hamsterware nach Hause.

Auch die Kinder werden also schon verdorben, denkt Ditzen. Und wenn er es – selten genug – einmal ganz groß denkt, fügt er für sich die Frage an: Was soll nur aus Deutschland werden, bei so einer Jugend?

Der 9. Mai 1945 ist der *Tag des Sieges*. Deutschland hat kapituliert, es ist arbeitsfrei. Die Bevölkerung der Stadt ist aufgefordert, zur Kommandantur zu kommen, um an einer Feierstunde aus Anlaß der bedingungslosen Kapitulation Nazideutschlands teilzunehmen. Da stehen sie nun auf dem kleinen Platz friedlich beieinander: die fanatischen kleinen Nazis (Die großen haben sich das Leben genommen oder in Richtung Westen abgesetzt.), die zahllosen Mitläufer (Wer gehörte nicht dazu?) und die wenigen konsequenten Nazigegner (Man kann sie an einer Hand abzählen.).

Die Ditzens sehen überall in betretene Gesichter, verschlossene und leere, aber auch solche, in denen der Widerstand gegen die neue Macht deutlich abzulesen ist. Ulla zieht Ditzen durch die Reihen der Wartenden, bis sie ganz vorn, unmittelbar vor der Kommandantur stehen. Sollen sich die lieben Mitbürger nur recht wundern und ärgern, daß man Ditzen nicht eingesperrt hat, wie es manche unter ihnen erhofften.

Auf dem Balkon der Kommandantur erscheinen sowjetische Offiziere. Sie sehen sich unter den versammelten Deutschen um, bis der Offizier, der Ditzen am Vortag vernommen hat, ihn unter den Leuten entdeckt und den Balkon wieder verläßt. Er taucht bald darauf mit dem Dolmetscher in der Tür auf; Ditzen wird herangewinkt, »und der Dolmetscher fragte ihn namens des Offiziers, ob er es sich wohl zutraue, über die Bedeutung dieses Tages zu der deutschen Bevölkerung zu sprechen«.

Ditzen überrascht die Frage. Er, der bisher niemanden als sich selbst vertreten hat, soll als Sprecher seiner Mitbürger auftreten? Werden sie ihn überhaupt als ihren Wortführer anerkennen? Er ist nie ein Mensch der Öffentlichkeit gewesen. Vielleicht findet man einen geeigneteren?

„Bist du Faschist oder nicht", fragt ihn der junge Offizier. Natürlich nicht! Ditzen weist es weit von sich.

Na also! Mehr soll er nicht sagen, aber das laut, so daß es alle hören. Und wie er sich vorstellt, daß es weitergehen soll in der Stadt, im ganzen Land. Mitkommen!

Er wird in die Kommandantur geführt, in ein Zimmer des oberen Stockwerks. Draußen auf dem Balkon spricht inzwischen der Stadtkommandant zur Bevölkerung. Der junge Offizier stellt ein Wasserglas voll Wodka neben Ditzen auf den Tisch, gegen das Lampenfieber.

»Fünf Minuten später stand nun er an der Brüstung des Balkons, wenig hinter ihm der Kommandant mit seinem Übersetzer ... Es gab übrigens noch mehr Offiziere auf dem Balkon, Offiziere, die Doll in den nächsten Wochen noch recht genau kennenlernen sollte. Aber in dieser Stunde sah er sie nicht, er sah nur die Menschen unter sich, eine große Menge, seine Mitbürger, die alle erwartungsvoll die Gesichter zu ihm erhoben hatten«, heißt es im *Alpdruck*.

Ditzen sucht nach Worten, nach einem Anfang, der alles enthält, was ihn bewegt. „Auf diese Stunde habe ich zwölf Jahre gewartet", sagt er. Und dann: „Die Waffen schweigen!" Nach einer kurzen Pause, die ihm viel zu lang erscheint, wiederholt er lauter, mit Nachdruck: „Die Waffen schweigen endlich. Jetzt ist es an uns zu reden!"

Von Schuld und Mitschuld spricht er und der Chance zu einem Neubeginn. Er stockt mitunter, aber immer findet er den Faden wieder. Allmählich gerät er sogar in Fahrt, die Wärme des Wodkas steigt in den Kopf. Er zeigt oft – viel zu oft – mit der Hand in die Richtung seiner Mitbürger, wenn er fragt, wo die Schuldigen zu suchen seien.

Die Leute wehren sich innerlich gegen den Mann dort oben und gegen seine Rede. Wer ist derjenige, der sie da verurteilt? Der Bücherschreiber Hans Fallada, der alles andere als ein Antifaschist war? Der mit Nazigrößen korrespondiert hat?

Oder ist er der Trunkenbold Rudolf Ditzen, der mit seinem Flittchen im *Deutschen Haus* Orgien gefeiert haben soll, bis ihnen Frau Wendel Hausverbot erteilte? Der seine Frau mit den Kindern verlassen hat und nun mit der jungen Morphinistin verbandelt ist?

Zu welchem Ergebnis sie auch kommen, es läuft auf Ablehnung hinaus. Die vielen Fremden, die Evakuierten und Ausgebombten, die Heimat- und Hoffnungslosen folgen der Rede unbeteiligt. Die Gesichter des Kommandanten und der anderen Offiziere bleiben bei Ditzens Rede unbeweglich, fast abweisend.

Am Nachmittag gehen Ditzen und Ulla nach Carwitz. Anlaß für den Besuch sind die Bienenvölker, die nach ihrem Reinigungsflug versorgt werden müßten, wenn sie nicht verhungern sollen. Zu Suse hat sich ein sachliches Verhältnis herausgebildet. Sie sprechen vor allem über die Kinder und die Wirtschaft.

Ditzens Mutter beobachtet die neue Frau ihres Sohnes aufmerksam. Elisabeth Ditzen führt in diesen Wochen des Umbruchs wieder ihr Tagebuch, das zu einem wichtigen Zeugnis der Carwitzer und Feldberger Ereignisse wird.

Sie schaut durch ihr kleines „Fenster“ – oft ans Bett gefesselt, auf Berichte Suses und der Kinder angewiesen, nicht frei von ihren Vorurteilen – kritisch und aufmerksam auf das Geschehen ringsum.

Am Abend des 2. Mai schreibt sie über die erste Begegnung mit Ulla: »Die Frau hat mir nicht mißfallen, aber es ist ein Typ, der mir nicht liegt. Ich sah aber, wie Uli und *Mücke* eifrig um sie bemüht waren. Sie ist nur 8 Jahre älter als Uli und hat Frische und Lebhaftigkeit.«

Die Mutter beobachtet auch Suse in den gemeinsamen Stunden: »Der Tag ist Suse wohl sehr schwer geworden. Ich bin zu alt, um mich in solche außergewöhnlichen Verhältnisse zu finden, nur Rudolf und seine Frau meinen, es wäre doch ein sehr schönes Freundschaftsverhältnis. Suse meint das wohl nicht ganz.«

Ende Mai wird Ditzen zur Kommandantur bestellt. Ein russischer Jeep holt ihn von der Arbeit ab. Die anderen sehen ihm nach: Nun scheint es ihn doch zu erwischen! Eigentlich schade, war ein ganz umgänglicher Mensch. Tat ruhig und ohne große Pausen seine Arbeit, hatte immer was zu rauchen dabei. Na, Friede seiner Asche!

Ditzens Gedanken auf dem Weg mögen ähnlich sein. Was mag man ihm dieses Mal vorwerfen? Zu allen möglichen Sünden und Vergehen, die jetzt unter Strafe stehen, kommt nun auch noch seine Ansprache am *Tag des Sieges*. Hat man belastendes Material gegen ihn entdeckt und vergleicht die Rede mit seinen Tarnungs- und Anpassungsversuchen der letzten Jahre?

Er geht in Gedanken alle Gefahrenquellen durch: Einen antisemitischen Roman, den er in Briefen angekündigt hat, werden sie nicht bei ihm finden (weil er nicht existiert oder vernichtet wurde). Die Geschäftstagebücher, aus denen seine Beitragszahlungen als förderndes Mitglied der NSDAP hervorgehen, liegen bei Suse sicher unter Verschluß. *Der Eiserne Gustav* mit dem *Nazi*-Schwanz ließe sich erklären, wenn er seine im Gefängnis geschriebenen Erinnerungen zu Hilfe nimmt. Und die Verhaftungen Ostern 1933 und im Sommer des Vorjahres sind doch die besten Beweise seiner Einstellung zu den Nazis ...

Er wird nicht, wie er erwartet, in die Kommandantur gebracht, sondern in das Stadtamt geführt. Dort wartet Major Sidelnikow, der Stadtkommandant, auf ihn. Er begrüßt Rudolf Ditzen, zeigt auf den Stuhl hinter dem schweren Eichenschreibtisch und sagt: „Jetzt du Bjurgermeister von Feldberg!“

Ditzen glaubt, sich verhört zu haben. Der Offizier unterstreicht durch Gesten seine Aufforderung, am Schreibtisch Platz zu nehmen.

Das ist doch nicht möglich! Er soll der Bürgermeister werden? Es geht nicht: Er ist kein Beamter; er ist krank, schwach und krank; selbst zum Kriegsdienst hat er nicht getaugt …

„Krieg kaputt“, sagt der Kommandant. „Du jetzt Bjurgermeister!“

Aber man wird doch nicht auf ihn hören! Er hat keine Autorität bei der Bevölkerung! Manchmal trinkt er auch! Ditzen macht mit der Hand die Geste des Trinkens.

Der Offizier versteht, lacht, sagt: „Du gutt arbeiten, auch gutt trinken, da?“

Dann nennt er seine Gründe: Ditzen war kein Faschist. Man hat sich umgehört. Die Leute sagen dies und das über ihn, aber ein Faschist war er nicht. Er hat es durch seine Ansprache unterstrichen. Das reicht fürs erste, bis zu den ersten Wahlen in eineinhalb Jahren. Antifaschisten sind nicht da, noch im Lager, auf dem Weg nach Hause, gefallen, ermordet, verstehen?

Ditzen ahnt, daß von einem bestimmten Punkt an die Diskussion mit den sowjetischen Offizieren sinnlos wird. Sie haben es sich in den Kopf gesetzt, ihm dieses Amt anzuvertrauen. Sie haben ihre eigenen Vorstellung von dem Mann, der jetzt in dem hohen Lehnstuhl an dem mächtigen Schreibtisch sitzt und sich plötzlich sehr allein fühlt.

Wieder einmal hat sein Leben eine überraschende Wendung erfahren, von der er bis eben nichts geahnt hatte. Ist es verwunderlich, daß auch dieses Erlebnis die vorhandene Ahnung verstärkt, fremde Mächte beherrschten sein Schicksal? Wie nun weiter, alter Mann? Wird man mit Widerwillen eine Stadt regieren können? Er wird es versuchen und sich nicht schonen.

Als Ulla am Abend von der Neuigkeit erfährt, ist sie nicht begeistert. Sie droht sogar, in den See zu springen, wenn er den Auftrag wirklich annimmt. Sie werden kaum noch Zeit haben füreinander, und ein solches Amt ist doch ein Himmelfahrtskommando, immer von der Gnade der Russen abhängig.

Was wird er denn als Bürgermeister verdienen? Darüber hat der Kommandant kein Wort gesagt. Und werden sie wenigstens in ein neues, größeres Haus ziehen können? Auch davon war nicht die Rede.

„Dann frag sie“, sagt Ulla, „und du mußt dich auch erkundigen, ob es ein Deputat an Wodka gibt.“

Der Arbeitstag des ersten Nachkriegs-Bürgermeisters von Feldberg ist schier endlos. Und Ditzen leistet ein Pensum, das sich gründlich von jedem unterscheidet, das er sich bisher aufgegeben hat. Morgens um sechs oder sieben Uhr ist er im Stadtamt, und er verläßt es meist erst bei völliger Dunkelheit.

Und welche Aufgabe! Er soll Arbeitsbummelanten bestrafen und hat doch selbst das halbe Leben verbummelt. Er soll kleine Diebe in Haft nehmen und müßte doch zuerst die eigene Frau wegen ihrer undurchsichtigen Beschaffungsgeschäfte festsetzen. Er soll die SS-, Partei-, HJ- und BDM-Mitglieder melden und müßte den eigenen Sohn auflisten. Er hat die Offiziere – getrennt nach Dienstgraden und Waffengattungen – aufzuführen und stand doch selbst einst im Majorsrang.

Er soll Mitbürger verhaften, die Naziliteratur besitzen und hat doch selbst noch 1938 eine NS-Büchersendung von Ledig – mit Hitlers *Mein Kampf* – in Empfang genommen. Er muß Wohnungen visitieren von Menschen, die er selbst im tiefsten Frieden nicht freiwillig in ihren Häusern aufgesucht hätte. Und wer kann ihn dabei unterstützen?

Ihm unterstehen der Polizeimeister Kock, dessen Stellvertreter Schäfer und zehn weitere Polizisten, denen es außer an Einsatzbereitschaft und gutem Willen an allem mangelt: an Erfahrung ebenso wie an Ausbildung, Zeit und Kraft.

Stellvertretender Bürgermeister und für den Arbeitskräfteeinsatz verantwortlich ist Max Güldner, ein Arbeiter, der wegen seiner großen „Klappe“ bei den Nazis in Ungnade gefallen war. In der eilig zusammengestellten Stadtverwaltung arbeitet, wer vorher irgendeinen Amtsposten hatte und die erste, flüchtige „Entnazifizierung“ überstanden hat; auch Ullas Schwager Ewald Losch bekommt ein Amt als Landwirtschafts- und Stadtsekretär. Wegen seiner russischen Sprachkenntnisse unentbehrlich wird Franz Karl, für Finanzen und Handel zuständig.

Ditzen empfindet die ganze Verlassenheit und Kläglichkeit seines Daseins, wenn diese wackeren Männer ihn bei den Dienstbesprechungen in gläubiger Erwartung ansehen, als ob von ihm die Lösung auch der schwierigsten Probleme erwartet werden könne. Selbst wenn sie nach bestem Wissen und Gewissen jeden Auftrag ausführen, erteilt werden muß er von ihm, dem Bürgermeister.

Da gibt es wieder zwei Anzeigen, anonym die eine, wegen angeblich vergrabener Sachen, Klatsch oder Wahrheit? Da ist eine Information beim Stadtamt eingegangen, daß beim *Hullerbusch* Soldaten der zerschlagenen Wehrmacht mit Fundmunition ihr Unwesen treiben. Ist das eine Meldung, der man selber nachgeben muß? (Man riskiert, die Besatzung übergangen zu haben und – bestenfalls – einen Rüffel.) Oder sollte man sie unverzüglich an die Kommandantur weiterleiten? (Das bedeutet Zeitverzug und vielleicht noch Schlimmeres als einen Rüffel.)

Es ist Schiebergut sicherzustellen, Flüchtlingstrecks sind weiterzuleiten, die obdachlosen Menschen wenigstens zeitweilig im *Stieglitzenkrug* unterzubringen und zu verpflegen, Fundwaffen und Munition zu beseitigen und ihre Besitzer zu bestrafen …

Und ist er mit Feldberg fertig, so ist noch lange nicht Schluß. Ditzen ist so etwas wie ein *Oberbürgermeister*, er muß für dreißig Landgemeinden sorgen, die auch seiner Amtshoheit unterstehen: Cantnitz, Koldenhof, Ollendorf, Wittenhagen, Neuhof, Lichtenberg, Möllenbeck und wie sie alle heißen.

Die meisten von ihnen hat Ditzen nie in seinem Leben gesehen, und er wird sie – wie die Dinge in Feldberg selbst liegen – kaum je kennenlernen. Wie sollte er auch dorthin gelangen? Das einzige requirierte Auto steht die meiste Zeit aufgebockt auf dem Hof, weil Reifen und andere Ersatzteile fehlen. Und wenn das Auto fährt, braucht es die Polizei dringender. Seine Dienstreisen in die benachbarten Gemeinden macht er, wenn er überhaupt dazu kommt, mit dem Fahrrad. Die meisten Dörfer aber werden vom Schreibtisch aus verwaltet; Ditzen begnügt sich mit der Anleitung der ehrenamtlichen Bürgermeister. Abend für Abend muß er auf Fragebögen für jeden Ort melden: Wieviel arbeitsfähige Männer und Frauen, wieviel Kühe, Pferde, wieviel Flüchtlinge …

Und ist das alles geschehen und hat er endlich Bürozeit, dann schreibt er die Protokolle, Anträge und Anzeigen, Informationen und Berichte für den Kommandanten. Etwa so: »Vorgeführt erscheint der Harry S., wohnhaft bis zum 11. ds. Mts. in Haus Heimgarten, Feldberg. Am 11. ds. Mts. erhielt S. eine Zustellung von der Politischen Abteilung des Bürgermeisteramts, sich am 12. ds. Mts. zu einer Vernehmung hier einzufinden. Daraufhin meldete er sich am 11. ds. Mts. nach Parchim ab, ging aber am 12. ds. Mts. nicht nach Parchim, sondern nach Berlin. Wie die Arbeitsnachweise des Bürgermeisteramtes ergeben, hat S. es seit dem Russeneinmarsch erfolgreich verstanden, sich vor jeder positiven Arbeit zu drücken.

Seine Abreise aus Feldberg dürfte auch damit zusammenhängen, daß ihm kurz zuvor vom Bürgermeister eine Arbeit als Kesselheizer zugewiesen wurde, was von ihm zugegeben wird. S. wird wegen dauernder Arbeitsdrückerei zu 5 Tagen Haft verurteilt. Die Haft beginnt am 23. 6. mittags um 12.00 Uhr und endet am 28. 6. mittags um 12.00 Uhr.«

Großer Gott, wie umständlich das formuliert ist! Und welch ein Gewese um einen kleinen Drückeberger! Als Schriftsteller müßte er sich eine glatte *Sechs* dafür eintragen, diese endlosen Floskeln und Füllsel. Und immer noch nicht hat er sich angewöhnt, „Befreiung“ statt „Russeneinmarsch“ zu schreiben.

So oder ähnlich sehen alle Protokolle aus, die Ditzen in diesen Tagen schreibt oder der Sekretärin diktiert. Er tut es penibel, wie es seine Art ist; sie füllen bald mehrere dicke Aktenordner.

Der Bürgermeister Ditzen zieht mit seiner neuen Familie in ein größeres Haus in die Nähe von Kommandantur und Rathaus um, – eine Villa mit acht Zimmern in der Prenzlauer Straße. Die Vorbesitzer – ein Rechtsanwalt mit seiner Familie – haben sich das Leben genommen. Das Haus liegt auf einer Anhöhe, eine Treppe führt hinunter zur Straße. Von oben aus hat man einen wunderbaren Blick auf den Haussee, wenn man sich an derlei Dingen in diesen Tagen noch erfreuen kann und die Zeit zum Schauen hat.

Der Umzug von den Klinckecken zur Stadtmitte geschieht nicht freiwillig, der Kommandant hat es so gewünscht. Der Bürgermeister soll schneller erreichbar sein, und er muß ein Haus führen, wo er auch einmal sowjetische Gäste empfangen kann. Ulla kann einen Wagen von der Kommandantur besorgen und läßt einen Teil ihrer Möbel aus der Berliner Wohnung holen.

Ditzen nimmt zunächst *Mücke*, die er im abgelegenen Carwitz für besonders gefährdet hält, zu sich. Eine Abordnung von Carwitzer Frauen geht am Pfingstsonntag zum Kommandanten, um sich über die Willkür seiner Soldaten zu beschweren. Sie müssen sich mit der Auskunft zufrieden geben, daß es fremde, versprengte Truppen sind, die marodierend durchs Land ziehen und nicht seiner Befehlsgewalt unterstehen. Er verspricht, die Kontrollen zu verstärken.

Als auch Suse bei einem der nächtlichen Überfälle vergewaltigt wird, schlägt Ditzen der ganzen Familie vor, zu ihm nach Feldberg zu ziehen. Er besorgt einen russischen Raupenschlepper. Suse, Uli, Achim und die Mutter Ditzens werden von Ulla mit dem nötigsten Gepäck in die Stadt gebracht. Auch diesen Umzug seiner Mutter kann der Sohn nicht selbst bewerkstelligen oder begleiten. Er muß, um die Seuchengefahr in der Stadt zu bannen, dringend eine Krankenstation einrichten.

Nun leben sie alle unter einem Dach und kommen mit den schwierigen Umständen zurecht: Die Kinder Jutta und Achim verstehen sich gut, alle mögen die tatkräftige, freundliche Ulla. Vor allem der fünfzehnjährige Uli begleitet sie gern bei ihren Streifzügen durch die Stadt. Sie behandelt den hübschen, hochgewachsenen Jungen wie einen Erwachsenen.

Die beiden alten Frauen, Oma Boltzenthal und Elisabeth Ditzen, haben eigene Zimmer. Ditzens Mutter hält an ihrer Gewohnheit fest, fast täglich in ihrem Tagebuch Notizen über das Geschehen zu machen. Sie hofft, daß das Verhältnis zu ihrem Sohn besser, herzlicher wird. »Aber das ist wohl für immer vorbei, und ich muß mich zufriedengegeben, daß es höflich ist.«

Dagegen bildet sich – fast gegen den Willen der alten Frau – ein gutes Verhältnis zu seiner zweiten Frau heraus: »Ulla ist mir sympathisch, eine hübsche Erscheinung, liebenswürdig und immer zuvorkommend gegen mich. Es scheint mir auch, als ob Rudolf und sie recht glücklich zusammen sind. Möchte es so bleiben.«

Sie unterhält sich mit der jungen Frau über Kleidung und über das „Anmalen" von Finger- und Fußnägeln. Ulla gibt ihr zur Antwort, »daß ich die jetzige Zeit nicht kenne. Man müßte alles tun, um dem Manne zu gefallen, und Rudolf möchte es sehr gern und vermißt, wenn sie es nicht getan. Man müßte aber gute Farben haben und es überhaupt verstehen. Es machte auch viel Arbeit. Darum kann ich sie nun nicht bedauern«, fügt Elisabeth Ditzen hinzu.

Welch ein Kontrast – in Kleidung, Aussehen und Temperament – zu Suse, die in einem depressivem Zustand ist und ärztlich versorgt werden muß. Das gemeinsame Leben der zwei so verschieden gewachsenen Familien, selbst der konfliktfreie Umgang mit der hilfsbereiten, freundlichen Ulla belasten sie.

Sobald wieder etwas Ruhe und Ordnung im Dorf herrschen, zieht sie mit den Kindern und der Schwiegermutter nach Carwitz zurück. *Mückes* 12. Geburtstag am 18. Juli kann man bei Kakao und Johannisbeerkuchen schon wieder zu Hause feiern.

Für den Abend ist Ditzen zum Kommandanten bestellt. Zu den sowjetischen Offizieren hat sich, nach seiner unfreiwilligen Einsetzung, ein sachliches, auf den notwendigen Kontakt beschränktes Verhältnis herausgebildet. Übereifer oder allzu große Eilfertigkeit haben sich rasch gelegt.

Jemand, der vom frühen Morgen bis spät in die Nacht pausenlos für die Stadt arbeitet, hat es nicht nötig, ständig seine Loyalität zu beteuern. Dennoch sind die Gefühle, die Ditzen beim Betreten der Kommandantur jedes Mal bewegen, gemischt. Ein Bürgermeister, der tausend Sachen im Kopf haben soll, kann einfach nicht tadelfrei bleiben. Vielleicht haben sich die lieben Mitbürger wieder einmal über ihn beschwert, oder hat er einen Nazi übersehen, einen Schieber unbestraft gelassen?

Nein, all das interessiert Major Sidelnikow nicht an diesem Abend. Oder doch, ja, es führt mittelbar zu seinem Anliegen. „Warum immer nur strafen? So viele Strafen, Verhaftungen, Urteile, warum, Genosse Bjurgermeister? Was erreichst du damit? Jetzt wird jede Hand gebraucht, und jeder Kopf auch, verstehen?“

Die Schule muß endlich gesäubert, die Lazarettbetten sollten entfernt und das Gebäude auf den Unterrichtsbeginn vorbereitet werden. Die Kinder von arbeitenden Eltern müssen untergebracht und versorgt werden, verstehen? Hygiene und Gesundheitsschutz für die Bürger in Stadt und Land müssen verbessert werden. Die Feuerwehr soll in Gang kommen, sie wird der Polizei angeschlossen und untersteht jetzt ihm, dem Bürgermeister.

Es müssen alle Kräfte für die bevorstehende Ernte eingesetzt werden. Die Vorräte sind knapp, das Brot von morgen muß vollständig und sicher geborgen werden. Man muß die Menschen zur Mitarbeit bewegen, mit ihnen reden, sie für den Wiederaufbau gewinnen … Und immer wieder die Frage des Offiziers: Verstehen?

Ditzen nickt. Also doch etwas falsch gemacht, etwas versäumt. Er fühlt sich müde und zerschlagen, hat nur einen Wunsch: hier entlassen zu werden nach Hause, zu Ulla, schlafen, schlafen. Der Kommandant spürt, daß mit dem Mann etwas nicht in Ordnung ist. Er möchte helfen, aber wie? „Bist du krank, Bjurgermeister?"

Ditzen hebt die Schultern. Wie soll er das alles erklären? Nein, krank ist er eigentlich nicht. Er kann nicht mit diesem robusten, gesunden Mann über sein Leiden reden, er kann es einfach nicht. Also schweigt er.

Der Kommandant reicht ihm die Hand. Dies wird ihr letztes Gespräch sein. Er wird zum Stab versetzt, ein neuer Befehlshaber wird in Feldberg eingesetzt. „Doswidanja, Towarischtsch Ditzen!"

Der Bürgermeister wünscht dem Offizier alles Gute und geht, während ihm der Kommandant nachdenklich hinterhersieht.

Ditzen läuft durch die abendliche Stadt. Im Stadtamt – im Zimmer seiner Sekretärin – brennt Licht. Sicher schreibt sie die Protokolle vom Vortag ab.

Er geht ins Büro, Fräulein Fenske muß einen neuen Bogen einspannen und schreiben, was der Bürgermeister diktiert. »An Polizeimeister Kock, im Hause. Ab Montag wird die Städtische Badeanstalt unter der Leitung von Frau L. und Fräulein Wally N. wieder als Kindergarten in Betrieb genommen. Ich bitte darum, gelegentlich eine Polizeipatrouille vorbeizuschicken, die die beiden Frauen bei der Inordnunghaltung unterstützt …«

Endlich etwas Angenehmes, denkt die Sekretärin, die Mütter werden sich freuen. *Inordnunghaltung*, denkt Ditzen, noch ein paar Wochen, und ich werde nie wieder ein Buch schreiben können. Wie soll es weitergehen?

„Brauchen Sie mich noch, Herr Bürgermeister?" Fräu lein Fenske steht in der Tür. Ditzen entläßt die Sekretärin. Er probiert ein Mittel, das ihm früher geholfen hat, über eine (Schreib-)Krise hinweg zu kommen. Er legt sich einen Papierstapel zurecht. Auf dem oberen Blatt zieht er Linien und Spalten, dies soll der Arbeitskalender werden. Er spitzt sorgfältig und gewissenhaft einen kleinen Vorrat an Bleistiften, legt eine Mappe bereit.

Dann hält er inne. Dies alles ist nur eine Hülle, doch für welchen Inhalt? Der Kopf sinkt auf den Schreibtisch.

Traumwelt X

Was haben die Kinder auf meiner Wiese zu suchen? Ich habe die Kinderspiele untersagt. Ich bin der Herr der Wiese, des Dorfes und der Stadt. Wozu stehen überall Schilder, die das unbefugte Betreten verbieten? Ich muß Kock informieren ... Keine Inordnunghaltung ...

Auf der Wiese wachsen Champignons, nicht nur die großen weißen, auch die kleinen gelben, grünen und blauen ...

Die Kinderfüße haben schon viele zertreten, und sie werden noch größeren Schaden anrichten, wenn man sie nicht vertreibt. Ich muß ihre Namen notieren, ihre Eltern verhaften ... Hiermit ordne ich an ... 48 Stunden in Haft zu nehmen ...

Warum habt ihr so große Füße? Die Kinderfüße stecken in Stiefeln mit benagelten Sohlen. Warum habt ihr so große Stiefel? Sie machen riesige Schritte. Ich muß sie verjagen, ehe sie alles zerstören, die Wiese, das Dorf, die Stadt.

Wenn es im Rathaus ruhig wird und immer noch viel Arbeit zu erledigen wäre, spannt Ditzen einen Bogen in die Maschine. Er zieht einen Papierstapel aus dem einzigen verschließbaren Schreibtischfach und schreibt Teile seines *Trinkermanuskipts* ab. »Zwölf Jahre lang, zwölf endlose trostlose Jahre hindurch habe ich unter der Naziherrschaft nicht ein Wort von dem schreiben dürfen, was mir am Herzen lag.

Zwölf Tage nach der Besetzung Feldbergs durch die Russen gibt mir der Kommandant Gelegenheit, die folgenden Erinnerungen an meine Erlebnisse während dieser zwölf Jahre aus dem Geheimmanuskript auf die Maschine zu übertragen. Ich darf endlich wieder arbeiten, wie mir's ums Herz ist, und meine Kinder sind von den Russen nicht ermordet, sondern mit Süßigkeiten beschenkt worden.«

Das ist alles etwas plakativ und plump, erinnert ein wenig an die zum Gruß geballte Faust, mit der er die ersten Russen empfangen hat (oder empfangen haben will). Er muß sich erst wieder freischreiben, die Blockade im Kopf überwinden.

Und natürlich muß er die Erinnerungen „bearbeiten", sie den neuen, vollkommen geänderten Bedingungen anpassen. Manchmal hilft Weglassen: Man nennt Deutschland, diese „verfluchte und gesegnete Nation" nur einfach: das „verfluchte Land".

Vor dem Übertreiben, dem allzu eilfertigen Schwenk wird er sich ebenso hüten müssen. Es gibt Mitwisser, Zeugen und Neider, es gibt Briefe, Karten, Dokumente, die das Gegenteil dessen bezeugen könnten, was er heute vertritt. Es wird nicht ewig dauern, bis jemand die RAD-Postkarten mit seinen Durchhalteparolen ans Licht zerrt. Und morgen schon kann Matjä in der Tür stehen und Genugtuung verlangen.

Dann gibt es Tage, da denkt er: Es geht ihm ja gar nicht so schlecht. Und es kann alles gut werden. Er hat vielleicht noch eine Chance, – auch als Schriftsteller. Das ist so, als zwei Männer vom *Kulturbund* aus Schwerin kommen und nach ihm fragen. Oder als ihn der sowjetische Publizist Grigori Weiß aufsucht, um eine Reportage über ihn für die *Tägliche Rundschau* zu schreiben.

„Du lieber Himmel", wehrt Ditzen ab, „tun Sie das nicht. Ich habe nicht ein Hundertstel von dem getan, was hätte getan werden müssen. Aus mir wird nie ein richtiger Verwaltungsmann werden. Schließlich und endlich bin ich doch Schriftsteller."

Er spricht von der Absicht, mit seiner jungen Frau nach Berlin zu gehen. Sie ist krank und fühlt sich in der Kleinstadt nicht wohl. Er selbst will dort seine literarische Arbeit wieder aufnehmen. Er ist dabei, seine Erinnerungen unter dem Titel *Der unerwünschte Autor. Meine Erlebnisse während 12 Jahre Naziterror* niederzuschreiben.

„Es ist gut, daß Hans Fallada wieder schreibt, sich zu Wort meldet.“ Weiß ist selbst Schriftsteller. Er kann ihn gut verstehen, und wenn Ditzen seine Erinnerungen zu Papier gebracht hat, soll er sie ihm zeigen. Jetzt werden neue Geschichten gebraucht, die Mut zum Neuanfang machen, aber auch die nachdenklichen über das Vergangene.

Ditzen lächelt, zieht an einer Papyrossi, die ihm der Kulturoffizier gereicht hat: „Weiß, wenn Sie wüßten …“ Dann sinniert er laut: „Weiß, das ist ein schöner Name, ein deutsches Wort. Es kommt von Wissen. Wenn jemand seiner Sache sicher ist, dann sagt er: ‘Ich weiß!’ Jetzt ist niemand sicher und keiner weiß weiter.

Und weiß ist die Farbe der Unschuld. Man sagt von jemand, der keine Schuld auf sich geladen hat, er habe eine weiße Weste. Hier hat niemand eine weiße Weste, alle haben sie Dreck am Stecken, Flecken auf der Weste.“

Der Russe hat lächelnd zugehört. Er ist Germanist und sagt: „Ich weiß. Aber warum sind sie so pessimistisch, kleiner Mann?“.

Ja, er hat das Buch von Hans Fallada gelesen. Viele russische Menschen kennen es. Dann, als die Nazis an die Macht kamen, wurden in der Sowjetunion keine Bücher mehr von deutschen Autoren übersetzt, die im Lande geblieben waren. Man hielt sie für Kollaborateure. Weiß hat am eigenen Leibe erfahren, daß es schwer ist zu differenzieren, gut und böse zu unterscheiden.

Ditzen faßt Vertrauen zu dem Offizier, der so offen über die Verhältnisse in seinem Land redet. Über manches spricht auch Ditzen nun: über die fehlende Moral seiner Mitbürger, die sich bestehlen, vor der Arbeit drücken und sich gegenseitig anzeigen. Er ist doch nur ein Robinson, der kaum sich selbst helfen kann, und nun soll er eine ganze Stadt und ihr Umland regieren.

Und mitten im Gespräch fragt er den Russen: „Gibt es in diesem Jahr schon Pilze?“ Dann, als Weiß ihn fragend ansieht, sagt er: „Sehen Sie, Weiß, Sie wissen es nicht, und ich weiß es auch nicht. Ich habe hier ganz in der Nähe auf dem Lande gelebt, in der Natur, bei den Tieren und Pflanzen, mit Bienen und Pilzen. Ich habe das Jahr nach Pilzen eingeteilt. Man kann, wenn man sie kennt, fast das ganze Jahr über welche finden, sogar noch im Winter. Hitler und seine Konsorten waren weit weg. Nur wir waren da und die Natur mit ihren Vögeln, Bienen, und mit den Pilzen."

Grigori Weiß legt den Stift hin, dies ist nicht für die Zeitung verwertbar, doch er hört zu, wie ihm der Deutsche sein Herz ausschüttet.

Über manches kann er selbst mit diesem intelligenten jungen Russen nicht sprechen. Der neue Kommandant Mjasnikow, ein unzugänglich wirkender Sibirier, macht seiner Ulla Geschenke, er stellt ihr nach. Er denkt sich Aufträge für den Bürgermeister aus, die ihn möglichst lange und weit von zu Hause entfernt beschäftigen.

Ditzen kann dann nur schnell Ulla ein verabredetes Zeichen geben: Er wählt die private Telefonnummer, läßt es zweimal klingeln und legt wieder auf. Dann verschwindet Ulla hinten aus dem Haus und macht Umwege in die Stadt. Wie lange geht das gut?

Und die Frau selbst macht ihm Sorgen. Sie ist bei einem Arztbesuch in Neustrelitz wieder an Morphium herangekommen. Und da Ditzen nüchtern bleiben muß, hat er auch ihr das Zeug verboten. Er ahnt, daß sie sich nicht daran halten kann und immer größere Dosen braucht. Wie soll es nur weitergehen? Er weiß sich keinen Rat mehr.

In der Prenzlauer Straße wartet Paul Utnehmer mit dem Fuhrwerk unten an der Straße. Er hat vor einer Stunde den Auftrag bekommen, eine Dienstfuhre nach Neustrelitz zu machen. Er soll anspannen, Stroh auf den Leiterwagen schütten und sich vor der Villa des Bürgermeisters einfinden. Mehr weiß Utnehmer nicht.

Die Polizisten Haupt und Richert nähern sich vom Rathaus her. Sie gehen die Stufen zum Haus hinauf und kommen bald wieder heraus. Haupt und Richert stützen einen Mann (Oder führen sie ihn ab?). Dahinter humpelt eine Frau. Sie hat einen verbundenen Arm.

„Dor kümmt de malle Ditzen“, denkt Utnehmer, der von seinem Wagen absteigt, „un ook siene niege Olsch. Hei is woll all wedder duhn. Un sei sall versöcht hemm’, sick dat Läwen tau nähmen.“

Sie betten die beiden hilflosen Menschen auf dem Wagen. Dann setzt sich das Gefährt in Bewegung. Langsam fährt Utnehmer an dem Haus vorüber, von dessen Balkon Ditzen vor vier Monaten seine *Wodka-Rede* gehalten hat, wie die Feldberger neuerdings die Ansprache ihres Bürgermeisters nennen.

Sie fahren die lange Hauptstraße hinauf, vorüber am Hause Hagemanns, der noch irgendwo auf dem Weg vom Krieg in den Frieden ist, vorbei am Haus an den zwei Straßen und den Spionen an den Fenstern, hinauf zum Bahnhof. Ditzen und Ulla nehmen nichts davon wahr.

Die wenigen Feldberger, die Ditzen und seine Frau mit den beiden Polizisten sehen, denken sich ihr Teil: Nun hat es ihn endgültig erwischt. Er geht ab ins Gefängnis. Die Besatzung hat ihm die Hand gereicht, und er schlägt sie aus. Wer kann sich das heutzutage leisten? Aber der Bürgermeister und sein Weib werden ihr Schäflein im trockenen haben. Das Haus soll eine einzige Schatzkammer sein. Man sagt, er habe Möbel und Wertsachen von abwesenden Bürgern zusammengerafft. Wahrscheinlich hat man ihn wegen Amtsmißbrauch abgesetzt …

Was zählt, wenn so einer für immer weggeht?

Siebzehn Bücher, die er in Feldberg und Carwitz geschrieben hat – großartige darunter, gute dabei und weniger gute? Keines davon, nichts davon zählt jetzt.

Er war in seinen besten Jahren ein ganz passabler Imker und guter Landwirt, das kann man nicht anders sagen. Fruchtfolge, neue Anbaumethoden, Kunstdünger, weit und breit die besten Erträge. Aber spielt das jetzt noch eine

Rolle, da der Suff und die Weiber auch diese Früchte seiner Arbeit aufgefressen haben?

Er hat in den kaum drei Monaten seiner Amtszeit in Feldberg einen riesigen Berg Arbeit bewältigt; die Anordnungen der *Sowjetischen Militär-Administration* durchgesetzt, die zivile Verwaltung in Gang gebracht, das Krankenhaus wiedereröffnet, Schule und Kindergarten in Betrieb gesetzt. Er hat Hunderten obdachloser Flüchtlinge nach oft zähem Kampf mit den Hausbesitzern Unterkünfte und Notquartiere besorgt.

Doch jeder festgesetzte Störenfried, Schieber oder Arbeitsbummelant, der nach seiner Freilassung lauthals seine Unschuld beteuert und die Willkür des neuen Bürgermeisters anklagt, zählt mehr als zehn untergebrachte Flüchtlinge oder alle versorgten Kinder zusammen.

So oder ähnlich denken und reden die Leute, jetzt oder später.

Ditzen und seine Frau rechnen nicht damit, daß ihnen jemand von den Mitbürgern auch nur eine Träne nachweint. Was kümmert es sie? Sie nehmen ihre Umgebung kaum wahr. Sie sind mit sich selbst beschäftigt. Sie haben nur noch sich. Und sie werden nie mehr in dieses Provinznest zurückkehren.

Der Bahnhofsvorsteher steht vor dem Bahnhofsgebäude. Es ist jener Mann, an den Ditzen bei seinem Umzug nach Carwitz geriet. Er versieht seit achtzehn Jahren hier seinen Dienst, der nun ziemlich sinnlos geworden ist. Er steht nur noch vor einem Bahnhof ohne Bahn. Selbst die Zeit ist stehengeblieben auf der großen Uhr.

Hier wird kein Zug mehr erwartet, keiner geht mehr von Feldberg ab. „Rostig ist die Reichsbahnschiene, wenn der Zug nicht läuft …“ Es heißt, die Bahnlinie soll abgebaut werden und nach Rußland gehen. Es wird so viel geredet in diesen Tagen.

„Ach, ach, der Herr Dietzen“, seufzt der Bahnhofsvorsteher, als er dem Wagen nachsieht und die Leute darauf erkennt.

Es ist das bei weitem Freundlichste, was man den beiden an diesem Tag hinterherdenkt, weil ein leichtes Bedauern für den Mann darin mitschwingt.

An diesem 13. August 1945 endet die letzte „Dienstfahrt“ des ersten Nachkriegsbürgermeisters und seiner Frau vor dem Kreiskrankenhaus Neustrelitz. Für Rudolf Ditzen, den Bücherschreiber Hans Fallada, ist es noch nicht das große Ende, aber der endgültige Abschied von Carwitz und Feldberg. Ein Finale, wie es falladesker nicht sein kann.

Nachtrag

Personen – und was aus ihnen wurde

Ulla Losch und **Rudolf Ditzen** kehren nach ihrer Entlassung aus dem Krankenhaus im September 1945 nach Berlin zurück. Sie werden von Johannes R. Becher – dem Präsidenten des *Kulturbundes* – unterstützt, durch den sie ein Haus in Niederschönhausen erhalten.

Rudolf Ditzen wird danach freier Mitarbeiter der *Täglichen Rundschau.* Er schreibt noch zwei weitere Bücher, und zwar die beiden Romane *Der Alpdruck* und *Jeder stirbt für sich allein.*

Ditzen stirbt am 5. Februar 1947 mit 53 Jahren an Herzversagen und wird in einem Urnengrab in Berlin-Pankow beigesetzt. Johannes R. Becher hält die Grabrede. 1981 wird die Urne auf Wunsch der Söhne und Anna Ditzens nach Carwitz übergeführt und dort auf dem alten Friedhof beigesetzt.

Anna Ditzen (*Suse*) bleibt zunächst in Carwitz zurück, versucht sich und die Familie mit Einnahmen aus Vermietungen an Pensionsgäste und der kleinen Landwirtschaft zu ernähren.

Tochter **Lore** (*Mücke*) stirbt am 5. Juli 1951 im Alter von 18 Jahren an einer Sepsis nach verschleppter Angina. Den Verlust ihrer Tochter hat Anna Ditzen nie verkraftet.

Vier Wochen zuvor, am 4. Juni 1951, war die Schwiegermutter **Elisabeth Ditzen** verstorben. Lore und Elisabeth Ditzen werden auf dem alten Carwitzer Dorffriedhof bestattet.

Anna Ditzen verkauft das Anwesen in Carwitz 1965 an den *Kinderbuch Verlag Berlin.* Sie läßt sich ein kleines Haus an der Feldberger Ulmenallee bauen. Sie wird 1981 Ehrenbürgerin der Stadt, stirbt 1990 und wird im Carwitzer Familiengrab beigesetzt.

Ulla Losch wird Falladas legitime Erbin. Sie heiratet ein drittes Mal. Um Geld für ihre Suchtmittel zu bekommen, veräußert sie die Urheberrechte und den literarischen Nachlaß Hans Falladas an das Braunschweiger Ehepaar Hey. **Emma D. Hey** wiederum verkauft 1978 den gesamten Nachlaß an die DDR; er befindet sich im *Hans-Fallada-Archiv Feldberg.*

Ulla Losch stirbt am 24. November 1958 im Alter von nur 37 Jahren an den Folgen ihrer Drogensucht. Ihre Tochter Jutta wächst ohne Kontakt zur Mutter in verschiedenen Heimen auf und lebt heute in Wuppertal.

Ulrich Ditzen besucht zunächst in Berlin, nach dem Tod seines Vaters in Neustrelitz die Schule. Er geht 1948, nach der zehnten Klasse, nach Westdeutschland, arbeitet dort u.a. als Journalist. Er macht das Abitur nach und nimmt die Ditzensche Familientradition wieder auf, studiert Jura und lebt heute als angesehener, promovierter Wirtschaftsrechtler in Wuppertal.

Achim Ditzen besucht in Carwitz und Feldberg die Schule, beendet seine Schulzeit in Neustrelitz mit dem Abitur, erlernt den Beruf eines Schriftsetzers, ist gelegentlich an der Herstellung von Büchern seines Vaters beteiligt und lebt heute in Dresden.

Adelaide Ditzen (*Tante Ada*), die Schwester des Vaters, ist Zeit ihres Lebens eine wichtige Bezugsperson für Rudolf Ditzen, wenn sie sich auch nur selten sehen. Tante Ada gibt blinden Studenten Sprachunterricht an der Universität in Marburg, wo sie 1939 stirbt.

Ernst Rowohlt erhält 1946 von den Engländern die Lizenz zur Neugründung in Hamburg, nachdem **Heinrich Maria Ledig-Rowohlt** 1945 eine amerikanische Lizenz zur Wiedereröffnung eines Verlages in Stuttgart erhielt. Ernst Rowohlt heiratet die Schauspielerin Maria Pierenkämper.

Vater und Sohn bleiben dem deutschen Verlagswesen erhalten. Ledig-Rowohlt gibt die Literaturzeitschriften *Pinguin* und *story* heraus.

Im Jahr 1950 werden beide Verlage in Hamburg zusammengelegt. Die neue *rororo*-Reihe (Rowohlt-Rotations-Romane) – Auflage je Titel 100 000 Exemplare, Druck auf Zeitungspapier, Preis 50 Pfg. – startet mit *Kleiner Mann – was nun?* von Hans Fallada als erstem Titel der neuen Reihe. In den Folgejahren erscheinen dann zahlreiche weitere Fallada-Bücher im *Rowohlt Taschenbuch Verlag*, der von Ledig-Rowohlt geleitet wird.

Ernst Rowohlt stirbt 1960 im Alter von 73 Jahren in Hamburg, sein Sohn Heinrich Maria Ledig-Rowohlt 1992 mit 84 Jahren.

Peter Zingler hilft Ernst Rowohlt nach 1945 bei seinem Rehabilitierungsverfahren. Er wird Treuhänder einer Buchhandlung in Bamberg. Rowohlt, der Zingler gern als Lektor wiederbeschäftigt hätte, bleibt mit ihm lebenslang befreundet. Peter Zingler stirbt 1989 in einem Seniorenwohnheim in Hamburg.

Paul (*Paulchen*) **Meyer** erlebt das Ende des Faschismus in Mexiko. Er kehrt nach Deutschland zurück und arbeitet als Lektor im Rowohlt Verlag. Von ihm stammt auch die erste Monographie zum 80. Geburtstag Ernst Rowohlts.

Mildred Fish-Harnack ist bis 1936 als Literaturdozentin an der Berliner Volkshochschule tätig. Sie promoviert 1941 an der Universität Gießen. Ab 1940 ist sie Mitglied der Widerstandsgruppe Schulze-Boysen-Harnack.

Sie wird 1942 verhaftet und vom Reichskriegsgericht zu sechs Jahren Haft verurteilt. Das Urteil wird 1942 aufgehoben und Mildred Harnack in einem zweiten Prozeß zum Tode verurteilt. Mildred Harnack wird am 16. Februar 1943 in Berlin-Plötzensee durch das Fallbeil hingerichtet. Sie ist noch nicht 41 Jahre alt.

Martha Dodd bittet 1936 Stalin um die Genehmigung, **Boris Winogradow** heiraten zu dürfen. Daraufhin wird der sowjetische Botschaftsrat aus Berlin abberufen, 1938 in Moskau wegen Kollaboration angeklagt, zum Tode verurteilt und erschossen. Umstände, Ort und Zeit seiner Hinrichtung sind unbekannt.

Martha Dodd kehrt 1937 mit ihrem Vater nach Amerika zurück. Sie heiratet den Industriellen Alfred K. Stern. Die beiden geraten 1947 in den Verdacht der Spionage für die Sowjetunion. Sie fliehen nach Mexiko und 1957 – um einer Vorladung vor den berüchtigtem McCarthy-Ausschuß zu entgehen – nach Prag. Hier stirbt Martha Dodd 1990 im Alter von 82 Jahren.

Else-Marie Bakonje, die zeitweilige Schreibkraft von Hans Fallada in Carwitz, macht noch einmal von sich reden, als sie 1946 in Westberliner Tageszeitungen den Inhalt von Briefen und Karten veröffentlicht, die ihr Fallada von RAD-Reisen geschickt hatte, die von seinem unerschütterlichen Glauben an den Endsieg sprechen. Dadurch sollte Fallada bei seinen neuen Freunden um J. R. Becher in Mißkredit gebracht werden.

Hausmädchen und weitere **Angestellte** der Familie Ditzen haben später über ihre Erinnerungen an die Carwitzer Dienstzeit gesprochen. Da sie mit dem Hausherren nur wenig Kontakt hatten, sprachen sie vor allem über Suse und die Kinder; diese Berichte enthalten einiges Atmosphärische über den Alltag im Hause.

Anneliese Benzin heiratet den Sohn des Feldberger Bürgermeisters Schäfer. Sie hat sich mit späteren Äußerungen zu ihrem Verhältnis mit Rudolf Ditzen zurückgehalten und Carwitz nach ihrer Heirat nur noch selten besucht. Sie ist mit dem Tierarzt Wilhelm Benzin (*Farken-Wilhelm*), den Ditzen 1944 verklagen wollte, nicht verwandt.

Käthe (Katja) **Wendel**, die Inhaberin des Hotels *Deutsches Haus*, heiratet den Besitzer des Hotels *Mecklenburger Hof*, Gerd Godenschweger, der wenige Wochen nach der Hochzeit beim deutschen Angriff auf Polen ums Leben kommt.

Käthe Wendel wird eine gute Freundin Anna Ditzens und heiratet nach dem Krieg Richard Wewerka. Mit ihm gemeinsam führt sie bis 1992 das *Deutsche Haus*. Käthe und Richard Wewerka sind inzwischen verstorben.

Rudolf Licht erledigte in seiner Kfz-Werkstatt am Ort verschiedene Arbeiten für die Familie Ditzen: Sohn und Geselle Hermann reparierte den *Ford*, Tochter Hanna betrieb ein Taxi und chauffierte Anna und Rudolf Ditzen häufig nach Neustrelitz.

Heinrich Kardel war 1938 an Umbauarbeiten im Haus in Carwitz beteiligt. (Nach seinen Angaben wurde ab 1978 das ehemalige Arbeitszimmer rekonstruiert.) Er war am 9. Mai 1945 bei der Kundgebung anwesend und hat später versucht, die Fallada-Rede aus dem Gedächtnis niederzuschreiben.

Heinrich Kardel konnte die Bestimmung der SS-Baracken am Feldberger Kuhdamm mit Hilfe von Dokumenten und Nachforschungen aufklären. (Für die Auflösung und den Transport gen Westen gibt es einen weiteren Augenzeugen, dessen Vater als SS-Offizier den Konvoi leitete.)

Heinrich Kardel ist es zu danken, daß 1976 die umfangreiche *Bürgermeisterakte* vor der Vernichtung bewahrt wird. Er lebt in Feldberg und ist auf vielfältige Weise mit dem Kultur- und Geistesleben der Stadt – und mit der Pflege des Fallada-Erbes – verbunden.

Die Namen der Personen im Umkreis der Familie Ditzen sind authentisch. Der Verfasser hat bereits für die erste Fallada-Ausstellung 1973 sowie für die Biographie *Leben und Tode des Hans Fallada* Zeitzeugen – Anna Ditzen sowie ihre Söhne Uli und Achim, Elisabeth Hörig, Martha Dodd-

Stern, Heinrich Maria Ledig-Rowohlt, Peter Zingler, Käthe Wendel-Wewerka, Heinrich Kardel, Karl Hagemann, Friedrich Hermann Küthe, Willi Paselk, die Bürgermeister-Sekretärin Fenske u.v.a. – befragt und ihre Erinnerungen dort, wo es angebracht erschien, auch in die vorliegende Darstellung einbezogen.
Allein **Grete** und **Henner** (Hans) sind Geschöpfe der Phantasie. Aus Briefen und den Tagebüchern lassen sich einige Tatsachen belegen: Bootsfahrt Ditzens mit einem Hausmädchen, Verlobung Annelieses mit Hans, Anstellung eines Hausmädchens mit dem Namen Grete.

Orte – und was aus ihnen wurde

Das **Anwesen** (*Büdnerei Nr. 17*) der Familie Ditzen in Carwitz war nach dem Verkauf an den *Kinderbuchverlag* Berlin ein Ferienheim und konnte damit in den Zeiten der DDR nur teilweise als Gedenkstätte und als Dorfbibliothek genutzt werden. Nach der Wende ging das Grundstück in kommunalen Besitz über. Es steht unter Denkmalschutz und wird heute als Gedenkstätte genutzt.

Der **Dorffriedhof** in Carwitz wurde anläßlich der Urnenumbettung 1980/81 vom *Literaturzentrum* Neubrandenburg zum Dorfpark mit einer großzügigen Familienruhestätte umgestaltet. Wertvolle alte Grabanlagen wurden in die Gestaltung einbezogen. Der Bildhauer Uwe Maroske (Feldberg) fertigte für die letzte Ruhestätte Hans Falladas den *Fries der Trauernden*.

Das **Spritzenhaus** auf dem Amtswerder in Feldberg steht unter Denkmalschutz. Zum 80. Geburtstag Falladas 1973 veranstaltete hier das *Literaturzentrum* Neubrandenburg die erste Hans-Fallada-Ausstellung. Anschließend richtete der Rat der Stadt Feldberg eine Heimatstube im früheren Spritzenhaus ein.

Das **Losch-Haus** auf den Klinckecken wurde lange Zeit als Wohn- und Ferienhaus genutzt. Es befindet sich in Privatbesitz und wurde wegen Baufälligkeit abgerissen.

Das **Hans-Fallada-Archiv** mit dem Nachlaß und einer umfangreichen Sammlung zu Hans Fallada sowie zu anderen Schriftstellern der Region mußte, da das Fallada-Wohnhaus in Carwitz für diesen Zweck nicht zur Verfügung stand, im Haus des Heimatforschers Reinhard Barby im Feldberger Eichholz untergebracht werden. Es wurde 1981 vom *Literaturzentrum* Neubrandenburg zum Archiv und Gästehaus umgebaut.

Das Fallada-Archiv in Feldberg wird seither von zahlreichen Forschern und anderen Interessenten aus dem In- und Ausland genutzt und ist ein Ort kultureller Begegnungen.

Die **Schule** in Feldberg trägt seit 1981 den Namen Hans-Fallada-Oberschule, nachdem bereits die **Zentralbibliothek** nach dem Schriftsteller benannt und mit einem besonderen Bestand an Literatur versorgt worden war. Die Bibliothek wurde nach der Wende geschlossen.

Die **Bahnstrecke** Feldberg-Neustrelitz wurde nicht demontiert. Sie ist als Nebenstrecke noch in Betrieb. Auch die frühere russische **Kommandantur** mit dem Balkon, von dem aus Ditzen seine Rede hielt, das Rathaus und das **Wohnhaus** in der Prenzlauer Straße sind erhalten.

ANMERKUNGEN

[1] Martha Dodd hat ihren Besuch in Carwitz am 27.5.1934 in ihrem Buch *Through Embassy Eyes* 1939 so beschrieben: »Hans Fallada war vom Leben isoliert und glücklich in seiner Isolierung. Wir unterhielten uns, und obwohl ich den Eindruck gewann, daß er kein Nazi war und es auch nicht werden würde … fühlte ich eine gewisse Resignation in seiner Haltung … Dieser Rückzug aus dem Leben war Hans Falladas tragische Lösung für die Probleme, die seinen Frieden hätten stören können. Es war eine Versuchung, der er völlig unterlag. Und der Eindruck des Unterlegenseins, den er auf uns machte, war bedrückend«.

Gespräche des Vf. mit Martha Dodd 1976 in Prag und mit Heinrich Maria Ledig-Rowohlt 1978 in Hamburg sowie der weitere Weg Mildred Harnacks in Nazideutschland lassen die Annahme zu, daß der Carwitz-Besuch mehr als eine neugierig-zufällige Stippvisite bei dem inzwischen weltbekannten Autor war: Vermutlich ließ sich auf diese Weise zwanglos und unauffällig feststellen, daß Fallada zu einer aktiven Mitarbeit gegen den Faschismus weder bereit noch geeignet war.

[2] Wie aus Ditzens Arbeitskalender ersichtlich, hat er seinen Vorsatz eingehalten und Joachim Ringelnatz bis zu dessen Tod am 27.11.1934 monatlich eine Unterstützung von 25.- RM gezahlt, wie er auch für andere in Not Geratene – z. B. Johannes Kagelmacher – regelmäßig kleinere Geldbeträge überwiesen hat. Ditzen verschickt den Aufruf Rowohlts zur Unterstützung des mittellosen Ringelnatz' auch an andere Bekannte und Freunde.

[3] 1906 ging Ernst Rowohlt eine Verbindung mit der Schauspielerin Maria Ledig ein. Am 12. März 1908 wurde der uneheliche Sohn Heinrich Maria Ledig geboren. Erst nach dem Zweiten Weltkrieg bekennt sich der Vater auch öffentlich zu seinem Sohn. Im Verlag war die verwandtschaftliche Beziehung ein „offenes Geheimnis".

[4] Flugzeuge der Legion Condor hatten am 31. März 1937 die spanische Hafenstadt Durango bombardiert. Drei Wochen später wird Guernica durch einen Luftangriff zerstört werden.

[5] Nach dem entscheidenden Gespräch im Verlag hat Ditzen, wie er am 9. Januar an Ernst Rowohlt schreibt, »allen Mut verloren … Ungern nur nehme ich von Träumen und Arbeitsplänen aus nur äußeren Gründen Abschied, und irgendwie grolle ich natürlich denen, die mich zu solchem Abschied bringen.«

Der Roman *Wizzel Kien. Der Narr von Schalkemaren* bleibt bis 1995 (!) unveröffentlicht.

[6] Die Bücherkunde ist das Organ des Amtes Schrifttumspflege beim Beauftragten des Führers für die gesamte geistige und weltanschauliche Erziehung der NSDAP und der Reichsstelle zur Förderung des deutschen Schrifttums (!)

[7] Die Episode mit dem übereilten, „unfreiwilligen" Autokauf hat in dem Erinnerungsband *Heute bei uns zu Haus* 1943 ihren Niederschlag gefunden: »Anderthalb Jahre haben wir unseren Wagen gefahren, viele schöne Fahrten haben wir in ihm gemacht. Freunde hat er in unseren abseitigen Winkel geholt, die sonst nicht zu uns hätten kommen können, und zu Freunden sind wir mit ihm gefahren, denen wir sonst nur geschrieben hätten. Er hat unser Leben reicher gemacht, lebendiger. Nie wurde er mir etwas Alltägliches, Selbstverständliches. Ich empfand ihn immer als ein beglückendes Geschenk.« Bei Kriegsbeginn wird das Auto zur Wehrmacht „eingezogen"; es wird zwangsverkauft.

[8] Im Oktober 1944, im sogenannten *Trinkermanuskript*, wird er den Vorgang so beschreiben: »Ich liebe nicht die hohe Geste, vor Tyrannenthronen mich sinnlos, niemandem zum Nutzen, meinen Kindern zum Schaden, abschlachten zu lassen, – das liegt mir nicht. Nach drei Minuten Überlegung nahm ich den Zusatzauftrag an. Was ich freilich mit mir zu Haus abzumachen hatte, das steht auf einem anderen Blatt.«

[9] Buch und Filmvorlage werden wegen der den Nationalsozialisten nicht genehmen Darstellung einzelner Berufsgruppen abgelehnt. Es störten u. a. der fromme Professor, der debile Knecht, die untüchtigen Bauern, der heilkundige Schäfer usw. Falladas Roman hätte – so die Zeitschrift *Volksgesundheit* – »ohne weiteres eine Zierde des Feuilletons der (längst verbotenen) *Roten*

Fahne sein können«. Der Film erlebte 1983 – zum 90. Geburtstag Falladas – in Feldberg in Anwesenheit einiger der damaligen Statisten seine Uraufführung.

[10] Es sind die literarisch unbefriedigenden, politisch unverfänglichen Geschichten *Die Stunde, eh du schlafen gehst*, *Der Jungherr von Strammin* und *Ein Mann will hinauf*, die erst nach Falladas Tod erscheinen werden. Durch die Liquidierung des Restverlages ist auch Ditzens finanzielle Lage angespannt. Der Generalvertrag mit Rowohlt wird gekündigt, die Abstandssumme bekommt Ditzen nicht in voller Höhe. Sie wird erst nach langen Kämpfen mit den neuen Inhabern ausgezahlt.

[11] In einer Serie für die *Tägliche Rundschau* beschreibt Rudolf Ditzen die Haussuchung und seine Verhaftung im Jahr 1933 dramatischer, als sie sich – nach Angaben von Anna Ditzen – wirklich zugetragen hat. So glaubte er, daß die SA-Leute vorhatten, ihn auf dem Weg von Berkenbrück ins Gefängnis Fürstenwalde „auf der Flucht“ zu erschießen. Nur das plötzliche Auftreten des Hausarztes hätte verhindert, daß sie dieses Vorhaben ausführen konnten.

[12] Der Roman Der *Trinker* wird erst postum – 1950 bei Rowohlt, 1953 im *Aufbau Verlag* – veröffentlicht. Er stößt bei einem Teil des Publikums auf Unverständnis und Ablehnung, löst in der kulturpolitischen DDR-Presse – z. B. in der Zeitschrift *Sonntag*, im *Bibliothekar* und in der *Lehrerzeitung* – eine kontroverse Debatte aus. Ein Teil der Leser kritisiert die Publikation als „Fehlentscheidung“, andere setzen sich vehement für das Buch ein.

[13] Das Original des sog. *Trinker-Manuskripts*, das den Roman *Der Trinker*, einige Kurzgeschichten und die Erinnerungen umfaßt, befand sich 1978 nicht mehr bei dem von Emma D. Hey gekauften Nachlaß Hans Falladas in Braunschweig. Es war vom *Aufbau Verlag Berlin* entliehen und nicht zurückgeführt worden. Es ist inzwischen wieder aufgetaucht, wurde aber von der *Akademie der Künste* bisher nicht dem *Hans-Fallada-Archiv Feldberg* übergeben, obwohl es zum dort archivierten Nachlaß gehört.

Fallada hat nach dem Kriegsende eine Teilabschrift angefertigt. Das Typoskript trägt den Titel: *Der unerwünschte Autor. Meine Erinnerungen an 12 Jahre Naziterror*. Er hat einzelne Teile daraus im November und Dezember 1945 in der *Täglichen Rundschau* publiziert.

[14] Heinrich Kardel hat die eingesammelten Blätter später dem DDR-Anwalt Friedrich Karl Kaul zur Prüfung übergeben. Es stellte sich heraus, daß es sich um Dokumente aus der Reichskanzlei gehandelt hat, die am 28. und 29 April 1945 per Lkw in Richtung Westen verbracht wurden. Hinter Schwerin geriet die Kolonne in einen Tieffliegerangriff; ihre Spur verliert sich dort.

Luftkurort Feldberg in Mecklenburg
1556